잠자는 거인을 깨워라

잠자는 거인을 깨워라

학교혁신을 위한 교사리더십

메릴린 캐천마이어 · 게일 몰러 지음
양성관 · 이경호 · 정바울 옮김

AWAKENING THE SLEEPING GIANT

에듀니티

INDEX

PART

1 교사리더십 이해하기   ··· 020

PART

2 교사리더십은 왜 필요한가   ··· 056

교사리더십으로 학교혁신을 주도하는
'깨어 있는 리더'로 거듭나라

2013년 봄으로 기억된다. 경기도 교육청이 진행하는 아카데미 과정을 듣는 혁신학교 부장교사 몇 명을 대학 강의실에서 만나게 되었다. 그들은 마침 학습연구년을 보내며 혁신학교 아카데미 전문가 과정의 일환으로 진행한 '민주적 학교 운영'이라는 강좌를 8주에 걸쳐 듣고 있었다. 당시 나는 이 수업을 진행하며 지금까지 많은 학교와 교육청에서 진행했던 그 어떤 연수 과정에서도 경험하지 못한 참여 교사들의 열정과 고민을 첫 시간부터 접하게 되었다. 그러면서 자연스레 나의 모든 타성과 관성에 경고음이 울리는 걸 느꼈다.

학교혁신 과정에서 경험한 고민, 성공의 희열, 정점에서의 퇴보, 좌절과 희망, 갈등과 스트레스, 인내와 조급함. 이 모든 것들이 뒤죽박죽되는 과정 속에서 교사들은 다음과 같은 이야기를 하고 있었다.

"지금까지 난 최고의 교사라는 자부심과 함께, 관리자가 되기보다는 전문가로서의 교사에 대한 정체성을 지켜왔어요."

"교장, 교감은 나의 일이 아니라 생각해왔는데, 어느 순간부터 제가 이미 교장과 교감, 부장교사들이 주로 고민하는 혁신의 아이디어를 고민하고 있더군요. '어떻게 하면 혁신적 아이디어를 확산할 수 있을 것인가?', '어떻게 하면 저항 없이 수용할 수 있을까?', '어떻게 하면 '전문적 학습공동체'가 교사의 자율성을 바탕으로 지속될 수 있을까?' 등등. 여기에 '다른 생각을 가진 교사와 어떻게 하면 함께 갈 수 있을까?' 같은 고민을 진지하게 하고 있더라고요."

이처럼 그들은 이미 교실 내에서 뛰어난 교수 전문성을 지닌 교사라는 정체성에서 더 나아가 교장, 교감의 리더십 역할을 담당하고 있었다. 아니 정확하게는 발휘하고 있었다. 그들은 진정 교사리더였다. 교장과 교감을 중심으로 한 전통적인 학교행정가, 소위 관리자리더십에는 반감을 갖고 있으면서도 역설적으로 '리더'의 역할을 감당하고 있고, 또 이미 발휘하고 있는 혁신 부장교사들의 모습은 신선한 충격이었다. 그들은 다른 방향의 리더십을 경험하고 있었고, 함께 고민하는 가운데 스스로 리더십을 구축해나가고 있었다.

특히 혁신학교 운영과 관련해서 그들은 교사이지만 이미 교장과 교감의 시각을 갖고 있었다. 자신이 가르치는 학생들에게는 훌륭한 선생님이면서도 근무 중인 동료교사 사이에서는 전문적 학습공동체를 이끄는 리더였다. 또한 다른 학교 교사들과의 학습연구모임에서는 같은 비전을 공유하면서 자신의 문제를 해결하기 위해 노력하는 연구자였다.

혁신 부장교사들과의 만남을 거치면서 나는 주로 교장, 교감이 되기 위한 준비 과정으로 다루어지는 전통적 리더십이론은 교사리더들을 포착해 내는 데 근본적인 한계와 괴리가 있다는 인식을 하기에 이르렀다. 그로부터 이 난해한 '퍼즐'을 풀기 위한 새로운 연구 기반을 찾기 시작했다. 이 퍼즐을 풀기 위한 단서는 당연히 '교사'와 '리더'였고, '교사리더십'이라는 개념이 그들을 이해하는 데 필요한 중요한 연구개념이자 실천개념이라는 판단을 하게 되었다. 이 과정에서『잠자는 거인을 깨워라*Awakening the Sleeping Giant*』를 만나게 된 것은 우연이자 필연이라고 할 수 있다. 본서는 출간 당시부터 도발적으로 '교사리더십'이라는 개념으로 교사의 리더십을 일깨운 교사리더십 연구의 신호탄이 된 책이자, 이제는 교사리더십 연구의 클래식이라고 할 수 있는 책이다. 무엇보다 이 책이 깨운 것은 바로 잠자고 있던 나의 타성적인 리더십이었다. 교육행정 및 교육리더십 교수로서, 나는 나를 깨워준 그들에게 새로운 리더십의 개념을 제공해야만 한다는 부채의식과 의무감이 생겼다. 이러한 경험을 계기로 교사리더십 개발의 필요성을 깊이 인식하고 있던 이경호 박사, 정바울 교수와 함께 교사리더십의 바이블로 인식되고 있는 본서를 번역하기로 하였다. 이 번역서가 우리나라 교육현장에서 이제 막 깨어나고 있는 교사리더십을 촉진하고 안내하는 지침서 역할을 충실히 해줄 것이라는 믿음이 있었기 때문이다. 학교혁신과 교사리더십을 함께 연구해온 역자들은 최대한 영어원문에 충실하게 번역하여 저자들의 의도를 올바로 전달하려 노력하였다.

본서는 20여 년간 교사리더들을 직접 관찰하고 연구한 저자들의 경험을 집대성한 베스트셀러로, 교사리더십에 대한 이론적, 실천적 논의를 담고 있다. 교사리더십 발전을 주요한 목적으로 하는 본서는 학교현장의 교사리더십 이해하기(1장), 교사리더십은 왜 필요한가(2장), 교사리더 개발하기(3장), 교사리더로서 자신과 타인에 대한 이해(4장), 교사리더십을 지원하는 문화 구축(5장), 교사리더십 펼치기(6장), 교사리더십의 발전과 도전(7장), 교사리더십의 미래 설계(8장) 그리고 교육철학에 대한 이해 및 시간 확보 전략 등부록의 내용을 담고 있다.

본서가 출간되기까지는 많은 사람들의 아낌없는 헌신과 수고가 있었다. 무엇보다 각종 교사 연수와 대학원 강좌에서 교사리더의 모습을 직접 보여주셨던 모든 교사리디께 감사드린다. 그분들의 경험과 영감을 토대로, 본서가 완성되기까지 집단지성을 발휘해준 학문적 동반자인 이경호 박사와 정바울 교수에게 깊은 감사드린다. 그리고 본서의 번역 출간 요청을 흔쾌히 받아들여주시고 아낌없는 지원을 보내주신 에듀니티 대표님과 직원분들에게도 깊은 감사를 드린다.

아무쪼록 본서가 교육학자, 대학(원)생, 교육행정가, 교사를 포함한 교육 관련 연구 및 실천 분야의 교육자들에게 널리 활용되어 우리나라 교사리더십의 초석을 쌓는 데 작은 밑돌이라도 되기를 간절히 바란다. 우리나라 모든 교사가 교사리더십을 자신들의 의무이자 권리로 받아들이는 날, 교사는 본서의 저자들이 이야기하는 '잠자는 거인'이나 '일개 교사'가 아니라 학교혁신을 주도하는 '깨어있는 리더'로 거듭나게 될 것이라 굳게 믿는다.

2019년 봄

번역자를 대표하여

양성관

교사리더십,
성공적인 학교혁신으로 가는 옳은 길

"교사는 리더이다."

"성공적인 학교 개선을 위해서는 교사리더십이 꼭 필요하다."

이 책은 이 두 명제를 기반으로 한다. 그동안 미국 학교는 교사의 헌신과 창의성을 통해 새로운 활력을 얻고자 노력해왔다. 학교에서 리더로서 학교를 변화시킬 수 있는 무한한 잠재력을 갖고 있는 가장 큰 집단은 바로 교사다. 그동안 재능을 갖춘 헌신적인 교사들이 학생의 요구를 충족시키는 성공적인 학교를 만드는 데 많은 에너지를 제공해왔다.

그러나 급변하는 세계정세 속에서 국가 경제 발전에 기여해야 한다는 사회의 요구에 학교가 예전의 방식으로 대응하는 건 더 이상 불가능하다. 지나친 평가와 책무성 요구에 직면한 학교는 다양한 변화를 시도하고 있지만, 여전히 언론과 대중, 심지어 교육자들조차도 학교가 학생의 요구를 제대로 충족시키지 못하고 있다고 한탄한다. 중앙정부나 지방정부 주도의 교육정책, 단위학교 교장들의 학교개혁을 위한 시도도 실질적인 의미 있는 변화를 이끌어내지는 못하고 있다. 이제는 교사리더십이 희망이다. 사회의 다양한 요구를 제대로 반영하지 못하고 있는 학교를 개선하기 위해서는 교사에게 교수·학습 차원에서의 리더십뿐만 아니라 다양한 교육활동 영역에서 리더십 역할을 부여할 필요가 있다. 〈교사의 질 향상 센터(Center for Teaching Quality)〉의 멜리사 라스베리(Melissa Rasberry)는 "이제는 교사리더십의 시대이다"라고 단언했는데, 실제로 그것이 현실로 나타나고 있다.

교사리더는 이미 많은 학교에서 교수학습 측면에서 상당한 변화를 만들어내고 있다. 이와 같은 경험을 통해 학교의 비전과 희망이 실현되기 위해서는 교사리더의 역할이 매우 중요하다고 인식하게 되었다. 교사리더는 이러한 의미 있는 변화를 지속시키는 데 있어서도 중요한 역할을 담당하고 있다. 여러 해에 걸친 연구를 통해, 우리는 뛰어난 교사리더가 갖고 있는 지식과 기술들을 알아내려고 노력했다. 이러한 연구결과를 통해 우리는 대부분의 교사양성 프로그램에서 교사리더가 가져야 할 지식과 기술이 소홀히 다뤄지고 있다는 사실을 알게 되었다. 또한 학교나 교육청 차원에서 교사리더십이 충분한 관심을 받지 못하고 있었다. 학교 구조나 규범들 그리고 교장, 교육감, 지역교육청 행정가들의 인식 부족은 교사리더십의 출현을 저해하고 있었다. 우리는 이를 보완하기 위해서 교사리더 개발의 중요성에 대한 연구에 집중했다. 학교개혁 과정에서 얻은 우리의 경험과 교사도 리더가 될 수 있다는 가능성에 대한 이해를 통해, 우리는 학교를 실질적으로 변화시킬 수 있는 힘은 바로 교사리더십이라는 확신을 갖게 되었다.

이번 개정판에서 우리는 지난 20여 년에 걸친 교사리더에 대한 관찰과 연구를 통해 얻은 경험과 통찰력을 공유하고자 한다. 교사리더십에 대한 개념과 교사리더십 변천 과정과 관련된 새로운 내용을 개정판에 추가하고, 교사리더십 논의 확장의 필요성도 포함시켰다. 또한 교사리더들이 예비교사에서 경력교사에 이르기까지 생애주기별 경력 개발에 힘쓰고 있는 현황을 다룬 최근의 논의를 추가했다. 세대 간 차이와 함께 서로 다른 다양한 관점을 지닌 교직원들의 관계 구축에 관한 조언들도 새롭게 제공했다. 교사리더십을 지원하는 학교 여건들에 대한 분석을 통해, 교사리더십을 활성화하는 데 필요한 여러 요인들을 제시하였다. 학교에서 교사리더십을 유지하는 데는 세 가지 중요한 요인이 필요하다. 첫째, 동료교사와의 관계, 둘째, 학교조직의 구조, 셋째, 교장의 역할이 그것이다. 우리는 교사리더가 동료교사 그리고 그들의 학교와 교육청에 영향력을 행사할 수 있는 방법을 단계별로 자세히 제시한다. 교수학습리더로서 활동하고 있는 수많은 교사를 생각하면서, 많은 교사리더가 직면하고 있는 네 가지 과제―(1) 리더십 역할을 받아들이는 결정, (2) 교장과 교사리더 간 관계 구축, (3) 동료교사와의 협업, (4) 자신과 동료의 전문적 학습 촉진―와 관련된 새롭고 시의적절한 내용들을 이번 개정판에 담았다. 마지막 장에서는 교사리더십의 미래에 대한 전망을 다룬다. 교사리더십의 밝은 미래를 위해 필요한 변화의 영역과 함께 이를 지지하는 각종 단체의 활동을 포함시켰다.

이번 개정판에서는 각 장에서 활용된 교사리더십 관련 문헌과 연구들에 대한 최신의 참고문헌을 수록하였다. 그리고 〈교사리더십 자가진단〉과 〈교사리더십을 위한 학교문화 진단도구〉라는 두 개의 새로운 진단도구를 포함함으로써 내용이 훨씬 더 풍부해졌다. 또한 또 다른 진단도구로 〈교사리더십 준비도 진단〉과 〈교육철학 설문지〉를 제공하였다. 이러한 도구들은 예비 또는 현직 교사리더에게 활용될 수 있는 진단도구이다. 그리고 교사리더십을 심도 있게 공부하고자 하는 사람들이 참고할 만한 신간 서적과 온라인 자료들도 추가로 제공하였다.

십여 년 전, 교사리더라는 '잠자는 거인'을 깨우겠다는 바람을 갖고 이 책의 초판을 썼기 때문에, 최근 많은 사람들이 교사리더십을 지지하고 교사리더십 기술을 배우는 경향을 접하면서 우리는 매우 기뻤다. 이 책은 교사리더십을 이해하고 교사를 리더로 개발시키는 데 관심 있는 모든 사람에게 도움이 될 것이다. 교사리더십을 발전시킬 책임은 교장, 교육감, 교육청 행정가, 대학교수 그리고 특히 교사 자신을 포함한 모든 사람에게 있다. 우리는 이 모든 사람들이 교사리더십에 관심을 기울였으면 한다. 우리는 그동안 우리가 갖고 있던 교사리더십에 대한 신념들을 우리의 최근 경험에 비추어 재검토했다. 늘 그러했지만, 우리의 아이디어는 전국에 있는 교사리더와의 활발한 상호작용을 통해 나온 것이다. 우리는 이 개정판을 통해 교사리더십에 대해 그동안 알게 된 것을 교사리더십이라는 소중한 자원을 활용하고자 하는 모든 사람들과 나누고자 한다.

우리는 줄곧 '교사리더십 개발'이라는 소중한 여정을 걸어왔다. 모든 학생의 성공을 위한 교육에 관심 있는 사람이라면 누구라도 이 여정에 동참하기를 희망한다. 이 책에 제시된 다양한 아이디어들이 도움을 줄 것이다.

감사의 글

우리는 이번 작업을 하면서, 지난 20년 동안 우리에게 영감을 준 교사리더들을 생각한다. 그들은 학생들의 삶에 긍정적인 변화를 주기 위해 열정적으로 일하는 수천 명의 교사리더이다. 이들과의 관계는 우리의 삶을 풍성하게 해주었으며, 우리의 글쓰기 작업에 많은 영향을 주었다.

이 글을 쓰는 지금, 우리는 교사리더십의 중요성에 대해 깊이 공감하고 있는 사람들에게 감사의 말을 전하고 싶다. 이러한 리더에는 로렌드 바스(Roland Barth), 고르디 도날드슨(Gordy Donaldson), 빌 드럼몬(Bill Drummon), 베티 에판친(Betty Epanchin), 세실 골덴(Cecil Golden), 셜리 호드(Shirly Hord) 그리고 린다 렘버트(Linda Lambert)가 있다. 그리고 우리를 감동시킨 교사리더들을 위해 열심히 일하는 훌륭한 리더들이 있는데, 이들은 린다 디아즈(Linda Diaz), 레지나 애셔(Regina Ash), 데브라 엘리어트(Debra Elliott), 벳시 버로우스(Betsy Burrows), 스코트 엘리어트(Scott Elliott), 마사 하릴(Martha Harrill), 팜 하우펙(Pam Houfek), 자넷 메이슨(Janet Mason), 린네 코워드(Renee Coward) 그리고 토드 크러프(Todd Cluff)이다.

최근 〈교사리더 네트워크〉 회원들과의 많은 대화는 우리 작업에 많은 정보와 영감을 주었다. 교사리더를 지속적으로 지원하고 있는 〈교사리더 네트워크〉의 열정적 촉진자인 존 노튼(John Norton)에게 특별히 감사를 드리고 싶다. 〈교사의 질 향상 센터〉의 대표인, 버넷 베티(Barnett Betty)는 교사리더십 개발을 위한 〈교사리더 네트워크〉와 이와 관련된 시도들이 지속되는 데 필요한 자원들을 열심히 지원해주고 있다.

마지막으로, 우리가 교사리더들과 그들의 리더십을 연구하는 동안, 우리 가족이 보여준 인내와 격려에 깊이 감사드린다. 우리는 교육리더인 남편들, 빌 캐천마이어(Bill Katzenmeyer)와 짐 몰러(Jim Moller)의 지지에 특히 감사드린다.

메릴린 캐천마이어(Marilyn Katzenmeyer)

게일 몰러(Gayle Moller)

교사리더십
이해하기

UNDERSTANDING TEACHER LEADERSHIP

학교 개선을 위해선 교사리더들에게 많은 자원들을 투입해 교사들이 우수한 질을 유지하도록 해야 한다. 교사가 교육현장의 리더라는 인식을 갖도록 지원하고, 리더십기술을 개발할 수 있는 기회들을 제공해주어야 한다. 교사들이 존중받는 학교문화를 구축해주면, 교사리더십이라는 잠자는 거인은 서서히 깨어날 것이다.

교사리더가 된다는 것은 교사가 교육력 향상을 통한 학교교육 개선을 목적으로
교직을 수행하면서 얻게 된 유용한 아이디어들을 동료들과 공유한다는 것을 의미한다.

아리엘 색스(Ariel Sacks) 8학년 교사리더

오늘날 학교현장에서는 학생들의 요구에 부합하지 못하는 교육시스템 속에서 성실한 교사조차도 매일 힘든 시간을 보내고 있다. 우리 교육시스템의 실패를 지적하는 주요한 연구보고서들과 교육에 대한 대중의 회의론 그리고 교사들의 관심을 끌고자 경쟁하고 있는 다양한 정책들 속에서도, 대부분의 교사는 학생들의 학업성취도 향상을 위한 해답을 찾아 노력하고 있다. 학생과 그들 가족들을 위한 사회적 서비스에 대한 지속적 요구, 차터 스쿨과 학교 바우처 제도의 도전 그리고 교사나 학교관리자가 되고자 하는 유능한 교육전문가 수의 감소 등은 학생들의 학업성취도 향상을 위해 애쓰고 있는 헌신적인 교사들의 도전을 방해하고 있다.

지난 25년 동안, 학교 개선에 대한 수많은 보고서는 정책입안자가 모든

학생이 양질의 교육을 받을 수 있도록 교육자들을 강제하는 법률을 통과시키는 데 많은 영향을 주었다. 이러한 법률의 목적에 동의하지 않는 사람은 거의 없겠지만, 단지 학업성취도 기준의 제고, 학업성취도 측정도구의 개발 및 실행 그리고 시험결과에 따른 학생, 교사, 학교관리자에 대한 책무성 부과만으로 그 목적을 이룰 수는 없다는 주장도 여전히 많다. 「책무성의 정책 효과에 관한 연구(Darling Hammond & Prince, 2007, Wechsler 외, 2007)」에 따르면, 학생의 성과 향상을 가져오는 현명한 투자는 더 많은 평가에 있는 것이 아니라 교사와 교사들의 학습에 있다고 했다. 학교개혁을 위한 '특효약'과 같은 법률을 찾아다니는 선의의 정책입안자들과는 달리, 똑똑한 학부모들은 교육개혁의 초점이 자녀의 학습에 많은 영향력을 행사하는 학급교사에게 맞춰져야 한다는 사실을 이미 알고 있다.

책무성 관련 정책, 학교 밖에서 만들어진 개혁 프로그램 그리고 시험점수와 연계된 상벌시스템 등에 대한 다양하고 혼란스러운 평가 이후, 사람들의 관심은 이제 각 교실과 교사의 질로 이동했다(Education Week, 2008). 교사의 질 향상을 위해 교사는 더 잘 가르치는 법을 배워야 한다. 그래서 많은 관심이 교사의 전문성 개발에 맞춰짐에 따라, 이전에 교사가 가끔 받던 연수는 이제 모든 교사가 받아야 하는 의무사항으로 변하였다. 그런데 이 연수에는 교직 수행과 관계없는 내용도 포함되어 있다. 교육 프로그램 개발자, 교육청 행정가, 학교혁신 지도자 그리고 그 외 많은 사람이 전문성 개발 관련 프로그램을 제공하고 있다. 그런데 제공되는 프로그램을 살펴보면, 질이 높은 프로그램도 일부 있으나 대부분은 효과적인 전문성 개발을 위한 기본적인 기준도 지키지 않고 있다. 웩슬러 등(Wechsler 외, 2007)은 캘리포니아 주의 교수법에 대한 연구에서, 교사가 효과적인 지식과 기술을 갖도록 하는 일관성 있는 접근을 주정부가 하고 있지 않다고 주장한다. 이러한 사실은 모든 주정부에 해당될 것 같다.

교육문제에 대한 해답은 학교공동체 구성원, 특히 모든 교사의 재능을 활용하는 리더십 구조에 있다. 노동자들(교사들)로부터 관리자들(학교 교장들)을 구분해서 관리하는 관료적 교육시스템으로는 괄목할 만한 성과를 기대할 수 없다. 웩슬러의 말처럼, 리더십은 "하나의 학교공동체 속에 내재되어야" 한다. 학교에서 교장이 유일한 리더라는 인식에 변화가 생기고, 성공적인 학교를 만들기 위해서는 이제 교사들의 리더십 역할이 중요하다는 인식이 명백해지고 있다.

모든 학교에는 학생들의 학습 향상을 가져오는 데 강력한 촉매제로 작용할 수 있는 교사리더십, 즉 '잠자는 거인(sleeping giant)'이 있다. 공교육은 학교 변화 촉진제로 교사리더들의 에너지를 활용함으로써 "모든 아이들은 우수한 교사를 가져야 한다"는 더 나은 변화를 맞이할 수 있을 것이다(Wehling, 2007, p. 14). 우리는 지속적인 학교 개선을 위해 교사리더들에게(교사는 학교 고용인 중 가장 많고 학생들에게 가장 가까운 집단임) 그들의 많은 자원을 투입하여 교사들이 우수한 질을 유지하도록 요구할 수 있다. 우리는 그들이 리더라는 인식을 갖도록 도와주고, 리더십기술을 개발할 수 있는 기회를 제공하고, 그들이 존중받는 학교문화를 만들어줌으로써 교사리더십이라는 잠자는 거인을 깨울 수 있을 것이다.

이러한 목적을 달성하기 위해, 우리는 교사리더십이 어떻게 출현하게 되었는지를 살펴보면서 이번 장을 시작하고자 한다. 다음으로 교사리더십의 확장된 정의를 공유할 것이며, 이러한 정의를 자세히 살펴보기 위해 교사리더들이 일반적으로 직면하고 있는 딜레마와 싸우고 있는 교사리더 3명의 사례를 살펴본다. 그리고 교사들이 〈교사리더십 준비도〉라는 진단도구를 활용하여 교사리더로서의 성향을 직접 진단해보도록 한다. 끝으로, 우리는 교사리더십을 모든 사람이 함께 지지할 책임이 있음을 강조한다. 왜냐하면, 현재의 시스템 내에서 교사리더가 혼자서 교사리더십을 구현한다는 것은 불가능하기 때문이다.

교사리더십의 출현

우리가 1990년대 중반 이 책의 초판을 썼을 때 '교사리더십'이라는 개념은 비교적 잘 알려져 있지 않았다. 당시 우리는 교장들과 학교혁신 관련 일을 함께하면서 교사리더십의 중요성을 인식했다. 교사들과 함께 학교혁신을 공부한 교장들은 전문성 개발 워크숍보다는 교사리더십이 자신의 학교에서 그들이 배운 것들을 더 잘 전달할 수 있을 것 같다고 생각했다. 그러나 불행하게도, 많은 교장이 다른 학교로 전근을 가게 되고, 이로 인해 그동안 시도된 정책들은 새로 부임하는 교장의 재량 하에 놓이게 되었다. 이전 교장과 함께 학습했던 교사는 그동안 추진해왔던 정책들을 유지해나갈 힘이 자신에게 없음을 깨닫고 충격을 받았다. 이에 누가 교장이냐에 상관없이 장기적으로 학교 개선에 대한 동력을 유지시킬 수 있는 시스템이 어떻게 구축될 수 있을까를 우리는 고민해왔다. 우리는 모든 학교에 학생의 학업 향상에 영향을 미칠 학교 개선을 추동할 수 있는 지식, 기술 그리고 신념을 지닌 상당수의 바람직한 교사리더가 있을 것이라는 기대를 갖고 있었다. 교사리더십에 대한 우리의 기대와 달리 학교현장의 리더십 구조는 지난 20년 동안 학교 발전에 장애물이 되어왔다.

이러한 장애물에도 불구하고, 오늘날 교사리더십은 새롭게 대두되고 있으며 많은 학교에서 교사리더는 자신의 목소리를 내고 있다. 예전에, 교장들에게 "교사리더가 누구인가요?"라는 질문을 던지면 교장들은 긴 머뭇거림 끝에 "교육과정부장 또는 팀 리더가 아닐까요"라는 불분명한 답을 내놓았다. 그들은 이러한 리더들을 '진정한' 리더로 여기지 않고 있었고 언급된 리더들조차도 자신을 리더로 인식하지 않았다. 최근 교사리더십 관련 직책의 확충, 교사직무표준에 교사리더십 내용의 포함, 교사리더십(instructional leadership) 자격 부여를 위한 주정부들(states) 간의 협력 작업 그리고 교사리더십 관련 연구물의 급증으로 교사리더십이라는 용어가 우리에게 매우 익숙해졌다.

교사리더라는 직책이 생겨난 주요한 이유는 교사들에게 제공된 전문성 개발 프로그램은 코칭과 같은 후속지원이 없다면 교실 내의 교사행동 변화를 유발시키지 못한다는 점을 교육계가 인식했기 때문이다. 문해력 코치, 멘토 그리고 리더교사 등과 같은 교사리더들은 현장에서 동료교사에게 도움을 제공한다. 리더십 역할을 수행하는 교사는 전국단위의 〈교사 리더 네트워크〉와 같은 전문성 개발 네트워크를 통해 교실 밖 교육정책 에도 연합하여 영향력을 행사하고 있다.

한편, 교사리더십을 다루는 학술지, 연구보고서 그리고 서적 발간이 늘 고 있다(Mangin & Stoelinga, 2008). 그리고 우리는 많은 박사 과정 학생들 이 교사리더십과 그 영향력에 대한 논문을 쓰고 있다고 듣고 있다. 교사 리더십 확산의 첫걸음으로써 이러한 현상들도 중요하지만, 우리는 학교 내에 잠재되어 있는 모든 리더십 관련 재능이 발현되어 하나의 학교규범 으로 일반화되기를 기대한다.

잠재되어 있는 교사리더십이 학교현장에서 제대로 활용되기 위해서는 정책 변화, 명령 그리고 전문성 개발 프로그램 제공 이상의 것이 요구된 다. 교사리더십 활용에 대한 전략 수립은 학급교사의 질 관리, 효과적인 교장리더십 확보 그리고 교사들에게 교사리더십에 대한 책임을 부여하는 전략들과 비교해 상대적으로 쉬운 개혁 전략이다. 이러한 목표를 달성하 기 위해 우리는 다음의 세 가지 장애물을 극복해야 한다. 첫째, 학교 구조 와 학교시스템의 리더십 구조가 재검토되어야 한다. 둘째, 교사들은 다른 교사들로부터 고립되어 '내 학생들'만을 가르쳐왔던 관행에서 벗어나야 한다. 셋째, 교사리더십은 교사리더로서의 책임을 떠맡고자 하는 누구에 게나 열려 있다는 사실을 많은 교사가 인식해야 한다.

교직은 수년간에 걸쳐 얻어진 전문성 수준과는 관계없이 교직에 들어 선 첫날부터 은퇴하는 날까지 주어진 책임이 똑같은, 기본적으로 '평등한' 직업 영역이다(Danielson, 2007, p. 14). 많은 교사가 자기 학교의 학생과 교사에게 영향력을 행사하기 위해 열심히 협업하고 함께 의사결정을 하고 있지만, 여전히 많은 교사와 관리자는 공식적 리더십은 교장실에서 나오고 교사리더십은 기껏해야 어쩌다 가끔 나타나는 현상으로 치부하는 이분법적 사고를 지닌 현장에서 일하고 있다. 교사리더십이라는 용어는 이제 낯설지 않지만, 그것은 "때로는 너무나 과장되어 있고, 실제로 온전히 실현되는 경우는 드물다"는 것이다(Berry, Norton, & Byrd, 2007, p.48).

　　우리는 교사리더들과 함께 일하면서, 교사들이 교사리더로서 열심히 활동함에도 불구하고 왜 리더로 불리는 것을 주저하는지 궁금했다. 지역에 상관없이 그들이 주저하는 데에는 다음의 세 가지 이유가 있었다. 첫째, 교사리더십의 질은 학교문화에 달려 있다. 교사들은 동료교사가 리더가 되도록 독려하지 않는 학교상황을 이야기한다. 교사리더로서 활동하고 싶어 하는 교사들은 현재 근무하는 학교를 떠나 자신들의 열망에 부합하는 학교를 찾아 떠날 것이다. 두 번째로 교사들이 우려하는 점은 자신이 다른 교사를 지도할 기술을 갖고 있지 않다는 것이다. 교장과 다른 리더들은 리더십기술을 익히도록 요구받아왔던 반면, 교사들은 이러한 기술을 익힐 기회를 거의 갖지 못했다. 마지막은 모든 교사가 평등해야 한다는 평등주의 학교문화 관행이다. 모든 교사가 동등하게 취급받는 환경에서, 발탁되는 것에 대한 동료들의 부정적 반응에 대한 두려움으로 인해 그들은 나서는 것을 주저한다(Johnson & donaldson, 2007). 이러한 요인들이 교사리더십의 발전을 방해하고 있다. 교사리더십이 학교 내에 보다 폭넓게 받아들여질 때, 동료에게 받는 지도를 더 쉽게 수용하는 학교문화가 구축될 것이다(Mackenzie, 2007).

지금 학교가 직면하고 있는 복잡한 변화 과정에서 교사리더십은 매우 중요한 역할을 할 수 있을 것이다. 교사리더십 지지자들은 교사리더들이 이러한 역할을 잘할 수 있도록 교사리더십이 무엇인가를 보다 분명하게 밝힐 필요가 있다.

교사리더십의 정의

교사리더십에 대해 일치된 견해를 갖기에는 우리가 갈 길이 아직 멀다는 사실에는 사람들 대다수가 동의하고 있다. 교사리더라는 개념과 그들에게 거는 기대는 매우 다양하고 혼란스럽다(York-Barr & Duke, 2004). 즉 교사리더십은 무엇인가, 교사리더들은 누구인가에 대한 답이 아직까지는 명확하게 정의되고 있지 않다는 것이다. 과거 우리가 교사리더십에 관심을 보이는 교사들을 만났을 때, 그들은 교사리더십에 대해 개념을 정의할 시간을 달라는 요청을 하였다. 이제 우리는 매우 다른 양상의 곤란한 상황에 처해 있다. 교육전문가들이 교육리더십이라는 용어를 자신들의 전문 영역에 즐겨 사용함으로써, 그동안 자신들이 믿고 사용해 온 그 개념에 대해 재검토하는 것을 주저하고 있기 때문이다. 그러나 교사리더십의 정의에 대한 관심 여부와는 상관없이, 우리는 교사리더십의 개념에 대한 대화가 교사리더들을 지원하는 데 도움이 된다고 믿는다. 우리는 교육 관련 연구물과 우리의 경험 그리고 교사리더 및 교장, 다양한 사람과의 많은 대화를 토대로 교사리더십에 대한 정의를 내렸다. 이 정의는 우리의 지속적인 탐색과 학습을 통해 앞으로 더 발전할 것이다. 우리가 내린 정의에 의하면, 교사리더는 학급 안팎에서 리더십을 수행하고, 교사 학습자와 리더 들로 구성된 공동체에 소속감을 갖고 헌신하며, 다른 사람의 교수능력 향상에 영향력을 행사하고, 자신이 발휘한 리더십 결과에 책임을 지는 사람이다.

학급 안팎에서의 리더십 수행

전문성을 지닌 교사는 무엇보다 학급 학생들의 학습을 촉진시키는 데 우수한 능력을 갖고 있다. 교사리더십은 학생지도를 잘할 때 다른 교사들로부터 인정을 받는 것이다. 리틀(Little, 1995)은 동료교사에게 영향력을 행사하기 위해서는 정당성을 확보해야 한다고 이야기한다. 교사리더의 정당성은 직위로부터 나오는 것이 아니라 다른 교사들에 의해 부여받는 것이다. 교사들은 교사리더십의 이러한 측면을 명확히 인정하고 있으며, 일부 교사는 자신의 학생지도기술을 동료교사에게 전수할 수 있다고 이야기한다. 교사는 학교의 모든 학생과 교육 프로그램의 성공을 위해 동료교사를 도와야 한다는 책임감을 받아들일 때 교실을 뛰어넘는 변화의 리더가 될 수 있다.

교실을 뛰어넘는 교사리더십이 발휘되는 정도는 교사리더의 참여의지뿐만이 아니라 학교상황에도 달려 있다. 중요한 점은 교사가 교사리더가 되기 위해 교수학습에서 분리될 필요가 없다는 것이다. 과거에는 교사가 리더가 되는 유일한 길은 학급이나 학교를 떠나야 한다는 통념이 있었다 (Barth, 1988; Boyer, 1983). 학교 관리직에 관심 있는 소수의 교사가 그 자리에 가고 싶어 하는 이유는 관리자가 되는 것이 좀 더 많은 학생에게 영향을 끼칠 수 있는 유일한 선택으로 보였기 때문이다. 하지만 이제 교육을 선도하는 관리자가 되겠다는 생각은 학교 안팎을 통해 자신들의 리더십을 발휘할 수 있는 길을 찾은 교사들로 인해 줄어들고 있다.

교사리더가 자신의 교실 밖의 일까지 책임을 지는 것에 대해서는 반대하는 의견들도 만만찮다. 우리는 교사리더십을 연구하기 시작한 처음부터, 교사리더는 본인의 학급도 계속 가르치면서 교실 밖 일에도 기여해야 한다는 입장이었다. 우리가 이런 입장을 갖게 된 것은 교사리더가 학급 경영 감각을 잃어버릴까 두려웠기 때문이다. 수학코치, 신규교사, 풀타임 멘토 등과 같은 공식적 직함을 지닌 교사리더가 나타남에 따라, 우리는 교사리더가 자신의 학급을 떠나 다른 교사들의 일을 효과적으로 도울 수 있는 곳에 머무를 수도 있다는 점을 인정한다. 이는 비록 교사리더가 동료교사의 교실에 있지만, 여전히 그들은 교수학습 개선에 관심을 기울이고 있기 때문이다. 일부 교사리더는 가중된 업무와 추가시간에 대한 요구로 인해 학급업무에 전념하거나 교사리더로서의 역할을 수행하는 데 어려움을 겪고 있다. 공식적으로 임명된 교사리더는 교수행위와 동료교사와의 진정한 관계를 방해하는 준행정업무에 대한 책임을 떠맡지 않는

선에서 교사의 학교 개선 노력을 촉진할 수 있다.

선발된 일부 교사리더나 수석교사 들만이 리더십을 발휘하고 있는 것은 아니다. 학급에 머무르면서 비공식적 리더십 역할을 수행하고 있는 교사들도 똑같이 가치 있는 영향력을 행사하고 있다. 교수학습에 대한 전문성과 열정을 지닌 이러한 교사들은 일상적 대화, 자료 공유, 전문성 개발 촉진, 또는 수업 공개를 통해 비공식적으로 다른 교사에게 영향력을 행사하고 있다.

교사리더십은 교사로 하여금 가르침이 중심이 되는 전문성의 가치를 되새기게 하고 있다(Stone, Horejs, & Lomas, 1997). 교육행정가로 가고자 하는 교사리더도 있겠지만, 리더십을 발휘하고 있는 대부분의 교사는 이러한 기회를 교육행정가로 가는 승진사다리로 보고 있지 않다. 이들 교사들은 학생 가까이에 있으면서 학생의 학교생활과 관련된 의사결정에 영향력을 행사할 수 있는 리더십 역할을 수행하길 원한다.

전문적 학습공동체에 기여

교사가 교실을 뛰어넘어 리더십을 발휘하는 것은 교사에게 교직원과 상호작용할 수 있는 기회를 제공한다. 에커만과 매켄지(Ackerman & Mackenzie, 2007)는 교사리더가 협력공동체의 일부라는 소속감을 갖고 살 것을 제안했다. 이러한 부분이 구현된다면, 학교 내 전문적 학습공동체에서 교사들의 학습이 이루어질 것이다. 바스(Barth, 2001)는 학습과 리더십 사이에 매우 밀접한 상관관계가 있음을 이야기한다. 전문적 학습공동체는 교직원들이 자신의 배움에 몰입하도록 하는 논리적 방안의 하나로 출현하였지만, 이러한 형태의 학교문화를 구축한 학교는 거의 없다. 전문적 학습공동체를 개발시키는 것은 생각보다 훨씬 어려운 일이다. 그러나 교사리더의 엘리트그룹 참여와는 달리 학습자와 리더의 공동체 참여는 모든 교사의 공동체 참여 기회를 확대할 것이다.

교사리더는 '실행공동체'나 '전문성 개발 공동체'에서 동료들과 일하는 가치를 안다(Lieberman & Miller, 2004, p.22). 이러한 공동체 속에서, 교사는 개인적으로 혼자 학습하는 것이 아니라 사회적 상황에서 학습을 하게 된다(Stein, Smith, & Silver, 1999). 교사리더십은 전문가들 사이에 서로 배우고, 공유하고 그리고 문제를 함께 해결하는 과정을 통해 자연스럽게 발달한다.

교사리더와 교장 들이 교직원 모두를 대상으로 전문적 학습공동체를 확대한다면, 그때 모든 교사가 포함될 것이다. 호드(Hord, 2003)의 연구에 의하면, 교사리더는 교수학습 개선을 위해 노력하는 과정에서 공식적 학교리더와 파트너십을 형성한다. 전문적 학습공동체를 형성하고 있는 학교가 지니고 있는 특성을 다섯 가지 차원에서 살펴보면 다음과 같다.

1. 교장의 지원적, 공유적 리더십: 학교관리자는 권력과 권한 그리고 의사결정권을 교사들과 함께 민주적으로 공유한다.
2. 가치와 비전의 공유: 학교관리자와 교사는 자신이 늘 가르치는 학생들의 학습에 방점을 둔 학교 발전 비전을 공유한다.

3. 협력적 학습과 적용: 교직원들의 협력적 학습과 현장 적용(실행)은 학생의
   요구를 충족시킬 수 있는 지적 도전과 해결책을 제시한다.

4. 지원적 환경: 학교의 물적, 인적 자원은 전문적 학습 조직 구성원의 업무
   를 지원한다.

5. 수업기술의 공유: 개인과 조직의 역량 강화를 위해 교사 간에 서로 수업기
   술을 검토하고 피드백을 제공한다.

교사는 이러한 특성을 지니고 있는 전문적 학습공동체에서 성장한다. 유능한 교사는 리더십 역할을 수행하도록 동료로부터 권한을 위임받는다. 전문적 학습공동체를 주도하는 역량 있는 교사는 흔히 공식적, 행정적 리더십에 변화가 있더라도 학교개혁의 추세를 유지시켜 나갈 수 있다. 학교와 교육청이 리더를 자주 교체하는 바람에 학교개혁을 어렵게 만든다(Fullan, 2005). 그러나 전문적 학습공동체는 이러한 부분을 방지할 수 있는 최고의 안전망이 될 수 있다.

교사리더는 학교 밖의 좀 더 넓은 전문적 공동체로 활동 영역을 확대할 수 있다. 전국단위 교육 프로젝트, 전문적 조직, 다른 학교개혁운동 참여는 교사들에게 교수능력 향상을 위해 노력하고 있는 교사리더들과의 네트워크를 형성하게 한다. 리버만과 우드(Lieberman & Wood, 2003)는 교사가 외부 네트워크에 참여하는 것은 매우 가치 있다고 이야기한다. 교사 및 교사리더 들의 이러한 공동체활동은 자신의 리더십기술이 중요하다는 것을 인식하게 하고 교수능력과 리더십을 동시에 개발하면서 학교에서

리더십을 발휘하는 데 용기를 준다.

끝으로 교사리더는 자신들의 일을 완수하기 위해 연합하고 네트워크를 구축하는 법을 알고 있다(Crowther, 2008). 이러한 네트워크를 통해 자신이 추진하고자 하는 일에 필요한 인력, 예산 그리고 다른 자원들을 모을 수 있다. 그들은 학교사회의 역학관계를 잘 이해하고 있어서 회의론자와 일하는 방법뿐만 아니라 마음이 잘 맞는 사람들을 어떻게 연결시켜 줄 것인지도 알고 있다. 교사리더는 각 학교의 학교문화에 맞게 공동체를 구축하고 학생을 위한 학교혁신의 길을 찾아줄 수 있다.

교수능력 향상을 위한 영향력 행사

교사리더는 다른 사람들의 교수능력 향상을 위해 영향력을 행사한다. 우리가 생각하는 교사리더십의 핵심개념, 즉 키워드는 바로 '영향력'이다. 학생이 매일 교사의 영향을 받는 것처럼, 특히 교직은 일방적 가르침보다는 영향력에 의해 학습이 이루어지는 곳이다. 다소 어려움이 있을 수도 있겠지만, 교사가 동료에게 자신의 교수법을 전달하는 기법을 교사리더에게 배울 수 있다.

리더십은 영향력이다. 교사리더는 교사들 가까이에 있으면서 자료를 공유하고, 학습할 수 있는 친근한 관계형성을 통해 주로 영향력을 행사한다. 실바, 짐버트와 놀란(Silva, Gimbert & Nolan, 2000)은 교사리더에 대한 연구에서 교사리더에게 인간관계 구축능력이 매우 중요하다는 점을 알아냈다. 또한 무니(Mooney, 1994)의 교사리더에 대한 인식연구에 따르면, 교사리더는 성실하고, 혁신을 위해 애쓰고, 다양한 능력으로 학생들의 동기를 고취하고, 언제든 다른 교사에게 도움을 줄 수 있는 사람으로 인식되고 있다.

다른 사람에게 영향력을 행사하는 데 꼭 공식적 지위가 필요한 것은 아니다. 동료교사와 협업하는 교사도 공식적 권력을 지닌 사람들만큼이나 다른 사람에게 효과적으로 영향력을 행사한다(Lambert, 2003). 동료교사의 수업능력 향상은 학교에서 좋은 인간관계를 지닌 유능한 교사의 개인적 역량에 달려 있다. 모든 학교에는 적극적으로 새로운 교수법을 실험하고 그러한 경험을 다른 교사와 나누려는 교사가 존재한다.

동료교사는 리더가 자신들이 지지하는 행동을 보일 때 영향을 받는다. 교사리더는 격려와 학급문제 해결 기법, 새로운 것을 배우려는 열정을 가지고 동료에게 다가가려 애를 쓴다(Rosenholtz, 1989, p. 208). 내가 아는 성공한 교사리더는 자신들의 발전에 지속적으로 관심을 갖고 끊임없이 공부하는 훌륭한 학습자다. 정보를 공유하고 수업능력 향상을 위해 노력할 때, 동료교사는 그들을 교사리더로 인정한다. 동료교사에게 영향력을 행사하는 교사는 동료에게 신뢰받는 교사, 지속적으로 공부하는 교사 그리고 좋은 교수법을 알려주는 교사다. 전문적 공동체에서 활동하는 교사리더도 또한 다른 교사로부터 영향을 받는다.

이러한 속성을 지닌 교사리더십의 난제는 서로 공유할 지식을 동료가 갖고 있을 수도 있다는 사실을 인정하기 꺼리는 학교문화에 있다. 교수능력 향상을 위해 교사들이 함께하도록 독려하는 교사리더가 끊임없이 도전해야 할 과제는 바로 교사 간 관계의 균형을 잡아주는 일일 것이다. 이러한 부분이 해결되지 않는다면, 교사는 앞으로도 혼자 고립된 채, 학생, 학부모 그리고 관리자 사이에 매일 일어나는 '전쟁 이야기'만을 공유할 것이다.

결과에 대한 책임감

리더십은 결과에 대해 책임을 지는 것이다. 책무성은 우리의 교사리더십에 대한 정의에서 새롭게 부각되어 논의되고 있는 부분이다. 우리는 다른 그룹의 리더들과 이에 대해 토론을 해보았는데, 진정한 교사리더십은 교사리더가 자신의 리더십에 책임을 지는 자세가 필요하다는 데에 대부분이 동의했다. 어떤 교사는 "우리가 리더십 역할을 수행했다면, 우리는 또한 거기서 파생되는 일들에 책임을 져야 할 의무가 있다"라고 이야기한다. 교사리더십에 대한 이러한 논의 끝에, 우리는 교사리더십 개념 요인에 책무성을 포함하기로 했다.

교사는 흔히 개선이 필요한 부분을 확인하고 그 문제를 해결하면서 리더십 역할을 수행한다. 그런데 문제해결을 위한 교사리더의 열정은 감당하기 힘든 많은 에너지와 시간을 요구하는 다양하고 광범위한 아이디어를 낳는다. 이로 인해 의욕이 꺾여 중간에 포기하는 교사도 나타난다. 그들과 달리, 진정한 교사리더는 끝까지 헌신하고 목표를 달성하겠다는 책임감을 갖고 있다.

책임감 있는 교사리더는 학교현안을 해결하겠다는 목표를 설정하고,

변화에 필요한 정보를 모으고, 생각을 같이하는 사람들을 모으고, 변화에 필요한 자원들을 확보한다. 교사리더는 학생들에게 더 좋은 세상을 제공하겠다는 비전을 설정하고, 그 목표를 실현할 방법들을 끊임없이 찾아다녔다. 티시(Tichy)는 "실천 없는 비전 제시는 환상일 뿐이다(Harris, 2003)"라고 우리에게 경각심을 일깨워준다. 따라서 교사리더는 비전 제시를 넘어 행동하고 그 결과에 대해 책임지는 자세를 보여야 한다.

인내는 성공의 열쇠이다. 교사리더는 다른 사람들을 움직일 수 있는 것은 공식적 권력이 아니라 개인의 역량이고, 절대로 목표달성을 위한 열망의 끈을 중간에 놓아서는 안 된다는 것을 안다. 퍼렌(Perren, 2000)은 리더에게는 매사에 "지속적으로 책임지는 행동"이 요구된다고 이야기한다. 교사리더가 단지 부분적인 성공에 이를 수도 있으나, 그들은 "절반의 성공"은 단지 최종목표로 가는 점진적 발전단계의 한 지점일 뿐이라고 생각한다(Barth, 2007, p.25).

효과적인 전문적 학습공동체에 대한 연구에서 교사들은 교장이 지원할 수 있는 가장 중요한 것 중의 하나가 결정된 사안에 대한 지속적 지원이라고 이야기한다(Moller 외., 2000). 교장에게 이러한 부분이 요구된다면 교사리더십에도 적용될 수 있을 것이다. 신뢰는 사람들이 그동안 서로 얼마나 믿음을 주고받았는지에 대한 경험을 토대로 형성된다. 교사리더로서 교장과 교사들의 신뢰를 얻기 위해서 교사리더는 자신의 리더십에 대해 끝까지 책임지는 자세가 요구된다. 우리는 교사리더십에 대한 교장들과의 논의를 통해 왜 교장들이 교사리더들에게 권한을 주기를 주저하는

지 그 이유를 알아냈다. 교사리더들이 프로젝트에 열의를 갖고 앞장서 헌
신했지만 끝까지 책임지는 끈질김이 없어서 실망했다는 것이다. 교사리
더는 스스로 책임감이 있어야 할 뿐만 아니라 동료들에게도 그것을 요구
할 수 있어야 한다.

앞에서 언급한 교사리더십에 대한 정의는 교사들로 하여금 다른 관점
으로 교사리더십을 바라보게 하고 자신의 학교에서 리더십을 발휘하는
것을 한번쯤 생각해보게 할 것이다. 이 책에서 정의되고 있는 교사리더십
은 이미 많은 교사가 인지하고 있는, 즉 학교현장을 떠나지 않고 동료들
에게 리더십을 발휘하는 것이다. 그래서 이 정의는 그들이 현재 교사리더
이거나 앞으로 교사리더가 되더라도 여전히 현장에서 동료교사와 관계를
유지할 수 있다는 점을 명백히 해준다.

이러한 교사리더십에 대한 정의를 염두에 두고 세 명의 잠재적 교사리
더의 이야기를 함께 다뤄보고자 한다. 이들은 현재 교사리더십 역할 수행
이라는 도전에 직면해 있다.

교사리더로 성장할 수 있는 세 명의 교사

세 명의 잠재적 교사리더 이야기는 교사리더십이라는 '거인'을 깨울 수
있는 가능성에 관한 것이다. 대부분의 교육자는 이러한 상황이 학교에서

볼 수 있는 전형적인 사례라는 것을 알 것이다.

라토냐(Latonya) 교사 – 교사리더십을 어느 선까지 발휘해야 하는가?

초등학교에서 근무하는 5년 경력의 라토냐 교사는 인근 대학에서 운영하고 있는 양질의 교원 양성 과정을 이수하였다. 그녀는 교과지식, 교수법 그리고 학생, 학부모 및 동료들과 효과적으로 상호작용할 수 있는 의사소통기술을 갖고 교직에 들어왔다. 라토냐 교사는 지역사회 인사들뿐만 아니라 교사, 학부모, 교육행정가로 이루어진 학교 리더십 팀에 의해 운영되는 학교에서 경력교사들과 함께 근무하고 있다. 라토냐 교사는 학생들을 성공적으로 지도하고 있는 4학년 교사 팀과 함께 수업을 계획하고 가르치고 있다. 그녀는 정기적으로 근처 대학의 예비교사들의 멘토 역할을 하고 있다. 교장은 그녀의 능력을 인정하여 각종 교육청 위원회에서 일하도록 종종 추천하곤 한다. 그녀는 혁신을 관찰하기 위해 다른 학교를 방문해왔다. 그녀는 학부모들이 자녀교육에 대해 주는 피드백에 고무되고, 학부모가 학부모총회 참석이 어려울 때 종종 학생의 집을 방문한다.

최근, 라토냐 교사는 학교혁신 과정에서 자신이 맡은 역할을 수행하는 데 어려움을 느끼고 있다. 그녀는 다른 선생님들이 자신을 어떻게 바라보고 있는지가 걱정이다. 라토냐 교사가 이러한 역할을 하는 진정한 의도는 학생과 동료를 위해 학교생활을 개선하는 것인데, 요즘 그녀는 동료교사들이 그녀가 행정직으로의 전직을 위해 이 일을 하고 있다고 의심하는 것 같은 생각이 든다. 라토냐 교사는 현재의 전문서 독서모임에서 나오는 아이디어와 학습자료를 공유하기 위해 연구모임의 촉진자로 자신이 나서겠다고 할 때 다른 선생님이 어떻게 반응할지 궁금했다. 가끔 그녀는 회의 때 자신이 너무 적극적으로 많은 변화를 요구함으로써 동료들을 공격하고 있는 것은 아닌가 하는 생각을 한다. 지난주에는 학교혁신 팀의 다른 교사를 공격하고 있는 자신의 모습을 보고 두려움까지 느꼈다. 라토냐 교사의 관심은 교사리더십을 어느 정도까지 발휘해야 하는가이다.

조지(George) 교사 – 변화를 꺼리는 학교의 문제를 리더십으로 바꿀 수 있을까?

교사리더십의 무한한 가능성을 인지한 조지 교사는 도심지 고등학교에서 음악교사로 근무하고 있다. 조지 교사는 2년 전 교사가 되기 위해 악단을 떠나왔다. 헌신적이고 유능하면서 전문성을 갖춘 조지 교사는 이직한 것에는 만족하고 있으나 그가 근무하는 전통적 형태의 고등학교가 변화를 꺼리는 것 때문에 좌절하고 있다. 조지 교사는 학생들의 요구에 부응하기 위해 그의 음악 프로그램을 확대해야 한다고 다른 선생님을 설득하는 데 어려움을 느끼고 있다. 학교운영위원회에도 참석해보았지만 어떤 도움도 받지 못했다. 사실 그는 학교 밖 공동체에서 일했던 과거 경험들에 비추어 학교운영위원회를 움직일 수 있을 것이라고 생각했지만 결과는 그렇지 않았다.

학급교사로 2년을 근무한 후, 그는 석사학위를 취득하기로 마음먹었다. 그의 고등학교가 직면하고 있는 문제를 해결하기 위해 대학원 과정을 통해 배우는 지식을 공유하고 적용하고 싶었기 때문이다. 그로 인해 학생들의 성적은 향상됐지만 학생들의 중도 탈락률은 위험수위에 있어서 그 학교는 많은 혁신이 요구되고 있다. 예술부 교사를 제외한 다른 동료교사들은 그의 생각과 전문성을 존중하지 않고 있다는 느낌이 든다. 그는 학교를 위해 기여할 부분이 있다고 생각하고 있지만 선뜻 나서는 것에 주저하고 있다. 그가 학교 차원의 문제에 대해 리더십을 발휘하고 싶다고 말했을 때 과연 그의 동료들과 교장이 그를 지지해줄지 궁금하다.

미란다(Miranda) 교사 – 현 상태를 고수하려는 교사들에게 변화를 요구할 수 있을까?

미란다 교사는 중학교에 근무하는 특수교육 교사이다. 그녀는 20년 전, 이 학교에 근무하는 대부분의 교사와 함께 교사생활을 시작했다. 최근 이 지역에 2개의 중학교가 문을 열었는데, 이로 인해 학구가 변경되었다. 그녀 학교의 학생 구성에도 급격한 변화가 있었다. 그녀와 동료교사들은 수년 동안 가르쳐온 교외지역의 중산층 학생들이 아니라 이제는 가난과 결손가정 그리고 약물남용이 만연한 지역에서 온 학생들을 지도하고 있다. 지금의 학생들은 과거의 교육 과정과 교수 전략에 잘 반응하지 않고 있다. 학생 구성의 변화가 학교에 변화를 요구하고 있는데, 그녀는 그런 생각을 혼자만 하고 있다고 느낀다. 미란다는 그녀의 동료들이 기존에 해오던 방식에서 벗어나 자신들이 직면한 새로운 도전들을 슬기롭게 극복하도록 돕고자 한다. 최근 그녀는 〈전미 교직 기준 위원회〉로부터 인증서를 받고 교사리더로서 자신의 능력에 더 확신을 갖게 되었다.

미란다 교사는 동료들과 함께 그들이 직면한 교수법 문제를 해결하기 위한 논의의 장을 만들고 싶어 한다. 아마도 그녀는 중학생 대상 교육전문성 개발을 위한 시간 확보를 위해 교장과 이야기할 것이다. 그녀는 협력교사를 활용한 통합교육을 일반

교사들과 함께 시도하고 싶어 한다. 그녀는 이러한 전략이 학생 구조 변화로 어려움에 처해 있는 교사들에게 도움을 줄 수 있다고 믿는다. 그녀는 스스로 리더십을 발휘할 준비가 되었다고 느끼지만, 현 상태를 유지하고 싶어 하는 교사들에게 얼마만큼의 영향력을 행사할 수 있을지에 대해서는 의구심을 갖고 있다.

라토냐, 조지 그리고 미란다 교사가 갖고 있는 딜레마는 특별한 것이 아니다. 이들은 자기 학교에서 교수학습 개선을 위해 훨씬 더 폭넓은 리더십을 발휘할 수 있다. 그러나 교육행정가와 다른 교사들, 무엇보다 학교 구조가 리더십을 발휘하고자 하는 교사가 할 수 있는 기여를 지지하지 않을 수도 있다. 교사리더십이 동료들이 지지하는 정당한 활동으로 여겨지지 않는다면, 이러한 교사들은 학교혁신을 위한 활동에 기여하려 하지 않을 것이다.

우리는 라토냐, 조지 그리고 미란다 교사와 같은 사람들이 할 수 있는 역할을 폭넓게 살펴보았다. 학교와 교육청을 위해 교사리더가 할 수 있는 역할이 많다는 것은 학교현장에 아직도 활용되지 않고 잠자고 있는 자원들이 굉장히 많음을 의미한다. 그러나 놀랍게도, 이러한 교사들이 리더로서의 잠재성을 발휘해 볼 기회를 얻지 못한다면 그들은 자신을 리더로 바라보지 않을 것이다.

교사리더로서의 잠재성 탐색

교사리더십에 대한 논의는 교사에게 도움을 준다. 교사리더로 성장해 나가고자 하는 선생님들에게 이러한 논의는 꼭 필요한 부분이다. 교육청 사람들은 종종 우리에게 교장들이 교사리더를 인지할 수 있는 방법을 알려달라고 한다. 누가 교사리더인지 그리고 교사리더로서의 잠재성을 지닌 교사는 누구인지 우리가 어떻게 알 수 있을까? 직책과 권한을 지닌 공식적 리더교사는 쉽게 알아볼 수 있다. 그러나 비공식적 리더는 다른 사람들에게 잘 드러나지 않는 방법으로 자신이 갖고 있는 기법들을 실행하는 교사들이다. 우리는 교사와 행정가들이 인지해야 할 잠재적 교사리더의 특성을 역량 있는(competent), 신뢰할 수 있는(credible) 그리고 협업적(approachable)이라는 세 가지 용어로 나타내고자 한다. 일반적으로 교사들은 어떤 교사가 학급 운영 역량이 뛰어난지를 알고 있으며, 이러한 교사는 또한 자연스럽게 동료들로부터 신뢰를 얻는다. 협업하는 능력은 교사리더로서 갖춰야 할 매우 중요한 특성이다. 역량과 신뢰감은 있으나 협업보다는 개인활동을 선호하는 교사들이 있다. 따라서 다른 사람들과 협업하는 능력은 교사리더가 되기 위한 매우 중요한 요소이다.

자신과 동료들의 리더로서의 잠재성에 대해 탐색해보는 것은 매우 의미 있는 대화로 이어질 수 있다. 나는 리더인가? 나는 리더가 될 수 있는 잠재력을 갖고 있는가? 교사가 리더가 되기 위해 지녀야 할 특성에는 무엇이 있는가? 동료교사 중 누가 리더로 인식될 수 있을까? 이러한 질문

들에 답하면서 교사리더십을 더 잘 이해한다면 리더로서 자신의 가능성
을 탐색하고 동료교사의 발전에 도움을 줄 수 있을 것이다.

교사리더십 개발을 시작하기 위한 첫 번째 전략은 〈그림 1.1〉과 같은
〈교사리더십 준비도 진단도구〉를 사용해보는 것이다. 리더로서의 역할
을 한번 해보겠다는 생각을 갖게 되었을 때, 이 체크리스트는 교사리더
십 개념에 대해 대화를 시작할 수 있는 좋은 도구가 될 수 있을 것이다.
우리는 교사리더십에 대해 잘 모르는 교사들과 일할 때 이 도구를 사용
한다. 이 도구는 예비교사나 고경력교사에게 유용하다.

〈그림 1.1〉 교사리더십 준비도 진단도구

교사리더십 준비도 진단도구

	다음 문항들에 대해 당신이 얼마나 동의하는지 '매우 그렇지 않다', '그렇지 않다', '보통이다', '그렇다', '매우 그렇다'로 답하시오.	매우 그렇지 않다	그렇지 않다	보통 이다	그렇다	매우 그렇다
1	교사로서 내가 하는 일은 의미 있고 중요하다.	①	②	③	④	⑤
2	교사는 다른 교사의 수업에 대한 생각, 계획 그리고 실행에 영향을 줄 수 있어야 한다.	①	②	③	④	⑤
3	교사의 새로운 교수법 시도는 성공 여부와 상관없이 인정되어야 한다.	①	②	③	④	⑤
4	교육정책입안자들(예: 학교운영위원회, 교육청)이 설정한 교육목표를 달성할 최상의 실현방안은 교사가 결정해야 한다.	①	②	③	④	⑤
5	나는 흔쾌히 동료교사를 관찰하고 피드백을 줄 수 있다.	①	②	③	④	⑤
6	나는 동료들과 함께 나의 교육관에 대해 이야기하며 시간을 보내고 싶다.	①	②	③	④	⑤
7	나는 학교관리자와 다른 교사를 존중하는 것이 중요하다고 생각한다.	①	②	③	④	⑤
8	나는 가르치는 데 있어 어려움을 겪고 있는 동료를 기꺼이 도울 수 있다.	①	②	③	④	⑤
9	나는 동료교사, 학부모, 학생이 어떤 관점을 갖고 있는지 알 수 있다.	①	②	③	④	⑤

	전문가로서의 행동에 대해 기술한 각 문항에 대해 당신은 얼마나 자주 하는지 답하시오.	매우 그렇지 않다	그렇지 않다	보통 이다	그렇다	매우 그렇다
10	학교가 교직원을 선발할 때, 나의 시간을 할애할 수 있다.	①	②	③	④	⑤
11	나는 학급 일에서 뿐만 아니라 교내모임에서 촉진자로 일하려고 노력한다.	①	②	③	④	⑤
12	교사들의 협업은 교수학습 실행에 영향을 미칠 수 있어야 한다.	①	②	③	④	⑤
13	나는 학급교사로 일하면서도 학교리더의 역할을 담당할 수 있다.	①	②	③	④	⑤
14	동료교사와 경쟁보다 협력이 더 중요하다.	①	②	③	④	⑤
15	학교가 전문성 개발 활동 연수를 기획할 때, 나의 시간을 할애할 수 있다.	①	②	③	④	⑤
16	내가 하는 일은 전반적으로 우리 학교 교육활동 성공에 도움을 주고 있다.	①	②	③	④	⑤
17	신규교사에 대한 멘토링은 전문성을 지닌 교사로서 나의 책임 중 일부이다.	①	②	③	④	⑤
18	교사와 대학교수 간의 협업은 서로에게 도움을 준다.	①	②	③	④	⑤
19	교수자료, 자원할당, 학생과제, 일과표 작성 등과 같은 일들을 결정하는데, 흔쾌히 시간을 내 참석할 것이다.	①	②	③	④	⑤
20	나는 교육 과정과 교수법에 대해 동료들과 함께 논의하는 시간을 가치 있게 생각한다.	①	②	③	④	⑤
21	나는 대부분의 동료들과 효과적으로 일한다.	①	②	③	④	⑤
22	나는 학생의 성공에 도움이 되는 지식, 정보 그리고 기술들을 갖고 있다.	①	②	③	④	⑤
23	나는 나와 다른 관점을 인정하고 가치 있게 생각한다.	①	②	③	④	⑤
24	내가 지도하는 학생 대부분을 효과적으로 잘 가르친다.	①	②	③	④	⑤
25	전문가로서 나의 가치가 인정받는 환경에서 일하고 싶다.	①	②	③	④	⑤

교사리더십 준비도 평가 채점 방식

1. '매우 그렇지 않다'를 선택한 숫자를 세어보시오.

    (−2)를 곱한 숫자를 여기에 쓰시오.

2. '그렇지 않다'를 선택한 숫자를 세어보시오.

    (−1)를 곱한 숫자를 여기에 쓰시오.

3. '보통이다'를 선택한 숫자는 무시하시오.

4. '그렇다'를 선택한 숫자를 세어보시오.

    그 숫자를 여기에 쓰시오.

5. '매우 그렇다'를 선택한 숫자를 세어보시오.

    (2)를 곱한 숫자를 여기에 쓰시오.

6. 위 4개 숫자의 합을 여기에 쓰시오.

6번의 숫자가 35~50 사이에 있다면

당신의 태도, 가치 그리고 신념이 교사리더십 요인과 사실상 일치한다.

6번의 숫자가 20~34 사이에 있다면

당신의 태도, 가치 그리고 신념 대부분이 교사리더십 요인과 일치한다.

6번의 숫자가 −5~19 사이에 있다면

당신의 태도, 가치 그리고 신념 중 일부가 교사리더십 요인과 일치한다.
몇 개는 그렇지 않다.

6번의 숫자가 −6이하라면

당신의 태도, 가치 그리고 신념 중 교사리더십 요인과 일치하는 것은 거의 없다.

교사리더십 개발의 주체

교사리더십 개발에 대한 책임은 특정 개인이나 집단에 국한되지 않는다. 흔히, 모든 책임이 교장에게 있다고 생각하는데, 다른 사람들도 책임을 나눠 가져야 한다. 대학리더뿐만 아니라 교사, 교육감 그리고 교육청 행정가들도 교사리더십 개발을 위해 노력할 수 있을 것이다.

교사

교사들은 교사리더십 지원에 책임감을 느껴야 한다. 교사리더십이라는 거인은 교사리더가 교사를 공동체에 참여하도록 독려하지 않는다면 깨어날 수 없다. 먼저 교사리더는 교사들 간에 협력적 관계를 구축함으로써 교사리더십이 꽃필 수 있는 토대를 만들 수 있다. 학교 내 인간관계가 교사리더를 어떻게 바라볼지를 결정한다. 따라서 학교 내 강력한 파벌을 형성한 사람들은 교사리더가 되겠다는 사람들을 지지하거나 방해할 수 있다.

학교행정가

교장과 교감은 교사의 도전을 격려할 수도 있고 좌절시킬 수도 있다. 이러한 현장의 공식리더들은 교사에게 리더로서의 권한을 부여하기 때문에 매우 중요한 사람들이다. 이들은 교사리더들에게 중요한 모델이 되고 교사들이 활용할 수 있는 리더십 전략과 기법들을 효과적으로 보여줄 수 있다. 교장은 교사들의 학급경영능력 향상을 위해 교사들과 함께 학습하고 그들에게 권한을 위임함으로써 교사리더십을 지원할 수 있다. 교사리더십 발전을 위해 교장이 할 수 있는 가장 중요한 일은 장애물을 제거하고, 필요한 자원을 제공하고, 경청하는 일이다.

지역교육청

학교는 지역교육청 조직에 속해 있다. 두 개 학교가 있는 교육청이나 수백 개 학교가 있는 교육청이나 거기에 소속되어 근무하는 모든 교직원의 학습은 교육청 단위의 의사결정에 영향을 받는다. 영향력을 행사하는 방법은 전문성 개발에 할당된 자원과 같이 가시적인 것일 수도 있고 교직원에 대한 학습 기대치와 같이 비가시적인 것일 수도 있다. 혁신에 대해 교장이 취하는 태도에 따라 학교가 달라지듯이, 단위학교의 교사리더 육성 여부는 교육감이나 교육청 직원의 태도에 달려 있다. 교육감이나 교육청 직원들은 교사리더십에 대한 적절한 정책과 문화를 만들고 교사리더십을 지지함으로써 교사리더십 개발을 정당화할 수 있다.

대학

교사리더를 준비시키는 대학의 역할은 교사의 전문성을 지속적으로 개발시킨다는 측면에서 매우 중요한 의미를 갖는다. 교사리더십은 대학생 시절부터 개인 차원에서 길러질 수 있다(Sherrill, 1999). 전문성 개발 협력학교, 학습 컨소시엄 등과 같은 학교-대학 간 협력 프로그램들은 교사들을 교수들과 연계시켜 활동하게 해준다. 교사리더에 대한 기준과 자격증 등이 현재 많은 주에서 논의되고 있어서, 교수들도 대학원 과정에 다니는 학생들이 교사리더로서 충실한 역할을 할 수 있도록 그들의 교육 과정을 검토하기 시작했다. 교사리더십 관련 지식, 기술, 신념 그리고 태도에 관한 연구 개발은 대학의 미래교사 양성 프로그램 속에서 진행되고 있다. 교사리더십 훈련을 목적으로 하는 대학원 프로그램들이 전국적으로 개설되고 있다. 이러한 프로그램에서 리더십기술은 교육 과정이나 교수법만큼 중요하다. 그리고 이러한 프로그램의 목적은 교사들이 대학교육을 마친 이후에도 리더가 될 수 있도록 교사들을 동기화하는 데 있다.

교사가 스스로를 교사리더로 인식할 때 학교에 변화가 온다

수업 개선을 위해 교사리더십이라는 거대한 자원은 개발되어야 한다. 교사들이 학교에 존재하는 다양한 역할 중 자신을 교사리더로 인식하고 그 역할을 받아들일 때, 학교에는 많은 긍정적인 변화가 나타날 것이다. 교사리더로서의 역할 수용, 적절한 전문성 개발 그리고 학교의 공식적 리더 지원은 학교를 개선할 수 있는 역량 있는 교사리더 그룹을 형성하게 한다. 교육개혁을 위한 어렵고 지속적인 혁신 과정에서 교사의 중요성은 결코 간과되어서는 안 될 것이다.

교육현장에서
교사리더십 적용을 위한 과제

교사

1. 학업성취도 향상에 기여할 수 있는 교사리더십의 가치를 동료교사들과의 논의 과정을 통해 인식하게 도와준다. 긍정적인 자세로, 자신이 알고 있는 개념을 동료들과 공유하고 그들이 논의에 열중하도록 한다. 교수학습의 개선, 교사들의 장기근속 그리고 학교혁신의 지속성 유지라는 이점들을 역설한다. 교장이 교사리더십과 그 가치를 잘 이해하도록 동료들과 함께 노력한다.

2. 교사리더로서 스스로를 개발시킬 수 있는 많은 가용자료를 활용한다(부록의 참고자료 D를 참조). 전문서적 탐독, 다른 교사리더들과의 네트워크 구축, 온라인상의 공동체활동은 당신이 교사리더십에 대한 이해를 확장하고 역량을 갖추는 데 도움을 줄 것이다.

교장

1. 리더가 되겠다는 교사들을 신뢰한다. 교사리더가 되겠다는 교사들과 정기적으로 만나고 그들의 아이디어에 귀 기울인다. 그들이 시도하고자 하는 일을 지원하고 그들이 성공할 수 있도록 장애물을 제거해준다. 리더로서의 역할을 흔쾌히 수행하겠다는 교사에게 제공할 인센티브(자유시간, 자원, 인정 그리

고 문제해결 지원)를 찾아본다.

2. 교사리더십과 학생성과 향상 간 이해도를 높이기 위해 자신의 전문성을 신장
   한다. 전문적 학습과 협업의 본보기가 되고, 그들을 통제하려 하기보다는 그
   들에게 권한을 위임하려 노력한다. 전문서적에서 얻은 아이디어와 자료를 공
   유한다. 교사들이 교수학습에 관한 논의에 열중하게 한다.

교육감과 교육청 행정가

1. 학교의 변화는 상향식과 하향식 정책 간 균형을 통해 좀 더 원활하게 이루어
   질 수 있음을 인식한다. 교사리더십을 발전시킬 정책을 수립, 시행한다. 교육
   청은 교사리더를 지원할 구체적인 방법을 검토하고, 자원을 제공하고 그리고
   네트워크를 구축할 수 있는 기회를 제공한다.

2. 해당 지역 교육감이 학교관리자와 리더교사 사이에 일어나길 기대하는 방
   식, 즉 협력적으로 학교관리자와 일하는 리더십을 직접 보여준다. 교육청 행
   정가들이 교사리더십을 이해하도록 하고, 해당 지역 교육감이 교육청 행정가
   에게 권한을 위임하는 방식으로 교사들에게도 권한을 위임하도록 격려한다.

대학교수

1. 리더로서의 교사라는 개념을 교원 양성 과정에서부터 소개한다. 교사교육 과
   정의 학생들을 협력작업에 열중하게 하고 성공한 전문적 학습공동체 일원으

로서 활동하는데 요구되는 기술을 갖추게 한다. 교사의 협업과 학생 성과 간 연관성을 강조한다.

2. 예비교사가 공식적, 비공식적 리더십에 대해 다양한 관점을 가질 수 있도록 해당 대학교수의 교육 과정과 예비교사를 위한 프로그램을 재검토한다. 졸업 생을 대상으로, 해당 대학교수의 프로그램이 팔로우십(followship)보다는 리 더십을 얼마나 더 조장하고 있는지 조사한다.

교사리더십은
왜 필요한가

PROMOTING TEACHER LEADERSHIP

교사리더십은 학생의 학업성취도 향상과 학교혁신에 영향을 줄 수 있는 잠재력을 갖고 있다. 교사들이 교실을 넘어서 리더십 역할을 발휘할 때 학교는 민주화된다. 학교가 민주화될수록, 학생들은 민주주의를 더 믿고, 실천하고 지지하게 된다. 공유된 리더십은 학교공동체 구성원의 역량에 의지한다는 민주주의 신념을 반영한다.

교사의 리더십이 어떤 역할을 해야 하는지를 이해하려는 그동안의 노력과 권력 및 책임 공유에 대한 지지 그리고 교사리더십 개발 프로그램 설계는 우리가 갖고 있던 교사리더십에 대한 믿음과 가치를 더욱 명확하게 해주었다. 교사리더십은 학생의 학업성취도 향상과 학교혁신에 많은 영향을 줄 수 있는 잠재력을 갖고 있다. 이러한 이유로 우리는 교사리더십 개발에 더 많은 에너지를 투입해야 한다. 교사 참여의 강력한 모델인 교사리더십의 개념과 필요성을 명료화함으로써 우리는 참여를 주저하는 교사들과 의사결정자들을 논의의 장으로 이끌어낼 수 있다.

우리는 왜 교사리더십 개발에 대해 고민을 해야 할까? 학교와 학생의 학업성취도 향상에 관심 있는 이에게 교사리더십은 어떤 의미가 있을까?

먼저 우리는 교사리더십의 필요성에 대해 살펴보고자 한다. 교사리더십의 의의는 다양하게 논의될 수 있지만, 서로 관련성을 지닌 네 가지 관점에서 검토될 수 있다. 우리는 교사리더십의 이점을 함께 살펴보고, 이 책에서 앞으로 중요하게 논의될 아홉 가지 가정들을 검토하면서 이 장을 마무리하도록 하겠다.

교사리더십의 필요성

교사리더십 개발의 필요성은 다음의 네 가지 관점에서 논의될 수 있다. 우리는 네 가지 관점, 즉 네 개 렌즈를 통해 교사리더십 구축의 필요성을 검토해볼 수 있다. 다양한 관점들이 있을 수 있지만, 우리가 교사리더십을 개발하면서 가장 유용하다고 느꼈던 관점들은 다음과 같다.

첫째, 조직의 역량 강화

둘째, 민주적 공동체 모델 형성

셋째, 교사의 권한 강화

넷째, 교사의 전문성 강화

조직의 역량 강화

21세기 초, 교수학습에 대한 우리의 지식에 비약적인 발전이 있었다.

인지주의 연구자들은 그간 우리가 믿어왔던 학습방법과 학습대상에 관한 도전적인 지식들을 지속적으로 제공해왔다. 비록 많은 교육자가 아동낙오방지법에 당황했지만, 그 법의 긍정적인 면의 하나는 모든 학생의 학습에 초점을 맞추었다는 것이다. 이것이 매우 훌륭한 목표임은 분명하나, 우리 사회의 많은 교육자와 이해당사자들은 그동안 학생들에게 차별화된 기대를 갖고 교육을 시키는 시스템 속에서 교육을 받아왔던 것이 현실이다. 그러나 이제 우리는 더 이상 이런 믿음체계를 갖고 있지 않다. 이렇게 변화무쌍한 세계에서 잘 살아가려면 모든 학생이 고도의 인지기능을 습득할 필요가 있기 때문이다.

오늘날 교사와 학생에 대한 기대는 놀라울 정도로 높다. 레스닉과 홀 (Resnick & Hall, 1998)은 교사들이 기존의 이론에서 벗어나 최신 이론을 갖출 전문적 학습을 위한 논거를 제시하고 있다. 〈표 2.1〉은 학습과 교수행위, 교사의 역할, 학생의 적성을 바라보는 관점을 신·구 이론으로 나

	기존이론	최신이론
학습	* 연습과 보상 간 연계를 통한 학습	* 사전지식을 활용하여 스스로 의미 구성
교수	* 학습주제를 일련의 구성요소로 분리 * 수시로 평가 * 완전히 익힐 때까지 연습 * 구성요소 간 약한 연결	* 학생들이 의미를 구성하고 지식을 획득하도록 하는 체계적 교수
교사	* 외부에서 주어진 프로그램 관리	* 학생들의 문제해결력 향상을 위해 도전적 과제 제시
적성	* 유전적 요소 중시 * 학습부진 학생들에 대한 낮은 기대	* 모든 학생들의 능력 향상을 위한 성찰적 문제해결 노력

〈표 2.1〉 교수학습에 관한 기존이론과 최신이론

누어 비교하여 보여준다.

'연습을 통한 목표달성'이라는 접근에서 벗어나려는 시도는 학생이 '지식기반의 구성주의적 접근'에 의해 가장 잘 학습될 수 있다는 동의로 이어졌다. 이러한 접근은 교사의 전문적 학습에 시사하는 바가 크다. 구성주의적 접근 모델은 교사의 교과지식, 교수법, 학생들이 그 교과를 어떻게 학습하는지 등에 대한 깊은 이해에 토대를 두고 있어 교사의 학습을 강조하기 때문이다.

교사에 대한 학습 요구에 대응하기 위해 교원 연수 프로그램 개발자들은 교사들의 협력학습을 도모하는 전문적 학습공동체라는 모델을 도입했다. 이 모델의 장점은 여러 가지가 있지만, 그중에서도 가장 중요한 것은 지금껏 교사가 경험해보지 못한 이상적인 교수법을 제공하기 위해서는 먼저 조직역량을 강화해야 한다는 점이다. 교사 자율성이 매우 중요하다는 점도 인정하지만, 리더는 교사의 개별성이 존중되는 가운데 학생 학습에 대한 통일된 접근과 모든 교사를 위한 양질의 전문적 학습이 강조되는 학교문화를 구축해야 한다.

학교를 협력학습의 장으로 묶는 효과적인 방법은 교사리더십을 구축하는 것이다. 학교관리자의 인사이동이 있을지라도 여전히 학교에 남아 학교혁신을 지속해나갈 사람들은 바로 교사들이다. 이러한 이유 때문에 전문적 학습공동체 내 협력학습은 잠시 스쳐지나가는 유행이 아니라 조직의 역량을 강화하고 지속시킬 수 있는 합리적인 접근법이라 할 수 있다.

민주적 공동체 모델 형성

우리가 1990년대 이 책의 초판을 쓰고 있을 때, 교육계는 교육시스템을 재구조화할 모델을 찾아 분주하게 움직이고 있었다. 교육 변화에 대한 요구는 주로 민간부문에서 왔기 때문에, 비즈니스 모델에서 학교혁신 모델을 찾는 경향이 있었다. 학교교육의 성과물인 학생의 학업성취도 향상을 도모하는 학교들은 우수 팀 구성, 실행 전략 기획 그리고 교육분야와는 다른 다양한 비즈니스 경영 전략들을 도입하였다. 그러나 잘 고안된 비즈니스 모델들은 교사에게서 많은 시간을 뺏는 등 교육적 효과는 별로 없는 기술적 접근으로 변모되어 교사의 거부감을 불러일으켰다.

비즈니스 경영 방식에 실망한 교사의 관심은 학교교육의 철학적 근간으로 여겨지는 민주주의로 돌아왔다. 많은 교육자가 인정했듯이 교수활동의 복잡성은 학교라는 독특한 환경에 부응하는 민주적 공동체에서 가장 잘 해결될 수 있다. 또한 교사가 교실을 넘어서 리더십 역할을 발휘할 때 그들의 학교는 민주화될 수 있다. 그리고 학교가 민주화될수록, 학생은 민주주의를 더 믿고, 실천하고 지지하게 된다(Institute for Educational Leadership, 2001, p.10). 공유된 리더십은 학교공동체 구성원 모두의 역량에 의지한다는 민주주의 신념을 반영하고 있지만, 오늘날 강화되는 책무성으로 인해 많은 학교에서 주목받지 못하고 있다. 민주적 공동체 구축은 교장과 교사들에게 쉽지 않은 일이기 때문에 용기를 필요로 한다. 교육자들이 민주적 모델을 만들 때 직면할 수 있는 도전에는 적어도 다음의 네 가지가 있다.

첫째, 리더십이 다양한 형태로 조직 내에 분산되어 나타나고 있다. 즉 교장, 교사들 그리고 다른 교직원들은 자신의 전문성, 관심 그리고 개인의 필요에 따라 각자의 리더십 역할을 여기저기서 수행하고 있는 것이다. 가장 바람직한 리더십 형태는 공동의 현안을 해결할 답을 알 만한 사람들이 자신의 전문성을 공유하여 구성원 모두가 그 문제해결을 통해 이익을 공유하는 형태이다. 그런데 아이러니하게도 학교문화가 그와 같은 리더십을 방해할 수도 있다. 지식 공유가 동료들에 의해 받아들여지는가 아니면 거부되는가? 학생들의 요구보다 자신들의 요구를 앞세우는 교사리더들이 있는가? 학교가 다수의 교사에게 리더십 기회를 제공하기보다는, 훌륭한 교사리더인지 여부와는 상관없이 몇몇 교사의 지식과 수업기술에 의존하고 있는 것은 아닌가?

둘째, 학교관리자는 민주적 의사결정을 통한 권력 배분을 원하지 않을 수 있다. 교장이 되려는 교원들은 대학원 연수 프로그램을 이수하는 동안 그들이 직면할 수도 있는 교육법, 인사소송 그리고 재정관리와 관련된 위험요소에 관해 배우면서 리더십 공유에 대한 두려움을 갖게 될 수도 있다. 또한 교육청이 학교관리자들의 의사결정권한을 제한함으로 인해 그들의 리더십 공유 의지가 감소될 수도 있다. 과중한 법적, 재정적 책임에도 불구하고 우리는 모든 교장이 흔쾌히 교사들을 의사결정에 참여시켜 자신의 권한을 공유하기를 바라지만, 전국단위로 실시된 설문조사 결과에 따르면 70%의 교사가 의사결정 과정에서 소외되어 자신들이 무시당하고 있다고 보고한다(Farkas, Foley & Duffet, 2001).

셋째, 교사와 교장 들은 그들이 어떻게 공동체에 참여하고 있는지를 보여주고자 할 때 자신들의 학교를 가족으로 묘사하기도 한다. 가족에 대한 비유는 관리자는 부모이고 교직원은 이들에게 의지하는 아이라는 위계적 구조를 가정한다(Hargreaves & Fullan, 1998). 그러나 민주적 공동체는 모든 구성원이 동등한 지위를 갖는다는 것과 참여를 통한 가치 기여를 전제로 한다.

마지막으로, 민주적 공동체 리더에게는 또 다른 딜레마가 있다. 공동체 구성원이 중요한 사안에 대해 의견이 다르고 그것을 해결할 효과적인 방법이 없을 때, 갈등이 발생할 수 있다는 것이다. 학교비전을 따르지 않는 교사들의 반항은 심각한 문제를 야기하고 구성원을 분열시킬 수 있다. 수준별 학급편성은 교사들에게 효과적인 전략으로 권장될 수 있지만 공평성이라는 학교비전에 위반될 수 있다. 수준별 학급편성을 지지하는 교사와 공평성이라는 학교비전을 지지하는 교사가 대립할 때 갈등이 유발될 가능성이 매우 높다. 학교가 민주적 공동체가 되기 위해서는 개인의 이익 추구에 앞서 권한을 위임받은 교사를 모두 참여시키는 민주적 협력 모델을 만들어야 한다.

교사의 권한 강화

조직 개발과 리더십 관련 이론들은 혁신을 실행하고 유지하기 위해서는 조직의 모든 활동에 개인의 적극적인 참여가 필요하다고 이야기한다. 지난 20년 동안, 개혁가들은 교육소비자들에게 가장 가까이에 존재하는 것이 교사라는 것을 인정하면서, 개혁 관련 의사결정 과정에 교사의 참여가 없다면 그 개혁은 성공하기 어렵다고 주장하였다. 〈카네기 교육진흥재단(Carnegie Foundation for the Advance of Teaching)〉의 선임연구원 메로프(Maeroff, 1998)는 교사의 의사결정 참여에 관한 설문에 대해 다음과 같이 설명한다. 설문 결과에 따르면, 학급 및 학교 정책과 관련해 교사가 실질적으로 참여하고 있는 영역은 단 둘뿐이었다. 교재와 수업자료 채택 그리고 교육 과정 구성이라는 것이다. 다음의 여덟 가지 영역은 교사의 참여가 이루어지지 않고 있다고 여겨지는 영역들이다.

- ·학생 생활지도 규칙 설정
- ·특별학급 구성에 관한 결정
- ·전문성 개발과 현직 연수 프로그램 설계
- ·채용 및 승진 관련 정책결정
- ·학교 예산결정
- ·교사 평가
- ·신규교사 임용
- ·신입 교장 선발

오늘날 이러한 영역은 여전히 교사와는 관련이 없는 부분으로 여겨지고 있고, 이러한 부분들의 의사결정 과정에 교사의 참여가 보장된 학교는 그리 많지 않다. 잉거솔(Ingersoll, 2008)은 학교의 권력, 통제 그리고 책무성에 대한 광범위한 연구에서 다음과 같은 사실을 알아냈다.

> 교사가 학교 및 학급의 주요한 사항에 더 많은 결정권을 가질수록 학생들의 문
> 제행동이 적게 발생하고, 교사와 관리자 사이에 협력이 잘 이루어진다. 그리고
> 더 많은 헌신적이고 열정적인 교사가 있고, 그런 교사가 더 오랫동안 근무한다.

학교는 학생에 대한 강력한 의사결정을 내릴 수 있는 교사−교장 간 의
미 있는 파트너십을 구축하려 노력하고 있다. 성공한 교장들은 교사에
게 권한을 위임하는 행위가 학교 내에서 자신의 권력을 약화시키기보다
는 오히려 강화시킨다는 것을 알고 있었다. 교사리더들과의 경험담을 우
리에게 이야기한 교장들은 그들과 책임을 나눠 가짐으로써 자신들의 스
트레스 지수가 굉장히 크게 내려갔다고 이야기한다. 어떤 교장은 적법하
게 이루어진 의사결정을 거부할 수 있는 자신의 권한을 내려놓는 용기를
내기도 했다. 시작단계부터 이 정도 수준의 협업을 이루는 것은 쉽지 않
다. 왜냐하면 이러한 과업을 수행할 사람의 역량을 먼저 키워줘야 하기
때문이다. 이러한 부분에 대한 초기 투자는 일반적으로 기대 이상의 성
과를 가져온다.

권력이 공유될 때, 리더십은 더 이상 특정 개인에게 귀속되는 개념이
아니다. 리더십은 오히려 사람들 사이를 이동하는 속성을 갖고 있는데,
이는 조직 내 상황과 누가 권력을 갖고 있느냐에 따라 달라진다. 권력 없
이 리더십 발휘가 가능할까? 공식적 리더만이 권력을 갖고 있는가? 권력

직위에 의한 권력	개인이 지닌 권력
* 보상적 권력(Reward power)은 보상을 배분하는 권력에 기반을 둔다. 어떤 교사가 컨퍼런스 참석을 요구할 때, 이 요구를 승인하는 것은 교장이 갖고 있는 보상적 권력이다.	* 준거권력(Reference power)은 구성원들이 리더를 그들과 동일시하려는 성향에 기반을 둔다. 어떤 교장이 그들처럼 자주 수업하고, 교육 과정을 이해하고 그리고 학생들의 성장을 모니터링한다면 교사들은 그 교장을 닮고 싶어 할 것이다.
* 합법적 권력(Legitimate power)은 직위에 따른 것으로, 지시할 수 있는 권력에 기반을 둔다. 학교위원회에 의해 임명된 교장은 학교지휘권을 갖는다.	* 전문권력(Expert power)은 리더의 전문 지식을 포함한 전문성에 기반을 둔다. 유능한 교사는 학교에서 신망을 받고 있어 동료들에게 영향을 끼칠 수 있다.
* 관계적 권력(Connection power)은 리더가 학교 안팎의 영향력 있는 사람들과 맺고 있는 관계에 기반을 둔다. 일반적으로 교육감은 체제 안팎에 관계적 권력을 갖고 있는 것으로 여겨진다.	

〈표 2.2〉 권력의 기반

이라는 단어를 부정적으로 받아들이는 많은 교사에게 권력이라는 용어는 그렇게 편하게 다가오지 않는다. 사실 권력은 부정적으로도 그리고 긍정적으로도 사용될 수 있다. 네이트메이어(Natemeyer, 1979)는 권력을 두 가지 형태, 즉 직위권력(positional power)과 개인권력(personal power)으로 구분하여 이야기한다. 직위권력은 개인이 중앙부처로부터 직위나 특정 역할을 부여받음으로써 공적인 권한을 행사하는 권력이다. 이에 반해 개인권력은 개인의 행위에서 나오는 권력이다. 〈표 2.2〉는 이러한 권력의 기반들을 전체적으로 보여준다. 학교공동체의 모든 부분에 관련돼 있는 리더들은 이러한 권력 기반들을 활용한다. 교사들은 다른 사람들과의 관계에 주로 개인권력의 기반들을 활용한다. 다른 사람들에 대한 영향력은 교사리더들의 인간관계능력, 동료들이 인정하는 역량 그리고 동료들이 원하는 정보 소유 여부에서 나온다.

교사의 전문성 향상

전문성을 갖춘 교사가 모든 교실을 지도해야 한다. 이 목표를 달성하기 위해 우리는 유능한 교사의 발굴, 전문성 개발 그리고 지속적인 지원에 관심을 가져야 한다. 전문성 여부를 판단하는 한 가지 기준은 교사의 업무관리능력이다. 〈교사의 질 향상 센터〉를 대표하는 헐쉬와 에머릭(Hirsch & Emerick, 2006)은 5개 주에서 실시된 〈교사 근무환경 조사(Teacher Working Conditions Survey)〉를 기반으로 "교사들이 충분한 시간과 자신들의 일에 대한 통제력을 갖는다면, 그들의 학생들은 잘 학습할 수 있을 것이다"라고 이야기한다. 수많은 지침에 의해 움직이는 책무성의 시대에, 소수의 교사만이 자신을 전문가로 여기고 있다고 이야기한다. 전문가로서 교사의 지성과 능력을 존중하기보다, 모든 학생의 학습 보장이라는 교육비전으로 인해 교사에게 더 많은 통제와 지침 그리고 가중된 스트레스가 주어졌다. 그 결과 교사들은 무력감을 더 느끼고, 많은 경우 교직을 떠나고 있다. 교사들은 전문성을 지닌 교사라면 무엇을 알아야 하고, 무엇을 해야 하는지를 잘 알고 있다. 교직원들에게 당신의 학교에서 전문성을 지닌 교사가 누구인지 지목하라고 하면 그들은 주저 없이 바로 지목할 것이다. 소켓(Sockett)은 교사들이 인성, 변화와 지속적 발전에 대한 헌신, 교과지식, 교수법, 교실 밖의 의무 이행과 관계능력(Tichenor &

Tichenor, 2005, p. 92에서 인용됨)에 대한 역량이 있을 때 교사로서의 전문성을 인정한다는 것을 알아냈다.

숀(Schön, 1987)은 반성적 실천가들과의 세미나 작업을 통해, "전문가들은 관료적 규칙과 규정에 의해서가 아니라 원리들(principles)에 의해 일을 하고 실행지침을 직접 만든다"는 사실을 알아냈다. 정책입안자들은 교사들을 강제하는 정책의 정당성을 무능한 동료교사에 의한 교수법 전수보다는 잘 만들어진 교수 프로그램이 더 낫다는 데 두고 있다. 우리 역시 좋은 프로그램의 시행이 무능한 교사에 의한 교수법 전수보다 좋을 수 있다는 점은 인정한다. 그러나 무능한 교사가 프로그램 개발자의 의도대로 연구를 통해 검증된 프로그램을 지속적으로 잘 활용할 수 있을지는 의심스럽다. 이보다 더 좋은 접근은 학교 내 교사리더로 하여금 교수에 어려움을 느끼고 있는 교사를 지원하게 하는 것이라고 본다. 교사리더의 수와 그들의 다양한 역할은 증가하고 있지만 여전히 대부분의 교사는 그들을 전문가라고 인식하고 있지 않다. 왜냐하면 좀 더 큰 교실 밖 교육공동체에 대한 이해를 어렵게 하는 교실이라는 제한된 장소에서 일하고 있기 때문이다. 잉거솔과 스미스(Ingersoll & Smith, 2003)의 교사 이직에 관한 연구에 따르면, 신규교사 중 40~50%가 부임한지 5년 내에 교직을 떠난다고 한다. 교실에 고립되어 동료와의 소통도 어렵고 전문가로서 인정도 못받는데 굳이 교직에 머물고 싶겠는가? 우리가 교실 밖에서 일하고 있는 교사리더와 관리자 들에게 다시 교실로 돌아갈 의향을 물었을 때 다시 돌아가겠다는 이는 거의 없었다. 그들이 교실로 돌아가는 것을 주저하는 이유는 낮은 보수뿐만이 아니다. 그보다는 학급의 교사로서 느끼는 고립감과 제한된 경력 개발 기회 때문이다.

교사리더십의 이점

교사리더십의 다양한 장점들이 교사리더십 논의에서 중요하게 다뤄지고 있다. 교사리더십과 학생 학습 간의 상관관계를 명확히 밝히기 위해서는 더 많은 양적 연구가 필요하겠지만, 지난 20년간 이루어진 교사리더십 연구는 교사리더십의 장점에 대해 많은 희망적인 이야기를 들려준다. 우리는 학생, 학부모, 학교, 동료교사 그리고 무엇보다도 교사리더 자신에게 영향을 줄 몇 가지 좋은 점들을 정리해보았다.

전문가로서의 효능감 증대

교사는 자신을 리더로 바라볼 때, 자신이 학생들의 학습에 영향을 줄 수 있는 잠재력을 갖고 있음을 발견한다. 대부분의 교사는 학생들에게 바람직한 변화를 가져다주겠다는 생각으로 교직을 선택한다. 학생들과의 성공적인 관계를 통해 학생들에게 바람직한 변화를 만들어줄 수 있다고 믿는 교사는 전문가로서의 높은 효능감을 갖고 있는 것이다. 이러한 효능감을 가진 교사는 학업결과의 원인을 가정환경과 같이 자신이 통제할 수 없는 곳에서 찾지 않고 바로 교사 자신에게서 찾는다. 교사리더십을 통한 효능감 증대는 더 많은 학생들의 삶을 어떻게 변화시킬지에 대한 교사의 이해를 높여준다.

우수교사의 장기근속

교사의 고립감, 경력사다리의 부재, 낮은 급여 그리고 리더십을 발휘할 기회 부족은 교직의 위축을 초래하고 있다. 일반적으로 우리는 교사가 부족한 것이 아니라 훌륭한 교사를 교직에 오래 머무르게 붙잡아 놓지 못하는 데 문제가 있음을 인정한다. 이것은 소위 "통제 불능으로 소용돌이 치는 값비싼 교사 채용 비용의 문제"(교수와 미국의 미래를 위한 국가위원회, 2007. p. 4)이다. 학교를 교사리더들이 협력하는 조직으로 재구조화한다면 유능한 교사들은 근무환경에 만족하고 교직에 더 머무르려 할 것이다. 교사리더로 근무할 수 있는 기회 제공은 가르치는 분야에서 그들이 경력을 관리할 수 있도록 해주고, 학교혁신에 필요한 역량 있는 교사들을 확보할 수 있게 해줄 것이다.

변화에 대한 저항 극복

학교에 있는 교사들은 교실 밖 사람들에 의해 부과되는 수많은 교육정책과 가르치는 행위를 기계적으로 만드는 지침들에 의해 의욕이 많이 꺾여 있다. 교육혁신 과정에서 교사 참여의 실패는 교사의 혁신에 대한 저항을 초래한다. 신뢰받는 교사리더는 변화를 위한 대안을 검토하고 새로운 교수법을 찾도록 영향력을 행사할 수 있다. 교사리더가 변화를 설계하고 주도한다면, 교사들의 저항은 줄어들 것이다. 만약 어떤 교사가 성공한 새로운 교수법을 알게 됐는데, 그 교수법이 학생의 이익을 최우선시하는 자신의 믿음과도 일치한다면, 그는 쉽게 그 교수법을 따라할 것이다. 교사리더의 영향력은 학교단위 변화에 커다란 파급효과를 줄 수 있다.

경력 개발

학교 재구조화를 위한 노력의 일환인 혁신은 흔히 그 초점을 무능한 교사에게 맞추고 있다. 그러나 중요하게 다뤄져야 할 부분은 훌륭한 교사가 재직하는 동안 지속적으로 동기화될 수 있는 환경을 만들어줄 수 있는지의 여부이다. 교사리더십은 학교에 근무하는 교사에게 자신의 영향력을 확대할 수 있는 기회를 제공한다. 그동안 교사들은 학교행정가로 가는 전통적 경력사다리보다는 자신의 커리어를 동료들 속에서 만들 수 있는 길을 찾기를 바랐다. 그런 교사에게 교사리더라는 커리어는 리더십 역할을 수행하면서 활력을 얻을 수 있는 좋은 경력 개발의 기회가 될 수 있다.

교수 전문성 향상

사람들은 가르치면서 더 잘 배운다. 리더십 역할을 수행할 때, 교사는 다른 교사를 도와주면서 자신의 교수 전문성을 향상시킬 수 있다(Ovando, 1994). 교사가 인력개발자, 동료코치 그리고 교육 과정 전문가로 활동하는 것은 다른 사람의 학습을 도와줄 뿐 아니라 자기 자신의 교수행위를 성찰할 기회를 갖게 한다. 즉, 이런 일들은 사람들 속에서 자신을 성찰하게 해준다. 〈전미 교직 기준 위원회〉의 자격증 과정을 이수한 교사들은 이수 과정 중 자신들의 교수행위에 대한 성찰이 매우 의미 있었다고 이야기한다. 교사리더들은 수업 관찰, 코칭, 스터디그룹 그리고 현장연구 수행 등을 통해 학습한다.

동료교사에 대한 영향

현행 학교조직을 보면, 학교 분위기 형성에 주로 영향력을 행사하는 사람은 교장이지만, 이들은 단지 제한된 수의 사람에게만 영향을 끼칠 수 있다. G. 도날드슨(Donaldson, 2006)은 교장이 학교에서 모든 사람의 리더라는 생각을 버릴 것을 제안한다. 학교 안팎의 많은 요구에 시달리고 있는 교장들을 도와줄 기회를 교사리더들이 가질 수 있을 것이다. 이러한 기회는 교사에게 학교의 교수행위와 정책들에 영향력을 행사하고 다른 동료를 격려할 기회를 제공한다. 유능한 교사는 신규교사를 멘토링하고, 동료교사를 존중하면서 그들의 교수능력 향상에 도움을 줄 수 있고, 아울러 다른 교사의 능력 개발을 도울 수 있다.

결과 책무성

의사결정에 대한 권한이 의사결정을 하는 사람들에게로 이동하면, 교사는 학생의 학업성취에 더 많은 책무성을 갖게 된다. 시험의 압박에 시달리고 있는 책임감 있는 교장은 의사결정권을 꽉 붙들고 있는데, 학업성취에 대한 책임의 공유는 교장으로 하여금 리더십과 책무성을 나눠 갖도록 유도할 것이다. 교사는 자신이 참여하지 않은 결과에 책임지는 것을 꺼린다. 만약에 교사가 학생 관련 교육 과정이나 교수법에 대한 결정 권한을 부여받는다면, 자신이 학생들의 학업성취에 대해 어떻게 책임을 져야 하는지에 대해 더 잘 이해하게 될 것이다. 교수리더십(Instructional leadership)이 추구하는 궁극적 가치는 교수행위 개선과 학업성취 향상에 있다. 교장과 교사는 이러한 것들의 결과에 대해 책임을 공유할 수 있을 것이다.

지속적 발전

학교혁신이 도입되고 효율적으로 작동되기 위해서는 시간이 필요하다. 혁신 수준과는 상관없이, 학교 교직원이 혁신 프로그램을 효과적으로 활용하기까지 매우 중요한 요인은 시간이다. 한 사람에게 혁신을 주도하게 하는 것은 매우 위험하다. 교장은 다른 학교로 이동할 수 있고, 핵심교사는 퇴직하거나 이직할 수 있는 상황에서, 혁신을 유지해나갈 사람은 바로 학교에 남은 교사들이기 때문이다. 강력한 교수리더십이 좋은 학업성과를 가져온다는 것을 우리는 알고 있다. 하지만 강력한 교수리더들이 학교를 떠나면 학교 변화의 속도는 급속히 느려지고 결국 중단되거나 최악의 경우, 반전될 수 있다는 점을 시사하는 종단 연구도 있다(Hargreaves & Fink, 2004). 학교에 새로운 리더십이 구축되는 동안 일단의 역량 있는 교사들이 혁신을 진전시키면서 학교에 변화를 만들어갈 수 있다.

교사리더십의 기본 가정

　교사리더십에 대한 개념을 1장에서 이야기하면서, 우리는 교사리더십에 대한 여러 가정에 대해 이야기를 했었다. 이러한 가정들은 이런 상황을 직접 경험하고 있는 교사리더와 그 동료들과의 대화를 통해 논의가 더 진전되었다. 교사리더십에 대한 이해도를 높이기 위해 우리는 이러한 가정이 전문적 학습공동체 내에서 활발히 논의되기를 바란다. 비록 이러한 가정은 우리가 기술하고 있는 아래의 "이것인가 아니면 저것인가"라는 단순한 표현보다 훨씬 복잡하겠지만, 이렇게 두 개의 대안적 가정을 병치시켜 비교하는 것은 좋은 논의로 이어질 수 있을 것이다.

가정 # 1 : 모든 교사 vs 선택된 일부 교사

리더십 역할을 수행할 교사의 범위에 관한 두 가지 가정은 완전히 다르다. 어떤 사람은 몇몇 선발된 교사에게 교사리더의 역할이 주어져야 한다고 생각하는 반면, 어떤 사람은 더 많은 교사가 권한을 부여받고 전문적인 역할을 해야 한다고 생각한다. 교장들은 대개 의사결정이나 전문성 개발 연수 등에 교사들을 참여시키는 것을 자랑스럽게 여긴다. 그러나 이러한 교사의 역할은 사실 반복적으로 부름을 받는 몇몇 교사들에게만 주어진다. 이처럼 소수의 교사에게 리더십 역할을 부여하는 것은 다른 교사들에게 부정적인 인식을 줄 수 있다. 리더십 역할을 수행하도록 지명된 교사는 전문성을 갖춘 교사인 반면, 나머지 교사는 그들의 결정사항을 수행만 하는 기술자라는 인식을 줄 수 있기 때문이다. 때문에 우리는 교사리더십을 정의하면서, 각 학교가 교사리더의 공동체를 구축하기 위해서는 모든 교사를 리더십활동에 참여시키는 것이 중요하다고 말했다. 모든 교사를 위한 리더십 개발은 교사 간 관계 구축을 통해 모든 교사의 기술, 재능, 열정이 활용될 수 있는 적절한 지점을 찾는 노력이 요구된다.

가정 # 2 : 공식적 · 비공식적 리더십 중 택일 vs 두 가지 리더십 포용

비공식적 리더십은 교사의 관심과 학교의 요구에 의해 나타난다. 이와 반대로 공식적 리더의 역할은 직무 역할이 명시되어 있고, 지역청이나 학교관리자의 제재를 받는다. 학교의 성공적 운영은 공식적, 비공식적 교사리더십 모두를 요구한다. 교사리더십은 단지 성공한 전문적 학습공동체에서만 나타난다고 믿는 사람들이 있다. 비공식적 리더십은 건강한 학교문화, 역량 있는 교사 그리고 협력하고자 하는 교사의 의지가 있을 때 출현한다. 이 리더십 모델은 모든 학교들이 갖고 싶어 하지만 실제로 달성한 학교는 거의 없다. 현실적으로, 대부분의 학교는 시간적 제약, 다양한 수준의 교사 역량 그리고 학생구성원의 변화로 인해 공식적, 비공식적 리더십 모두에 의존하고 있다. 교사리더의 선택지를 제한하기보다는 학교와 학생의 요구에 따라 리더십 형태가 결정되어야 할 것이다.

가정 # 3 : 교실기반의 리더십 vs 행정기반의 리더십

다른 동료교사와 일하기를 원하는 교사가 당면한 가장 어려운 결정은 교실을 떠나야 할지 아니면 남아야 할지에 대한 것이다. 우리의 믿음은 교사리더들이 원한다면 그들이 교실에 머물러야 한다는 것이다. 그렇게 함으로써 그들은 학급의 학생뿐만 아니라 학교공동체에 폭넓은 영향력을 행사할 수 있다. 교사가 교실 밖에 있으면서도 여전히 교수학습에 영향력을 행사하게 하는 구조를 가진 학교가 많이 있다. 예를 들면, 일과 중 일부 시간에 학생들을 가르치고 나머지 시간은 동료교사의 교실에서 코칭하는 식이다.

교사리더십의 매우 중요한 요인은 학생에 대한 관심이다. 이러한 주장은 교사리더가 동료들을 장악하는 권위적 직책을 가져야 한다는 제안에 비해 대부분의 교사에게 잘 받아들여질 수 있다. 행정적 리더십과 달리 교사리더십의 관점은 교사로 하여금 자신을 동료교사 및 학생들로부터 분리시키지 않고 그들의 성공에 기여하는 사람으로 바라보게 한다는 것이다. 독서나 수학 코치 등의 다양한 역할은 교사리더로 하여금 두 역할을 모두 감당하면서 행정적 권력 없이 동료에게 영향을 주는 방법을 고민하게 한다.

가정 # 4 : 교수 · 학습에 초점 vs 조직문제에 초점

많은 교사가 학교 변화에 대한 자신의 참여 결과가 만족스럽지 못함을 발견한다. 그들이 학교문제에 투입한 시간에 비하면 학생성과가 그다지 잘 나오지 않는다는 걸 깨달은 전문교사들은 새로운 변화를 갈망하게 된다. 현재 현장에서 이루어지고 있는 회의나 논의는 학생들의 일상과 동떨어져 있을 수 있다. 학교혁신을 위한 현장기반 지배 구조는 때때로 다양한 문제로 인해 교착상태에 빠져 학생들의 요구에 적절히 대응하지 못한다. 교사리더가 교수학습에 영향력을 행사할 수 있는 방법이 학교의 지배구조를 다루는 활동에 국한돼서는 안 된다. 시범교사, 동료 코치, 현장 연구자 그리고 스터디그룹의 리더 역할을 수행함으로써 교사는 교수학습에 영향력을 행사할 수 있는 잠재력을 갖는다. 많은 교사리더가 비중 있게 다루고 자신의 시간과 에너지를 흔쾌히 쏟고자 하는 부분이 바로 이 부분이다. 왜냐하면, 그들은 자신의 학생들에게 직접적으로 이득을 줄 수 있는 일을 하고 싶어 하기 때문이다.

가정 # 5 : 성과에 대한 책임 vs 무책임

리더십 공유에 따른 동등한 책임 분산은 책무성의 공유를 의미한다. 교사리더는 자신에게 주어지는 기회뿐만 아니라 리더십에 동반되는 책임도 받아들인다. 교수학습 행위에 가장 가까이 연계된 사람들이 학생성과에 책임을 지는 것처럼, 교사리더도 자신이 져야 할 책임을 중시한다. 단지 교사들에게 리더의 역할을 제공하는 것만으로 학생의 학업성취 향상을 가져올 수는 없다. 교사들이 적극 참여하고 그 결과에 책임을 질 때 비로소 변화에 대한 교사의 참여가 의미 있다고 할 수 있다. 교사들의 이러한 노력을 통해 자신이 안고 있는 진정한 문제를 해결할 수 있고, 학교 개선과 학생의 학업성취 향상이라는 구체적 증거와 함께 교사리더십의 성과를 인지할 수 있을 것이다 .

가정 # 6 : 리더는 타고난다. vs 리더십은 개발될 수 있다.

리더는 타고난다는 생각은 잘못된 것이다. 효과적 인간관계기술, 높은 수준의 도전정신은 리더의 역할을 수행할 사람이 갖춰야 할 필수조건이지만, 이러한 리더십기술은 학습될 수 있다. 리더십 관련 프로그램과 책 그리고 학술지들은 리더십기술이 학습될 수 있다고 이야기한다. 대학에서 교육리더십 관련 프로그램을 이수하지 않은 교장이나 교육 과정 전문가를 채용하는 교육감은 거의 없다. 교사리더십 역할을 성공적으로 수행하려면 반드시 전문성을 갖춰야 한다. 그렇지 않을 경우, 교사리더로서 인정받지 못할 것이다. 교사리더는 리더십에 대해 학습한 지식과 기술들을 연습하고 적용할 기회를 제공받아야 하는데, 이러한 부분에 학교와 교육청 리더의 헌신이 요구된다.

가정 # 7 : 결과지향의 전문성 개발 vs 산발적 직원 연수

교사리더의 전문성 개발은 실질적인 노력을 요구한다. 산발적으로 이루어지는 새로운 교수법에 관한 워크숍보다는 학교 안팎 사람들과의 협력, 교수학습에 대한 자신의 가정 검토 그리고 자신의 수업실천에 대한 성찰을 통해 더 많은 이익을 얻을 수 있다고 본다.

교사리더의 전문성 개발은 무계획적이고 산발적인 접근보다는 계획되고 의도된 시스템 접근을 요구한다. 교사리더를 위한 장기적 전문성 개발은 학교 안팎의 학습공동체에 대한 지속적 참여뿐만 아니라 다양한 형태의 현장학습, 실행을 위한 후속지원 그리고 실제 학교에서의 실행 등을 요구한다(Hawley & Valli, 1999).

교사리더십은 교사들이 대학원 과정이나 현직연수를 통해 학습한 이론들을 교실 수업에 잘 적용할 것이라는 착각에서 벗어날 것을 요구한다. 교사리더십은 교사들이 학교나 학급에서 일상적으로 직면하는 복잡한 문제들을 해결하고 동료들과 흔쾌히 나눌 수 있는 지식을 직접 창출할 것을 요구한다.

가정 # 8 : 전문가로서 성찰하는 교사 vs 기술자로서의 교사

교사들의 의견이 반영되지 않은 교육 관련 지침과 결정, 장학관리자의 과도한 요구 그리고 교장의 독단적 의사결정은 교사리더의 전문적 활동을 방해한다. 학생의 학습과 그들의 성취가 중요하다면, 교사들을 더 이상 특정기술을 익힌 기술자로 취급해서는 안 된다(Lieberman& Miller, 1999). 교사들은 질의와 성찰을 통한 지속적 학습에 몰입될 수 있어야 한다. 교사리더는 자신을 학생들의 학업성취 향상을 위해 노력하는 연구자, 학자 그리고 문제해결자로 바라본다. 자기가 속한 학교가 갖고 있는 독특한 문제를 해결할 수 있는 사람은 기술자가 아니라 전문가이다. 교사는 학생을 지도할 때, 자신이 창의성을 발휘할 수 있는 재량권을 가질 수 있을 것이라는 기대를 갖고 교직에 들어온다. 오늘날 성취기준과 책무성이 강조됨에도 불구하고, 교사는 학생들이 성취기준에 도달할 수 있도록 자신이 자유롭게 교수설계를 할 수 있을 것이라는 생각에 흥분한다. 그러나 슬프게도 교사는 자신의 재량권을 저해하는 많은 지침에 직면하면서 교직에 들어온 지 얼마 지나지 않아 자신에게 재량권이 없음을 인식한다.

전문성을 갖춘 교사는 학생들의 독특한 요구를 충족시켜 줄 재량권이 필요하다.

선의를 가진 학교 밖 외부인이 아무리 지식이 많다고 할지라도 그들은 학생들과 매일 잘 지낼 수 없을 뿐만 아니라 학생들이 자신의 가르침에 어떻게 반응할지에 대한 실질적 지식을 갖고 있지 않다. 지난 20여 년에 걸친 학교개혁의 실패는 교사가 무조건 상부의 교육지침을 따르고 '교사 중심의 밋밋한' 학습자료를 사용하는 한 교사의 교수능력을 향상시킬 수 없다는 것을 알려주었다.

이러한 가정들은 우리가 교사리더십을 정의하는 데 영향을 주었고, 이 책의 나머지 부분에서도 검토되어야 할 생각거리다.

교사리더십의 잠재성을 잘 활용하라

교사리더십은 아직 우리나라 학교에 널리 퍼져 있지 않다. 우리가 교사리더십 연구를 시작한 1990년대 초 이후, 교사리더십 관련 학위논문, 책 등을 통해 많은 연구가 진행되고 있지만, 교사리더십을 홍보, 개발 그리고 유지하는 데 여전히 많은 노력이 요구된다. 교사리더십의 의의는 조직의 역량 강화, 민주적 공동체 모델링, 교사의 권한 강화 그리고 교사의 전문성 강화에 있다. 교사리더십의 장점이 속속 확인되고 있는 상황에서 우리가 주목한 것은 교사의 효능감 증대, 변화의 지속성 유지 그리고 우수교사의 장기근속 등이다. 그러나 우리가 여전히 관심을 가져야 할 일은 교사리더십과 학생 학업성취도 간 상관관계를 명확히 하는 일이다.

우리가 깊은 사고를 통해 교사리더십의 가치를 인식한 것처럼, 여러분도 교사리더십에 대한 깊은 성찰을 통해 많은 것을 얻을 수 있을 것이다. 이러한 성찰 과정을 통해 학교가 교사리더십의 잠재성을 잘 활용한다면 교사, 교육행정가 그리고 학생 모두가 많은 혜택을 얻을 수 있을 것이라고 우리는 확신한다.

★ ★ ★

학교현장 교육주체들의
교사리더십 적용 방안

교사

1. 교사리더십에 관심 있는 교사를 위한 연구모임을 만든다. 참여자로 하여금 우리가 이 장에서 소개한 교사리더십 관련 이론들을 먼저 읽고 자기 생각을 이야기하게 한다.

2. 해당 학교와 교육청에 교사리더십을 구축하는 데 학부모들도 협력자가 될 수 있다. 학부모들에게 교사리더십에 대한 생각을 이야기하고 학생들의 학업성과 향상을 촉진할 수 있는 교사리더십의 장점에 대해 논의할 기회를 제공한다.

교장과 교감

1. 자신의 학교에 민주적 운영체제를 어느 정도 구축했는지 자문하고 교사들의 참여와 헌신을 이끌어낼 방법들을 생각해본다. 교사들을 의사결정 과정에 참여시킬 전략들을 개발한다.

2. 자신의 학교의 역량 강화를 위해 지금 활용하고 있는 방법들을 성찰해본다. 교사는 데이터 활용을 통해 학생의 요구에 맞는 학습 시간과 자원을 제공하는 수준별 맞춤형 교육을 실시하고 있는가?

교육감과 교육청 행정가

1. 해당 교육청 소속 교사의 장기 근속률을 살펴본다. 교사의 고립감, 부족한 경력사다리(Career ladder) 그리고 교사 참여의 부족은 교사의 장기근무를 방해하는 원인이 되고 있다. 학교현장에 나가서 시간을 보내고 교사의 근무환경을 관찰하면서 내적 보상 및 전문성 개발 기회 제공 등의 방법을 통해 교사 근속률을 어떻게 향상시킬 것인지 생각해본다.

2. 해당 교육청의 교육행정가들과 교사리더십이 학생들에게 줄 수 있는 이점에 대해 논의한다. 교육청 리더로서 교사리더십에 관심이 많은 교사의 기대와 요구를 어떻게 충족시켜줄 수 있을지 생각해본다. 학교관리자들도 이와 유사한 논의 과정을 통해 교사리더십 개발 실행계획을 만들게 한다.

대학교수

1. 주변 학교의 교사리더들을 강의 및 멘토링활동에 참여시키고, 또 교수들과 함께 교육위원회활동을 하게 하는 방법 등을 통해 대학이 교사리더를 어떻게 활용할 수 있을지 논의한다. 그리고 교사리더가 학생에게 제공하는 프로그램의 질뿐만 아니라 그러한 활동이 교사리더에게 어떤 영향을 주고 있는지 연구한다.

2. 학교나 교육청에 미치는 교사리더의 영향력 그리고 교사리더십과 학업성취 간의 상관관계를 규명하기 위해 지역의 협력관계 주체들과 공동의 연구주제를 개발한다.

PART

3

교사리더
개발하기

DEVELOPING TEACHER LEADERS

교사리더는 전문성 개발을 위한 양질의 학습경험을 할 수 있는 기회를 제공받아야 한다. 교사리더는 먼저 학급에서 성공적으로 학생들을 지도할 수 있는 지식, 기술 그리고 태도 등을 개발할 수 있다. 효과적인 수업방법을 지닌 지속적인 학습자로서, 그들은 학교와 교육청의 교육개혁 과정에서 동료교사에게 영향을 주고 다른 교사들을 지도할 수 있다.

편안한 신발에 낡은 면 점퍼를 입은 한 무리의 교사가
– 신선한 커피도 없이, 심지어 외부강사에게 천 달러를 지급하면서 –
실질적인 교육문제를 해결하기 위해 3시 35분에 학교 도서관에 모인다는 것은 생각하기 어려운 일이다.
그러나 그들은 할 수 있고, 또 하고 있다.

낸시 프라나건(Nancy Flanagan) 음악과 교사리더

지난 20년 동안, 우리들은 교사 전문성 개발과 관련된 일을 하면서 교사리더십에 대해 많은 것을 배웠다. 지금으로부터 거의 15년 전, 우리는 플로리다 주의 남부에 소재한 한 대학의 잔디밭에 앉아 있었다. 그때 우리는 학교현장 및 교육청 행정가들과 진행하고 있던 리더십 개발 작업–프로그램의 현장 영향력 부족 등–에서 오는 좌절감에 대해 서로 이야기하고 있었다. 대화를 하면서, 우리는 리더십 개발에서 우리가 놓치고 있는 중요한 집단이 있다는 생각을 하게 됐다. 그 집단은 바로 교사였다. 우리가 그들을 위해 무엇을 할 수 있을까라는 질문을 던졌고, 우리가 할 수 있는 일은 교사리더십을 개발할 수 있는 방법을 찾아내는 것이라는 결론에 도달했다. 교사리더십에 관한 우리의 연구는 그렇게 시작되었다.

전문적 학습에 대한 우리의 관심은 먼저 잠재적 교사리더로 향했다. 효과적 전문성 개발의 핵심은 모든 교사, 특히 교사리더로 하여금 그들의 잠재력을 최대한 발현하도록 하는 데 있다. 그러나 이러한 부분들에 대한 여러 해에 걸친 연구에도 불구하고, 여전히 많은 문제가 과제로 남아 있다. 우리나라의 교육개혁과 학생들의 학업성취도 향상은 분명히 일단의 역량 있는 교사들의 출현과 연관되어 있다. 왜냐하면 그들은 다른 교사의 수업 개선에 영향력을 행사할 수 있기 때문이다. 이러한 노력은 교사들이 한 교실에 모여 세 시간씩 받는 전통적인 전문성 개발 방식이 아니라 직무 관련성과 체계성을 갖춘 양질의 전문성을 개발하는 프로그램이어야 한다. 슈넬과 스완슨(Snell & Swanson, 2000)은 다음과 같이 말하고 있다.

"만약에 우리가 이러한 목적 달성에 필요한 일단의 역량 있는 교사를 육성하고자 한다면, 먼저 모든 교사가 내용이 풍부하고 협력적이면서 체계적인 전문성 개발 프로그램에 참여할 수 있는 기회를 더 많이 제공해야 할 것이다(p. 20)."

다른 모든 교육자와 마찬가지로, 교사리더도 당연히 전문성 개발을 위한 양질의 학습경험을 할 수 있는 기회를 제공받아야 한다. 교사리더십과 교사학습은 밀접한 연관성을 갖고 있다. 교사리더는 먼저 학급에서 성공적으로 학생들을 지도할 수 있는 지식, 기술 그리고 태도 등을 개발할 수 있다. 그리고 나서야 그들은 효과적인 수업방법을 지닌 지속적인 학습자로서 학교와 교육청의 교육개혁 과정에서 동료교사에게 영향을 주고 다른 교사들을 지도할 수 있다. 직관적으로 교사리더가 동료교사와 잘 지낸다고 해서 준비교육이나 코칭 없이 리더십 역할을 하도록 요구할 수는 없다. 패터슨(Patterson, 1993)은 "새로운 환경에 효과적으로 대응하는 데 필요한 교육과 훈련 없이 조직의 미래가치를 구현하게 하는 것은 교사리 더에게 권한을 위임하는 과정에서 저지르는 최악의 실수 중 하나이다"라 고 경고한다. 학생들을 효과적으로 잘 지도하는 역량과 동료의 신뢰 그 리고 협업능력을 지닌 교사는 리더가 될 준비가 된 것이라고 흔히들 착각 한다. 그러나 리더는 다른 사람과 함께 일처리를 잘하고, 학교의 개혁 과 정을 잘 이해하며 리더십 발휘 과정에서 나타날 수 있는 도전 또한 잘 이 해하고 있어야 한다. 공식적 리더가 될 예비 교장, 교감 등 교육행정가에 대해서는 그들이 다양한 교육적 요구를 충족하는 과정을 통해 리더가 될 준비를 할 것을 우리는 기대한다. 학교행정가 양성 대학원 프로그램은 그 들이 굉장히 많은 대학원 과목을 수강할 것을 요구한다. 대개의 주정부에 서 지원자들은 역량 테스트를 통과하고 리더십기술을 훈련하는 인턴 과 정을 마친 이후에나 자격증을 받는다.

현재 교사들은 이러한 광범위한 리더십 준비 과정을 제공받기는커녕 가장 재능 있는 리더라고 해도 어렵게 느낄 수 있는 역할을 동료 사이에 서 떠맡도록 요구받고 있다. 심심찮게 나타나는 교사들의 리더십 역할 포 기 사례들은(Little, 1996) 교사리더가 미리 대처방법을 익혔더라면 해결할 수 있었을 까다로운 리더십 문제에 직면해 있음을 보여준다. 문제를 해결 하지 못한 교사는 그 책임이 자신과 다른 사람에게 있다고 생각한다. 그 결과 교사들은 리더십 소진으로 리더십 역할 수행을 꺼리게 되고 교실이라는 안전지대로 복귀하곤 한다. 교사리더는 동료교사의 학습과 이를 통한 학생의 학업성취도 향상에 영향을 줄 수 있기 때문에, 학교와 교육청은 동료에게 영향을 줄 수 있는 그들이 재직하는 동안 지속적으로 리더십개발 프로그램을 제공하여 그들을 리더로 준비시킬 책임이 있다. 교사리더에 대한 전문성 개발은 장기적 관점에서 이루어져야 한다. 교사 질 향상 남동부 지역 센터(2002)에서는 "교사 발달에는 성장 단계가 있으므로, 교사들은 전문가로 성장해 나가면서 자신의 역할에 대해 좀 더 큰 그림을 그려나가려 노력해야 한다"고 언급한 바 있다. 교사리더십 개발과 관련하여, 교원 양성 과정에서는 리더십개념이 설명되고 자신을 이해할 기회를 제공받을 뿐만 아니라 리더십기술과 관련된 내용이 교육 과정에 포함되어야 한다. 이러한 노력을 통해 교직 입문기, 초기 그리고 이후 교직생활을 하는 동안 교사리더십이 발전될 수 있는 토대가 마련된다.

이 장에서 우리는 교사를 리더로 개발시키기 위해 장기적 관점에서 학습기회들이 어떻게 제공되어야 하는지를 살펴볼 것이다. 우리는 먼저 자신의 전문성을 효과적으로 개발하기 위해 무엇을 알아야 하는지 그리고 다른 교사와 협력 시 도움이 되는 전문성 개발의 주요한 원리들을 살펴보고자 한다. 그리고 나서 대학의 교원 양성 과정에 있는 예비리더의 전문성 개발을 위한 아이디어를 제공할 것이다.

다음으로 우리는 자신이 어떻게 교사리더로서 성장해나갈 것인가를 고민하는데 도움이 되는 자기진단 도구를 제공할 것이다. 이 도구는 교사가 교직에 들어온 후 교사리더로서 활동을 해보겠다는 생각이 들었을 때 유용하게 활용할 수 있다.

　이어서 경력교사의 지속적 학습과 전문성 개발을 지원할 수 있는 전략과 활동을 설명하고자 한다.

　끝으로, 우리는 다양한 수준의 리더십 개발 토대가 될 수 있는 교사리더 전문성 개발 모델을 제안할 것이다.

교사리더의 전문성 개발

　과거 10여 년 동안 많이 논의되어온, 답은 명료하지만 해결이 쉽지 않은 어려운 주제 하나가 있다. 그것은 교사의 전문성 개발에 관한 것으로, 간단히 이야기하면 우리나라 교육의 발전은 교사들의 전문성 신장에 달려 있다는 것이다. 전문성 발달을 통해 향상된 그들의 지식, 기술 그리고 태도는 다시 교육에 투입되어 학생들의 학업성취도 향상으로 이어질 수 있기 때문이다(Sykes, 1999). 그러나 이러한 목적 달성을 위해 교사의 전문성을 신장시키는 일은 그리 쉽지는 않다. 교사의 교수행위 변화로 이어질 교사의 지식 확대를 위한 노력은 매우 복잡한 접근을 요구하기 때문이다. 이러한 목적을 달성할 수 있는 열쇠는 교직을 수행하는 동안 학습할 수 있는 기회를 확대하여 지속적으로 제공해주는 데 있다. 이러한 부분에서 교사리더가 핵심적인 역할을 할 수 있다. 따라서 그들에 대한 리더십 개발은 매우 중요하며 교직에 근무하는 내내 많은 투자를 요구한다.

개인 리더십 개발에 대한 책임감

교사리더가 동료들과 데이터를 분석하고, 함께 기획하고, 교수법을 개선하는 전문적 학습을 할 때, 다른 사람의 학습에 영향을 주면서 동시에 자신의 학습을 증진시키는 일에 열중하고 있다고 볼 수 있다. 교사가 효과적인 의사소통법, 집단에서의 리더십 수행 그리고 타인의 생각과 감정을 확인하기 위한 경청과 같은 리더십기술을 배우고 그것들을 효과적으로 사용할 때, 교사는 동료들과의 협력 작업에서 보다 나은 결과를 가져올 수 있다.

우리는 학교리더들이 모든 교사가 발전할 수 있는 양질의 리더십 개발 프로그램을 제공할 책임을 갖기를 바라지만, 그들이 항상 그런 것 같지는 않다. 교사리더는 학교, 교육청 그리고 대학들이 그들에게 충분한 지원을 제공하도록 영향력을 행사해야 한다. 교사리더의 과제는 학교현장에 양질의 전문성 개발 프로그램을 실현시키는 것이다.

양질의 전문성 개발 프로그램에 대한 내용을 깊이 기술하는 것은 이 책의 범위를 넘어서는 것이지만, 교사리더에게 도움이 될 만한 많은 정보가 있다. 이 책의 부록을 통해 이러한 정보를 찾을 수 있도록 안내해놓았다(참고자료 D 참조). 교사리더 자신과 다른 사람들의 전문적 학습을 위해 알아야 할 공통된 원리가 있다. 미국 교육 위원회(2000)는 "학습은 교사에게 단순한 지식이나 기술을 전수하는 정도를 뛰어넘어서야 한다"고 제안한다. 즉 교사들이 갖고 있는 실질적인 문제들을 분석, 검토 그리고 해결하게 함으로써 궁극적으로는 그들의 교수학습에 변화를 주는 실질적인 학습의 장에 그들을 참여시켜야 한다는 것이다. 교사리더는 다음에 제시된 효과적인 설계를 위한 원리들(Hawley & Valli, 1999)을 활용하여, 자신의 전문성 개발 프로그램이 이러한 원리들을 잘 반영하고 있는지 검토할 필요가 있다.

교사리더와 같은 성인학습자들이 교육 내용과 과정을 확인, 결정하는 데 참여하고 있는가? 이러한 협력적 접근은 학습자의 동기를 고취하고 학습에 더 열중하게 할 것이다.

학습한 내용과 그 적용이 즉각적으로 현장의 문제해결에 도움이 되는 학교 현장기반 연수가 이루어지고 있는가? 교사 네트워크, 대학원 그리고 전문가 협회 등에서 진행되는 학교 밖 연수를 받지 말라는 의미는 아니다. 교사는 학교 밖 연수에서 제공하는 지식과 아이디어에 대한 접근을 통해 많은 이득을 얻을 수 있기 때문이다. 그러나 현장을 기반으로 하는 학습경험이 많이 제공된다면, 교사의 동기는 더 고취되고 일상적인 교수활동에 더 많은 영향을 줄 것이다.

교사리더를 위한 전문성 개발 프로그램이 협업의 형태로 진행되고 있는가? 현장 연구와 스터디그룹과 같은 협력적 전략은 교사가 직면하고 있는 교육 과정, 교수법 그리고 평가 관련의 실제적인 문제들을 해결하는 데 도움을 준다.

교사에게 제공되는 전문성 개발 프로그램은 코칭과 같은 후속지원이 지속적으로 이루어지고 있는가? 연수받은 내용을 실제로 적용하면서 교사는 연수받은 내용의 현장 적용 여부와 실행에 필요한 추가적 지원에 대해 생각하게 된다. 지속적인 후속지원이 제공되지 않는다면, 교사는 어려움에 직면했을 때 이것을 구실로 삼아 연수받은 전략들을 버릴 가능성이 있다.

학교리더, 특히 교사리더는 학교의 미래에 상당한 영향력을 행사하기 위해 많은 학습이 필요함을 인식하고 더 노력해야 할 필요가 있다. 현재의 전문성 개발 프로그램에 위에서 언급한 네 가지 원리가 아직 충족되어 있지 않다면, 프로그램 개선을 위해 교사리더는 더 많은 노력을 기울일 필요가 있다.

동료교사의 학습에 대한 책임감

교육자들은 오랫동안 학생학습에 대한 책임감을 인식해왔다. 즉, 그들은 교육자로서 자신의 노력이 학생들의 성적 향상에 많은 영향을 미친다는 점을 분명히 알고 있다. 램버트(Lambert, 2002)에 따르면, 최근의 교육자들은 그들의 학습에 대한 책임은 자신들에게 있고, 나아가 리더십은 학교 구성원 모두가 다 같이 개발할 부분이라고 인식하기 시작했다고 이야기한다. 교수학습의 어려움을 잘 이해하고 있는 교사리더는 자신 뿐만 아니라 다른 사람의 전문성 개발에도 상당한 책임이 있다는 것을 알고 있다. 이것은 바로 모두가 함께 성장하는 방법이다. 교사에게 이것은 새로운 개념일 수 있다.

자신의 전문성 개발을 위해 노력하는 교사리더는 자신의 역할 중에서 학습에 우선적으로 관심을 가져야 한다고 이야기한다. 이러한 교사리더는 전문서적을 읽거나 대학에서의 수강 그리고 학교 안팎의 전문성 개발 네트워크를 통해 학습한다. 교사리더는 동료들에게 받는 피드백을 소홀하게 대하지 않고 매우 소중한 자산으로 여긴다. 교사리더는 학급 학생들의 성과나 자신의 리더십 행위에 대한 성찰을 통해 자신의 행위를 검토하고 이로부터 배움을 얻는다. 이러한 교사는 흔히 더 어려운 과제에 도전하고, 이러한 경험을 통해 많은 것을 배운다.

교사리더는 또한 동료교사의 전문성 개발에 책임을 진다. 그들은 소속 학교나 교육청에서 촉진자 또는 전문성 개발자로 활동할 수 있을 것이다. 또한 신규교사를 멘토링하고, 학급 운영에 어려움을 느끼고 있는 교사를 관찰하고 코칭할 수 있다. 교사리더에 의해 공유된 아이디어, 정보 그리고 학습 자원은 학생관리를 비롯한 다양한 영역에서 효과적인 교사로 거듭나게 해줄 것이다. 이러한 교사리더는 효과적인 시범보이기 활동과 피드백기술을 통해 동료교사의 성장을 돕는다.

교사리더십은 학교개혁과 학생들의 학업성취도 향상에 굉장한 영향력을 갖고 있는데, 우리는 무계획적으로 이에 접근할 수도 있고, 리더십 향상을 불러올 체계적인 전문성 개발 프로그램을 그들에게 제공할 수도 있다. 교사리더십에 대한 우리의 정의는 교사는 학습자이면서 리더로서의 의무를 가진다는 것이다. 우리의 경험상, 교사리더는 자신뿐만 아니라 다른 사람들의 전문성을 효과적으로 개발시키는 데 능숙해야 한다. 이러한 책임을 받아들이고 리더십기술을 개발하는 일은 단기간에 이루어지는 것이 아니다. 이는 오랜 기간에 걸친 헌신을 요구하는 일이다.

교사 대상 리더십 개발

교사리더십이 교직에서 제대로 작동하기 위해서는 교사리더십에 대한 인식교육이 대학의 예비교원 양성 과정에서부터 시작되어야 한다. 교직에 들어서서 새로운 환경 및 학생들과 씨름하느라 정신이 없겠지만, 이들이 처음부터 자신을 잠재적 리더로 바라볼 수 있도록 독려해야 한다. 여전히 많은 교사가 자신이 교사리더가 된다는 생각을 낯설어하고 있는데, 그들에게 먼저 필요한 것은 입문수준의 리더십기술이다. 리더십기술을 익혀나가면서 그들은 더 복잡한 전문적 학습 경험을 필요로 하게 된다.

예비교사

교사가 일과 중 일부분을 할애해 교실 밖으로 나와 리더로서 활동하기를 바란다면, 교사의 전문성 개발이 시작되는 교원 양성 과정의 교육 과정에 변화를 주어야 한다. 트로엔과 볼스(Troen & Boles, 1994)는 리더십기술 구축에 대한 책임이 교육대학에 있다고 이야기한다. 교육대학은 교사리더십 교육의 중요성을 인식하고, 교사 교육의 필수적인 영역으로 여겨지고 있는 교사리더십기술 교육을 강화해야 한다. 역사적으로 대학 단계의 교사 교육 프로그램은 교사의 책무성과 권한을 중시하는 교육이 아니라 관리, 감독을 받는 자로 그들을 교육시켰다. 교사의 교수행위에 가장 큰 영향을 미친 요인 중 하나는 학창시절 교실에서 보고 배운 것으로, 로티(Lortie, 1975)는 이것을 오래전에 "관찰에 의한 도제"라고 불렀다.

오늘날 예비교사는 자신의 경험을 뛰어넘어 더 나은 미래를 설계하고 교원 양성 단계에 있을 때부터 리더십 역할 수행에 대한 책임을 받아들일 준비가 되어 있어야 한다. 그동안 우리는 교실을 담당할 교사 교육은 주로 개인활동의 능력을 키우는 데 역점을 두어왔으나 이제는 교사가 교직 생활 동안 효과적으로 학습할 수 있도록, 그들이 개인주의를 넘어 동료성에 기반을 둔 협력을 통해 교직을 수행하도록 교육시켜야 할 것이다. 예비교사에게 전문적 학습, 교사리더십 그리고 학생들의 학업성취 간의 관계성을 이해시키는 데 최우선 순위를 두어야 할 것이다. 예비교사는 교사 간 협업이 자신의 반 학생만이 아니라 모든 학생의 이익을 위해 "교직의 중요한 부분이고, 리더십은 소수를 위한 특권이 아니라 학교 이해관계자들에 의해 공유되는 기능들의 집합"이라는 점을 이해하기 위해 노력해야 할 것이다(Du, 2007, p. 194). 이를 위해 현장에서 관찰실습을 받는 동안, 그들로 하여금 리더십활동—학교혁신 회의, 교직원 자문위원회, 교사 연구모임—을 관찰, 참여하게 하고 직접 경험하게 해야 할 것이다. 이러한 체험학습은 교사리더십의 잠재성을 인식하고 적극적으로 받아들이게 할 것이다.

대학 단계의 프로그램은 교사 자신의 의사소통능력과 리더십 스타일에 대해 성찰해볼 수 있는 기회를 제공하는 자기진단 도구를 활용하여 예비교사의 리더십에 대한 자기인식 형성에 도움을 줄 수 있다. 앞으로 교사리더가 될 이들은 여기서 나온 정보를 통해 가치 있는 통찰력을 가질 수 있다.

리더십기술 획득 또한 교사 양성 단계에서부터 이루어져야 한다. 협업이 중시되는 학교문화에서 성공적으로 업무를 수행하기 위해서 팀에서 효과적으로 일하기, 그룹에서의 다양한 역할 수행 그리고 교수법 개선을 위한 협력 등에 관한 기술을 개발하는 것은 필수이다. 이러한 협력 작업에 필요한 리더십기술에는 인간관계기술을 비롯하여 소규모 그룹 지도하기, 팀워크 개발하기, 근거와 구체적 정보를 갖고 자신의 입장 옹호하기, 효과적으로 갈등 조정하기 등이 포함될 수 있다. 이러한 것들은 예비교사 단계와 초기의 교사생활 동안에 발전시켜 나갈 교사리더십의 바탕이 될 것이다.

잠재적 교사리더

교사는 교직에 들어선 이후 경험과 전문성을 쌓고, 맞춤형 교육을 위한 학생성과 분석과 자기성찰을 통해 자신의 교수능력을 발전시켜 나간다. 학생 성공을 위해 노력한 헌신적인 교사는 자신의 교실을 넘어 좀 더 넓은 차원에서 다른 사람들에게도 영향을 미치고 싶어 한다. 우리는 1장에서 교사가 자신의 리더십 수행 여부를 확인할 수 있는 도구로 〈교사리더십 준비도 진단 도구〉를 제공했다. 교사가 이러한 도전을 받아들이겠다고 결심한다면, 리더십 발휘는 교사의 책임이고, 그들에게 리더십 개발 프로그램을 제공해야 할 책임은 학교시스템에 있다. 리더는 태어나는 것이 아니라 훌륭한 리더에게 요구되는 리더십 지식, 기술, 태도를 습득하는 과정에서 발전하고 성장한다. 교사리더에게 가장 위험한 생각은 리더십 역량을 지도하는 방법을 혼자서 다 익히겠다는 생각이다. 리더십기술은 타인들과 함께 학습할 때 훨씬 좋은 성과를 낳을 수 있다는 것을 인식해야 한다. 독단적인 리더십 발휘로 오는 예기치 못한 장애물도 함께함으로써 극복될 수 있다.

교사리더의 전문성 개발을 위한 기본 틀을 학교에 제공하기 위해, 우리는 교사리더, 교육청 행정가 그리고 전문가 들에게 교사가 리더로서 알아야 할 내용과 기술 등에 관한 지표를 제시하고 교사리더십 직무기준들을 탐색하게 했다. 이러한 작업을 통해 우리는 〈교사리더십 자가진단〉이라는 측정 도구를 만들었다(그림 3.1). 교사리더십 발달 초기 단계에 활용할 수 있도록 만들어진 이 도구는 잠재적 교사리더가 자신의 자기인식, 변화 주도성, 의사소통, 다양성, 교수능력, 혁신 지속성, 자기 조직화라는 일곱 가지 영역을 측정하게 해주며 각각 여섯 개 문항으로 이루어져 있다.

교사들은 이 도구 활용을 통해 자신의 교사리더십 수준을 알고, 앞으로 발전시켜나가야 할 새로운 행동과 기술 부분을 파악하게 된다. 이러한 성찰의 과정은 교사로 하여금 자신의 전문성 개발을 위한 미래 전략 수립을 돕는다.

교사리더십 자가진단
(Teacher Leadership Self Assessment*)
Marilyn and Bill Katzenmeyer

	전문가로서의 행동에 대해 기술한 각 문항에 대해 당신은 얼마나 자주 이런 노력을 하는지 답하시오.	매우 그렇지 않다	그렇지 않다	보통 이다	그렇다	매우 그렇다
1	나는 학급교사로서 얼마나 잘하고 있는지 그리고 나를 어떻게 발전시킬 수 있을지에 대해 성찰한다.	①	②	③	④	⑤
2	나는 나의 강점과 성장욕구가 학교에서 리더라는 새로운 역할에 어떤 영향을 줄 수 있을지 알고 있다.	①	②	③	④	⑤
3	교수학습에 대한 나의 신념은 명확하다.	①	②	③	④	⑤
4	나는 학생과 동료교사를 대할 때 나의 가치와 철학에 따라 행동한다.	①	②	③	④	⑤
5	나는 업무능력 개선을 위해 피드백을 구한다.	①	②	③	④	⑤
6	나는 일할 때 윤리적으로 행동하고, 높은 수준의 전문적 수행 을 한다.	①	②	③	④	⑤
	오른쪽 공간에 1~6번 점수의 총합을 쓰시오	점수 총계 1~6 : _____				
7	나는 학교의 비전이나 사명의 성취를 위해 동료들의 동참을 권고한다.	①	②	③	④	⑤
8	나는 업무를 처리할 때 다른 사람을 이끈다.	①	②	③	④	⑤
9	나는 변화를 기획할 때 동료교사들을 참여시킨다.	①	②	③	④	⑤
10	나는 학생들의 학업성과 향상을 위한 학교와 지역사회문화의 중요성을 이해한다.	①	②	③	④	⑤
11	나는 학교문화 개선을 위해 노력한다.	①	②	③	④	⑤
12	나는 학교 발전을 위한 팀을 구성하는 데 시간과 노력을 흔쾌히 할애한다.	①	②	③	④	⑤
	오른쪽 공간에 7~12번 점수의 총합을 쓰시오	점수 총계 7~12 : _____				

	전문가로서의 행동에 대해 기술한 각 문항에 대해 당신은 얼마나 자주 이런 노력을 하는지 답하시오.	매우 그렇지 않다	그렇지 않다	보통 이다	그렇다	매우 그렇다
13	나는 다른 사람의 말을 경청한다.	①	②	③	④	⑤
14	나는 청중 수준에 맞춰 발표를 한다.	①	②	③	④	⑤
15	나는 다른 사람의 견해를 구하고 타인의 생각이나 감정을 잘 반영할 수 있다.	①	②	③	④	⑤
16	나는 소그룹활동을 촉진할 때, 구성원들이 제 때에 제 일을 할 수 있도록 한다.	①	②	③	④	⑤
17	나는 회의 진행 시 거의 모든 사람이 참여할 수 있도록 할 수 있다.	①	②	③	④	⑤
18	나는 개인이나 그룹 사람들과 소통하기 위해 전자도구를 효과적으로 활용한다.	①	②	③	④	⑤
	오른쪽 공간에 13~18번 점수의 총합을 쓰시오	점수 총계 13~18 : _____				
19	나는 사람들의 다양한 관점은 문화, 종교, 인종 또는 사회경제적 지위에 기반하고 있음을 이해한다.	①	②	③	④	⑤
20	나는 나와 다른 가치와 신념들을 존중한다.	①	②	③	④	⑤
21	나는 학교에서 다양한 그룹의 동료와 일하는 것을 즐긴다.	①	②	③	④	⑤
22	나는 교육자 이외의 사람들 그리고 특정분야에 관심을 가진 사람들과 효과적으로 일한다.	①	②	③	④	⑤
23	나는 다른 사람의 신념과 가치를 이해하기 위해 많은 노력을 한다.	①	②	③	④	⑤
24	나와 다른 신념을 가진 사람과도 나의 신념을 기꺼이 나눈다.	①	②	③	④	⑤
	오른쪽 공간에 19~24번 점수의 총합을 쓰시오	점수 총계 19~24 : _____				
25	나는 좋은 교실 분위기를 만들기 위해 노력한다.	①	②	③	④	⑤
26	나는 연구를 통해 검증된 교수법을 활용한다.	①	②	③	④	⑤
27	나는 모든 학생의 성공을 위해 노력한다.	①	②	③	④	⑤
28	나는 학급관리를 잘한다는 평판을 듣고 있다.	①	②	③	④	⑤
29	나는 동료들과 늘 소통하고 나누는 열린 마음을 갖고 있다.	①	②	③	④	⑤
30	나는 정직하고 공정한 마음을 갖고 학생이나 다른 사람들과 일한다.	①	②	③	④	⑤
	오른쪽 공간에 25~30번 점수의 총합을 쓰시오	점수 총계 25~30 : _____				

	전문가로서의 행동에 대해 기술한 각 문항에 대해 당신은 얼마나 자주 이런 노력을 하는지 답하시오.	매우 그렇지 않다	그렇지 않다	보통 이다	그렇다	매우 그렇다
31	나는 결정이나 행동을 하기 전에 많은 곳으로부터 관련된 정보를 수집한다.	①	②	③	④	⑤
32	나는 목표를 설정하고 발전 정도를 계속 모니터링한다.	①	②	③	④	⑤
33	나는 기획할 때 진단한 정보를 분석하고 활용한다.	①	②	③	④	⑤
34	나는 전문성 개발을 위한 활동과 학습에 참여한다.	①	②	③	④	⑤
35	나는 문제를 확인하고 이를 해결하기 위해 주도적으로 일한다.	①	②	③	④	⑤
36	나는 학교나 지역구의 발전을 위해 동료, 학부모 그리고 다른 사람들과 밀접한 관계를 유지하며 일한다.	①	②	③	④	⑤
	오른쪽 공간에 31~36번 점수의 총합을 쓰시오	점수 총계 31~36 : _____				
37	나는 과업과 목표를 달성하기 위해 철저하게 계획하고 일정을 짠다.	①	②	③	④	⑤
38	나는 스트레스를 받거나 어려운 상황에서도 자신감을 보인다.	①	②	③	④	⑤
39	나는 팀 구성원으로서 효과적으로 일한다.	①	②	③	④	⑤
40	나는 희망하는 결과를 얻기 위해 적극적으로 후속지원을 한다.	①	②	③	④	⑤
41	나는 일의 우선순위를 정해서 중요한 일 처리를 위한 시간을 확보한다.	①	②	③	④	⑤
42	나는 학교생활과 개인 삶 사이에 만족스러운 균형을 유지한다.	①	②	③	④	⑤
	오른쪽 공간에 37~42번 점수의 총합을 쓰시오	점수 총계 37~42 : _____				

교사리더십 자가진단 척도 설명 및 채점 방법

교사리더십 자가진단 척도

자기인식 : 강점, 가치관, 철학, 행동의 측면에서 자신에 대해 정확히 알고 있다.

변화주도 : 긍정적인 변화를 촉진하기 위해 효과적인 전략을 사용한다.

의사소통 : 듣기, 언어적 의사소통, 발표기술, 글을 통한 의사소통 등을 효과적으로 한다.

다양성 : 서로 다른 관점들을 존중하고 이에 잘 대응한다.

능숙한 교수행위와 리더십 : 학생과 동료에게 가장 효과적인 학습을 제공하기 위한 전문 지식과 기술을 갖고 활용한다.

지속적 발전 : 보다 높은 수준의 전문성을 갖추기 위해 노력하고 이를 위한 준비가 늘 되어 있다.

자기조직화 : 목표 달성을 위한 과정을 설계하고 계획을 실행에 옮긴다.

자기 채점 과정

▶ **자기인식**

   1~6번 점수 총합

▶ **변화주도**

   7~12번 점수 총합

▶ **의사소통**

   13~18번 점수 총합

▶ **다양성**

   19~24번 점수 총합

▶ **능숙한 교수행위와 리더십**

   25~30번 점수 총합

▶ **지속적 발전**

   31~36번 점수 총합

▶ **자기조직화**

   37~42번 점수 총합

숙련된 교사리더들을 위한 지속적인 전문적 학습

리더십 개발은 다른 양질의 전문성 개발 노력과 같은 수준의 지원이 요구된다.

학습 프로그램 결정 과정에서의 교사 참여, 현장중심의 실질적 학습, 협력적 학습 그리고 지속적인 지원과 코칭 등의 다양한 면을 꼼꼼히 파악하고, 우선순위를 정해 적절하게 지원해야 한다. 교사리더들이 지속적으로 학습할 기회를 제공받는다면, 그들은 학습과 궁극적으로 학생들의 성과 향상에 더 큰 성공을 가져올 수 있을 것이다. 어느 교사가 효과적인 교사리더로 보인다고 해서 그에게 리더십 개발 기회를 제공하는 것을 소홀히 해서는 안 된다. 리더십 개발을 위한 학습은 교사의 전 생애에 걸친 과업이기 때문이다.

숙련된 교사를 지원할 많은 효과적인 전략이 있다. 네 가지 예를 들면 실행연구, 〈전미 교직 기준 위원회〉의 자격증 과정, 전문성 개발 학교 그리고 전문적 네트워크 등이다. 이러한 전략들은 모두 공통적인 요소들을 갖고 있어 효과적인 전문성 개발 프로그램의 본보기가 되고 있다. 이 전략들은 전문성 개발을 교사들이 기획, 주도하게 하고 있으며, 대부분의 활동이 교사가 직면한 현안을 해결하는 현장중심활동에 비중을 두고 있다. 이러한 전략은 교사리더에게 다른 교사와의 협업의 장을 마련해주고, 장기간에 걸쳐 높은 수준의 지원을 제공하고 있다. 〈표 3.1〉는 교사리더의 전문성 개발을 위해 지속적으로 학습기회와 지원을 제공하고자 하는 사람들의 생각을 자극할 전략의 예를 보여준다.

전략	실행연구
목적	교수능력 향상을 위해 교사로 하여금 연구결과를 바탕으로 좋은 탐색적 질문을 던지게 함
이점	· 교사들은 탐색적 활동을 통해 교사의 전문성을 향상시킴 · 현재의 연구기반을 통해 교사의 전문지식을 향상시킴 · 협업 기회 제공을 통해 학교를 변화시킴 · 교수법 및 학생들의 학업 향상을 위한 기회 창출 · 교사리더의 효과적 교수법 판단에 필요한 정보 제공 · 연구 및 프로젝트 팀의 리더십 발휘 기회 제공
참고자료	· Calhoun,E.(2002). 학교개혁을 위한 실행연구(*Educational Leadership*, 59(6), 18-24). · Caro-Bruce,C., Flessner,R.,Klehr,M.,& Zeichner,K.(2007). 실행연구를 통해 형평성이 확보되는 교실 창조 · Thousand Oaks, CA: Corwin. Sagor,R.(2004) 실행연구 가이드라인: 교사와 학교 팀을 위한 4단계 과정

전략	「전미 교직 기준 위원회」 인증
목적	집중 학습, 전문가 평가, 자기 평가, 동료 평가 등의 활동에 교사를 참여시키고 인증하기 위한 엄격한 기준 활용
이점	· 교사 자신의 교수행위를 분석, 개선하는 데 엄격한 과정을 활용함 · 교사로 하여금 학교, 지역공동체, 학부모와 학급 학생들에게 리더십을 발휘하게 함 · 동료 간 협업과 피드백에 대한 기회를 제공함
연락처	National Board for Professional Teaching Standards 1525 Wilson Boulevard Suite 500 Arlington, VA 22209 http://www.nbpts.org

전략	전문성 개발 학교
목적	신규교사의 직전교육, 교직원 전문성 개발 그리고 교수법 및 학생성취도 향상을 위한 탐색에 역점을 둔 대학과 유ㆍ초등교육 학교들 간의 파트너십 구축
이점	· 예비교사 및 현직교사 연수의 설계 및 개선에 교사리더를 참여하게 함 · 자신의 교수행위 검토 및 지식기반 확장을 위해 질의, 연구, 성찰하게 함 · 교사리더들이 협력적, 혁신적으로 일할 수 있는 기회 제공
참고자료	· Lanier,J.,& Darling-Hammond,L.,(2005). 　전문성 개발 학교: 교직을 발전시키는 학교 · New York: teachers College Press Organizations: · National Council for Accreditation of Teacher Education (NCATE), www.ncate.org · National Association for Professional Development Schools, www.napds.org

전략	전문적 네트워크
목적	담론, 성찰 그리고 학습을 위한 공식적, 비공식적 실행공동체 논의 내용은 특정교과, 교수법, 또는 개혁방법 등이 될 수 있고, 접촉방법은 면대면이나 사이버상임 범위는 지역이나 국가단위임
이점	· 교사들이 지속적으로 전문성 개발 학습에 참여함 · 교사리더들 간 지식공유를 통해 전문적 지식을 구축함 · 교사리더들이 발전할 수 있는 보다 질 높은 상호작용 및 교류기회 제공 · 그룹을 이끌고 동료들과 함께 성공적으로 작업에 참여하는 경험을 제공
참고자료	· McLaughin,M.,& Talbert,J.(2001). 　전문적 공동체와 질 높은 교수 실행 　Chicago: University of Chicago Press Lieberman,A., & Wood,D.R.(2003). · Inside the National Writing Project: 네트워크 학습과 교수행위의 연계 　New York: Teachers College Press. · Organization: Teacher Leader Network www.teacherleaders.org

〈표 3.1〉 교사리더의 지속적 성장을 위한 전략

교사리더십 개발 모형

　교사가 교수역량을 넘어 교사리더십 역할을 수행할 수 있도록 준비시키기 위해, 우리는 〈교사리더십 개발 모형〉을 전문성 개발의 기본틀로 제안한다. 이 모형에서 우리는 교사리더로 성장하고자 하는 교사는 먼저 자신과 동료 그리고 소속된 학교를 이해하기 위해 서로 협력해야 한다고 본다. 궁극적으로 교사리더십기술을 완전히 익히기 위해서는, 자신이 소속된 학교에 그동안 익힌 기술을 적용해봐야 한다.

　이 모형의 세 가지 주요 요소는 자가진단, 변화하는 학교(학교문화) 그리고 영향력 행사 전략이다. 마지막 요소는 실행 계획으로, 참여자로 하여금 소위 실행학습 프로젝트 수행을 통해 새롭게 익힌 리더십 전략을 자신의 학교나 교육청에 적용해보게 하는 것이다.

　먼저, 자가진단은 교사로 하여금 자신의 신념체계를 살펴보게 한다. 그들은 교육자로서 "나는 누구인가?"라는 질문에 답해야 한다. 자가진단활동은 자신의 전문적 교육활동의 기저를 이루고 있는 가치, 행위 그리고 철학을 파악하게 한다. 자신의 신념체계에 대한 이해는 다른 사람이 나와 많이 다를 수 있다는 것 그리고 성공적으로 함께 일하려면 이러한 차이를 받아들여야 한다는 것도 알 수 있게 도와준다. 자가진단은 다른 신념체계를 갖고 있는 교사들과 일할 때, 교사리더의 좌절감을 완화시켜줄 수 있다. 그리고 자가진단은 교사리더로서 갖고 있는 역할과 기술들을 성찰하게 해준다. 교사는 다른 교사를 지원하고 지원받을 수 있는 방법을 알아내기 위해 자신과 동료의 전문성 수준을 알아야 한다. 무엇보다 자신과 동료의 전문성 발달 단계에 대한 이해는 교사리더로 하여금 자신과 동료를 더 잘 이해하게 해준다. 이러한 방법으로 교사리더는 동료교사를 가장 잘 도울 수 있는 방법을 찾아낼 수 있을 것이다. 교사가 자신에 대한 정보를 갖게 되면, 동료에게 자신이 어떤 인상을 주고 있는지에 대해 더 마음 편하게 질문할 수도 있을 것이다.

다음으로, 교사리더는 자신이 이끌고자 하는 변화하는 학교(학교문화)를 더 잘 이해함으로써 효과적인 리더십을 발휘할 수 있다. 교사는 종종 자신의 학급, 학년 그리고 교과목에 대해 가졌던 좁은 관점으로 더 넓은 차원의 리더십 역할을 수행하려 한다. 교사리더에게 필요한 질문은 '나는 어디에 있는가?'이다. 교사는 자신의 학교문화를 성찰하고 분석함으

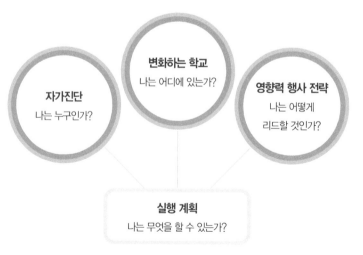

〈그림 3.2〉 교사리더십 개발 모형

로써 더 많은 이익을 얻을 수 있다. 교사는 교사리더십에 대한 개념을 정립하고 난 후 자신이 실현시키고자 하는 학교개혁에 교사리더십이 어떠한 역할을 할 수 있을지 고민할 필요가 있다. 교사리더십 수행을 지지하거나 방해하는 요인이 무엇인지를 아는 것은 리더십 수행에 통찰력과 방향감을 갖게 해준다. 예를 들면, 학교가 개혁을 시도할 때 갈등은 자연스러운 현상인데, 이때 갈등상황에 있는 사람들이 선호하는 행동에 대해 완벽하게 파악하고 있으면 학교개혁을 시도하는 교사들이 어려운 상황을 잘 극복하는 데 훨씬 효과적인 도움을 줄 수 있다. 자신이 리더십을 발휘하고 있는 학교상황을 좀 더 거시적 관점으로 파악하고 있는 교사들은 자신의 학교뿐만 아니라 교육청, 주 그리고 국가단위의 시각으로 개혁을 바라보게 된다.

셋째, 교사들은 다른 사람에게 영향력을 행사하는 전략을 개발한다. '내가 어떻게 다른 사람들을 이끌 것인가?'라는 질문에 답할 수 있는 교사는 일상적으로 활용할 수 있는 구체적 리더십 전략과 기술을 이미 갖추고 있다고 볼 수 있다. 학교개혁을 시도하는 교사들이 리더십이란 많은 지식을 갖고 전문가로서 행세하는 것이 아니라는 것을 인식하는 것은 매우 중요하다. 교사리더는 리더십을 촉진하는 기술을 통해 집단을 이끄는 방법을 익힘으로써 회의를 효과적으로 진행하고, 학년, 팀 그리고 학교 차원에서 업무를 성공적으로 완성시킬 수 있다. 리더가 되고자 하는 교사는 경청은 다른 사람의 말을 단지 듣는 것 이상이라는 것을 알아야 한다. 동료와의 효과적인 의사소통을 위해 요구되는 기술에는 다른 사람에게 관심 보이기, 자신의 생각을 공유하기 전 다른 사람의 관점을 이해하는 시간 갖기 그리고 다른 사람이 하는 말의 행간 읽기 등이 있다. 교사리더가 다른 사람들과 성공적으로 상호작용하기 위해 반드시 필요한 기술은 서로 간의 차이를 다루는 기술이다. 이러한 상황에 적용하기 위해 교사가 알아야 할 기술에는 차이 인정하기, 자신의 관점 드러내기 그리고 다른 사람의 관점을 이해하고 포용하기 등이 있다.

끝으로 리더십 개발 모델의 마지막 요소인 실행 계획은 적용 단계의 학습을 하게 하는 것이다. 즉 우리 학교에서 '나는 무엇을 할 수 있을까?'라는 질문에 답할 수 있게 만드는 것이다. 새로운 지식, 기술 그리고 태도를 적용, 실행하게 하는 것은 교사리더에게 매우 중요한 리더십 개발 경험이다. 자신의 성장을 위해 기획 단계에서 매우 중요한 것은, 변화가 필요한 부분에 대한 인지, 관련 정보 모으기, 대안 및 연구물 탐색 그리고 끝으로 변화를 위한 목표 설정과 전략 수립 등이다. 이러한 것들은 교사리더가 자신이 익힌 기술을 행동으로 옮겼을 때에만 의미가 있다. 학교에서 새로운 기술을 익히고 그것을 적용하지 않는다면 아무 소용이 없다. 교사리더는 모든 학생을 위한 학교 변화를 위해, 자신의 리더십기술을 활용하기 위해 노력해야 한다. 이것이 교사리더십이 추구하는 목적이다. 교사가 자신의 학급과 학교에서 새로 익힌 리더십 지식과 기술을 적용하려고 할 때, 그 성공 여부는 교장과 동료교사의 지원에 달려 있다. 다른 기술들과 마찬가지로, 리더십기술도 또한 교사가 실행하고, 피드백을 얻고 그리고 발전시켜 나가야 성공할 수 있다.

리더십 개발 과정은 우리가 제시한 모델처럼 일련의 과정으로 일어나지 않는다. 그리고 교사들이 많은 리더십 지식을 익히게 된다면, 타인과 일하면서 겪는 좌절은 혼자가 아닌 함께 극복해나가야 할 일임을 알게 될 것이다. 리더십은 사람들이 서로 관계를 구축하고 함께하는 역량을 키워 목표를 달성하는 것이다. 이러한 과정은 단순하면서도 매우 복잡하다. 교사의 전문성 개발 과정 참여는 교사에게 자신감 고취, 교수능력 및 업무 태도 향상이라는 긍정적 효과를 가져다준다. 또한 교사의 지식과 관점을 확장시켜 준다(O'Connor & Boles, 1992). 교사리더가 리더십기술을 배울 기회를 갖지 못한다면 교사의 지도력은 위기에 처하게 될 것이다.

교사리더 개발을 위한 장기적 전략을 수립하라

학교의 변화를 주도할 교사를 양성하고자 한다면, 교사를 리더로 개발할 수 있는 학습기회를 장기적 관점에서 제공해야 한다. 전문성 개발의 성공은 교사가 자신을 위한 최적의 학습 기회를 적극적으로 요구하고, 효과적으로 동료교사의 성장을 도울 수 있을 때 가능하다고 한다. 교사리더 개발을 위한 장기적 전략은, (1) 대학의 예비교원 양성 단계에서 리더십 잠재성에 대한 이해, (2) 교직 초기에 활용할 수 있는 자가진단(이것은 교사로 취직한 직후에 자신을 평가하고 교사리더로 성장하는 데 필요한 전략을 짜는 데 도움을 제공함), (3) 숙련된 교사리더들의 성장을 위한 지속적 학습과 지원 제공 등이 포함된다. 교사리더십 개발 모형은 모든 수준의 리더십 개발을 위한 기본틀로 활용될 수 있다. 교사리더가 성공하기 위해서는 리더십 개발뿐만 아니라 인간관계능력, 상황판단능력 그리고 타인에게 영향력을 행사할 수 있는 노련함이 요구된다.

이어질 4장에서는 교사리더의 독특성, 세대 차 그리고 교사리더가 되는 것을 주저하는 교사의 특성에 대해 알아본다. 5장에서는 교사리더십이 성공하기 위해 필요한 학교여건들을 탐색하며, 6장에서는 교사리더가 교수능력과 학생성과 향상에 영향력을 행사하기 위해 갖춰야 할 기술과 전략에 대해 살펴본다.

교사리더 전문성 개발을 위한
교육현장 담당자별 장기 전략

교사

1. 효과적인 전문성 개발에 대해 더 많이 공부한다. 전미 교원 전문성 개발 위원 회 웹사이트(www.nsdc.org)를 방문해본다.

2. 많은 전문성 개발 도구와 전략들을 탐구한다. 비판적 친구 그룹, 멘토링, 온 라인 학습, 비디오 분석, 오리엔테이션 프로그램, 교실 순시, 연구모임, 전문 적 학습공동체, 협력적 기획 등과 같은 전문성 개발을 위한 효과적 방법들을 조사하고 더 공부한다.

교장

1. 만약 자신이 현재의 학교를 떠나거나 다른 곳으로 이동하게 된다면, 현재 진 행 중인 해당 학교의 개혁 노력을 어떻게 유지시킬 수 있을지 생각해본다. 그 동안 교사들과 함께 노력해 온 주요한 교육개혁을 유지시키기 위해 자신은 교사들의 리더십을 어떻게 개발시키고 있는가? 자신이 학교를 떠나게 된 불 가피한 상황에 대비해 교사리더들을 어떻게 준비시킬 것인가?

2. 학교나 교육청에서 교사리더 양성과 개발의 지지자가 된다. 교사리더의 선

정, 장기적 리더십 개발 계획에 교사리더의 참여 그리고 리더십기술에 대한 현장체험 기회 제공 등을 어떻게 할 것인지 생각해본다. 교사들이 리더로 성장해나갈 때 그들의 가치를 어떻게 인정하고 보상할지 생각해본다.

교육감과 교육청 행정가

1. 신규교사에 대한 입직 교육, 교직원들에 대한 전문성 개발 그리고 평가와 관련된 해당 교육청의 인력관리정책들을 검토한다. 현재의 전통적, 관료적 관점에서 시행되고 있는 이러한 정책들을 어떻게 협력적이고 교사들의 리더십을 잘 활용하는 방식으로 바꿀 수 있을 것인가?

2. 교사를 위한 전문성 개발이 어떻게 계획되고, 시행되고 그리고 평가되고 있는지 검토한다. 어떻게 하면 전문성 개발이 더 체계적, 장기적, 집중적인 방식으로 그리고 참가자들을 기획에 참여시키는 협력적인 방식으로 이루어질 수 있을지 생각해본다.

대학교수

1. 교사양성 프로그램 교육 과정에 교사리더십에 대한 인식, 리더십기술 개발 그리고 교사리더들을 관찰해볼 수 있는 인턴십 과정 개설 등을 포함시킬 방법을 연구한다.

2. 학교리더들과 함께 교수들은 실행연구팀, 학교리더십위원회에 참여하게 하

거나 멘토나 코치로 활동하게 할 방법들을 검토한다. 교수들로 하여금 이러한 경험으로부터 대학의 교사 양성 프로그램과 교육 과정을 개선하는 데 도움이 될 만한 자료를 어떻게 수집하게 할지 생각해본다.

교사리더로서
자신과 타인에 대한 이해

교사리더는 동료들과 성공적으로 협업하기 위해 다른 사람들과 함께 일하는 법을 알아야 한다. 학교는 부서별, 조직별, 교과별로 분화되어 있기 때문에 다른 사람들과 함께 일하는 경우가 드물다. 다양성을 잘 다루는 교사리더는 다른 사람들의 관점을 이해하려고 노력해야 하고, 노련한 교사리더는 갈등을 겪고 있는 사람들을 불러 모아 함께 의사결정을 하고 문제를 해결하도록 도와주어야 한다.

> 강점과 약점을 이해하는 것은 서로를 받아들이고,
> 나아가 협력의 잠재성을 극대화시키는 첫걸음이다.
> 구성원들의 개성을 소홀히 하는 조직은 비효과적이어서 결국 실패하고 말 것이다.
>
> **빌 페리터**(Bill Ferriter) 6학년 교사리더

우리는 지난 30년 동안 같이 글을 쓰고 다양한 리더십 관련 일을 함께 하면서, 각자의 노력이 우리가 하고 있는 일의 성공에 기여하고 있음을 알게 되었다. 우리는 서로의 강점을 잘 활용하고 서로 부족한 부분을 보완해주고 있었던 것이다. 우리는 서로 약점을 잘 알고 있음에도 불구하고 여전히 관계를 유지하고 있고, 자신에게 정직해도 된다는 사실을 일찍이 깨달았다.

교사리더의 성공에 있어 자기인식은 매우 중요하다. 교사들을 리더로 발전시키는 일을 하면서, 자신에 대한 이해는 다른 사람들과 관계를 구축하고 일을 효과적으로 처리하는 데 도움이 된다는 사실에 대해 다른 사람들도 동의한다는 것을 알 수 있었다. 교사리더로 성공하기 위해, 그

들은 자신과 동료들의 일하고, 공부하고, 변화하는 방식에 영향을 끼치는 요인을 인식할 필요가 있다. 외부 상황요인도 이들에게 영향을 주기는 하지만, 그들의 행동 변화는 기본적으로 내부에서 이루어지기 때문이다.

하그리브스와 풀란(Hargreaves and Fullan, 1996)은 "가르침은 살아온 삶이 반영된 교사들의 성향과 밀접하게 연관되어 있다"고 말한다(p. 25). 그들의 독특한 성향은 일을 대하는 태도와 리더십 역할을 어떻게 수행할지에 영향을 준다. 리더십 역할을 성공적으로 수행하는 데 있어 자가진단은 매우 중요하다. 즉, '나는 누구인가?'라는 질문에 답하는 것은 교사가 리더로 성장하는 데 있어 매우 의미 있는 과정이기 때문이다(그림 4.1). 자가진단 결과에 관심을 갖고 배우고자 하는 교사리더는 그것이 자신의 전문성과 인성 발달 측면에 도움이 된다는 사실을 알게 될 것이다.

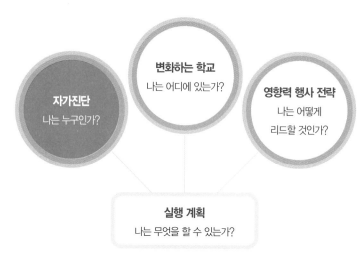

자가진단
나는 누구인가?

변화하는 학교
나는 어디에 있는가?

영향력 행사 전략
나는 어떻게
리드할 것인가?

실행 계획
나는 무엇을 할 수 있는가?

〈그림 4.1〉 자가진단

교사리더는 다른 사람을 이끌기 전, 그들이 먼저 자신을 이해해야 한다. 교사리더 자가진단 측정도구(3장 참조)의 척도 중 하나는 교사리더의 자아인식(self-awareness)이다. 자아인식 척도의 항목들은 자아인식이 있는 교사는 다음과 같은 행동을 보여줄 것이라고 이야기한다.

·교사와 리더로서 우리의 강점과 발전에 필요한 부분을 진단한다.

·우리의 행위, 가치 그리고 철학을 인식한다.

·우리의 행위가 우리의 가치와 철학에 부합한지 스스로 모니터링한다.

·피드백을 구하고 활용한다.

·자신의 행동을 살피고 개선을 요하는 부분에 대해 성찰한다(Katzenmeyer & Katzenmeyer, 2004).

교사리더가 성장함에 따라, 자신뿐만 아니라 다른 사람의 성장과 발달에 관심을 갖게 되는데, 이때 다음과 같은 행동을 보이면서 자신의 영향력을 확장하고 싶어 한다.

·다른 사람들과의 관계와 신뢰 구축하기

·피드백을 통해 영감을 주고 배울 수 있는 기회 제공하기

·저항하거나 까다로운 동료 다루기

·동료에게 일상적 업무 이외의 과제 위임하기

·지속적인 학습자로서의 모습 보여주기

· 동료들의 멘토, 코치 그리고 카운슬러로 활동하기

자가진단활동을 동료들과 함께 해봄으로써, 교사들은 동료들이 서로 다른 가치, 신념, 관심, 철학 그리고 행위를 갖고 있을 수 있다는 점을 알게 된다. 교사리더는 동료가 자신의 신념을 공유하지 않는다고 좌절하기보다는, 마음 맞는 동료와의 관계를 넘어 전문적 학습공동체에 있는 다양한 집단의 사람과 함께할 수 있는 기술을 개발할 수 있게 된다. 교사리더의 차이에 대한 이해와 다양한 관점을 소중히 여기는 능력은 그들로 하여금 다양성에서 오는 이점들을 활용하게 한다.

교사의 독특성

학교마다 변화가 일어나는 동안, 각각의 교사는 더 다양한 변화들을 경험하게 된다. 교직원은 교수법, 교육철학, 세대 간 요구, 직업관, 인간관계 성향, 성인발달 단계 그리고 개인적 삶이 다른 사람들로 구성되어 있다. 이 장에서 우리는 이러한 차이를 살펴보고자 한다. 다양한 사람과의 관계에서 좌절감을 덜 느끼면서 더 효과적으로 일하기 위해, 우리는 이러한 차이를 알고 이해할 필요가 있다.

〈그림 4.2〉 교사의 독특성에 영향을 주는 요소들

전문적 교수법

교사가 동료로부터 리더로 인정받기 위해서는 먼저 자신의 학급 학생들을 성공적으로 잘 지도해야 한다. 유능한 교수능력은 학급의 학생들을 효과적으로 지도하고 동료 및 교육행정가로부터 신뢰를 얻는 데 반드시 필요하다. 교수 전략을 단지 교수·학습 지도안만을 보고 습득하기는 어렵다. 교사가 효과적인 교수법을 구사한다면 그것은 바로 그가 높은 수준의 교수기술 발달 단계에 있음을 의미한다. 어떤 교사가 교수기술이 부족하다면, 그는 생존 단계에 있는 것이다. 이 단계에 있는 교사는 교실을 넘어 리더십을 발휘하기 전에 먼저 학급경영 관련 전문성을 개발시켜야 한다. 〈교사리더 자가진단〉 측정도구에서 이와 관련된 행동을 언급한 설문 영역은 교수 효율성과 리더십 관련 부분이다. 즉 교사리더는 학생과 동료에게 가장 효과적인 학습의 기회를 제공하는 전문적 지식과 기술을 갖고 활용한다는 것이다.

자신의 능력에 자신 있는 교사는 동료와 협업하기를 원한다. 그들은 새로운 교수 전략을 찾고 흔쾌히 자신의 교수법에서 부족한 부분을 드러낸다. 일반적으로 동료로부터 존경받는 교사는 이처럼 정직한 태도로 교수 전략을 찾는다. 많은 교사들은 결국에는 그들이 찾는 물음에 대한 답을 스스로 찾아야 한다고 느끼는데, 그것은 바로 그들이 교사이기 때문이다. 그러나 교수(teaching)는 불확실하고 복잡한 기교의 영역이다(Cochran-Smith & Lytle, 2006). 존경받는 유능한 교사도 교수기술과 관련해 어려움을 느끼고 있다는 사실을 알게 되었을 때, 다른 교사들도 이러한 부분에 대한 좌절감이 자신만이 느끼는 감정이 아님을 인식하게 된다.

어느 교사는 한 교사리더를 다음과 같이 기술한다.

"그녀는 먼저 학생들을 잘 지도한다. 그녀는 항상 조용하고 지원적이며 열정적이고 믿음이 가는 모습을 보이며 교수내용과 교수방법에 대해 잘 알고 있는 것처럼 행동한다." 교사들은 자신의 교수능력에 자신감이 들면, 그들은 이제 교실 밖 다른 사람들과 공유하고 싶어 한다. 어떤 교장은 다음과 같이 이야기한다. "내 생각에, 교사가 받을 수 있는 최고의 찬사는 동료교사로부터 도움을 요청받는 것이다."

교육철학

더 심오한 교수내용, 효과적 교수법 그리고 학생들의 학습지도 방식 등에 대한 사회의 많은 요구들은 교사들로 하여금 자신의 교육철학을 되돌아보게 한다. 사익스(Sykes, 1999)는 "교육개혁의 성패는 조직 및 교육과정 개혁에 대해 교사가 품고 있는 마음(교육철학)에 달려 있다"라고 이야기한다. 왜냐하면 교사의 교육철학은 교육개혁을 어렵게 만들 수도 있기 때문이다.

예를 들면, 교사의 교육관은 학창시절 자신의 경험에 기초할 수도 있다. 교사들은 학창시절 성공적이었던 때를 생각할 수 있다. 전통적 교육방식이 그들에게 좋았다면 그들이 학교 교육에 대해 다른 것을 생각하는 것은 쉽지 않다. 학교개혁은 교사가 과거의 긍정적 경험들로 인해 갖게 된 가정들에 대해 의문을 던지게 한다. 만약에 그들이 개인 간 학점 경쟁에서 좋은 성적을 얻었다면 협력학습을 받아들이는 것이 쉽지 않을 것이다.

교사가 갖고 있는 가정들은 자신의 의사결정과 다른 사람을 어떻게 지도할 것인가에 영향을 준다. 이전에 우리는 교사리더에 대한 우리의 가정들(2장 참조)을 살펴봤다. 이와 유사하게, 교사도 교수현장에 자신의 가정들을 가져온다. 그러나 교사가 자신의 가정을 검토해보고 자신의 교수행위와 그 가정을 비교해볼 기회는 거의 없었다.

리틀(Little, 1993)은 교사리더가 학교혁신의 기저에 있는 가정들을 확인하고, 자신이 갖고 있는 교육철학과 일치하는지 여부를 살펴볼 것을 제안한다. 교사들로 하여금 자신의 믿음과 행위를 비교하도록 하는 것 또한 그들로 하여금 자신의 가정을 살펴보게 한다. 예를 들면, "초임교사는 지원을 받아야 한다"라고 말하는 경력교사는 자신의 행위가 자신의 믿음과 일치한다는 것을 알게 된다. 그러면서도 그는 초임교사를 어려운 학급에 배치하는 일에 적극적인 반대를 하지 않을 수도 있다. 우리는 어떤 것에 대한 믿음이 확고하다고 하면서도, 자신의 행동이 자신의 믿음과 다름을 알고 혼란스러웠던 경험이 있을 것이다.

교사리더는 모든 교사가 학칙, 숙제 그리고 우려되는 사안들에 대해 신념을 공유하고 있다고 생각할지도 모른다. 그러나 교사리더는 모든 교사가 함께 공유했다고 생각했던 관점들이 교사들 간에 불일치할 때 깜짝 놀라곤 한다. 교사는 자기가 소속된 학교의 지배적인 가치를 공유하고 있지 못함을 알았을 때 훨씬 더 심란해진다. 학교가 추구하는 주요한 사항은 이상적인 학교미션으로 제시될 수 있지만, 그것의 실행은 학교미션을 위반할 수도 있다. 이러한 불협화음이 해결될 때까지, 교사리더는 학교의 공동목표를 향해 일하는 동안 마음이 편하지 않을 것이다. 자신의 미션을 실천하기를 강하게 원하는 어떤 교사는 자신의 가치와 일치하는 학교를 찾아 떠난다.

우리는 교사들이 교수학습에 대한 자신의 신념체계를 검토하도록 하는 전략의 하나로 〈참고자료 A〉에 있는 〈교육철학 목록〉이라는 측정도구 사용을 권장한다(L. M. Zinn, 1996). 측정도구에 있는 소제목들을 처음에 접한 교사들은 자신이 교사 교육 프로그램에 다닐 때의 기억을 되살리며, '상아탑'에서나 논의되는 이론들을 논의하게 될 것 같다고 이야기한다. 측정을 마친 후, 교사들은 서로 측정점수를 비교하고, 서로의 교수법과 교육관 등에 대해 논의한다.

세대 차이

각 세대는 자신들의 과거와 현재의 상황에 영향을 받는다. 교사도 다른 전문직에 소속된 사람들처럼 서로 비슷한 요구(needs)를 갖고 있다. 베이비붐세대(1946–1964년 생)가 은퇴시기에 들어섬에 따라, 두 그룹의 새로운 세대가 교직에 들어오고 있는데, 그들은 서로 다른 요구와 기대를 갖고 있다. X세대 교사(1965–1980)와 Y세대 또는 밀레니얼세대(1981–1999)의 교사들은 일과 직장에 대해 서로 다른 가치, 믿음 그리고 관점을 갖고 있다.

오늘날 극소수의 신규교사만이 교직에 평생 근무한다. 대부분은 교직을 잠깐 탐색하러 오거나 다른 분야에서 이직해 온 사람들이다. 〈표 4.1〉은 학교가 해결해야 할 난제인 세대 간 차이를 보여주고 있다.

오늘날 학교에서 서로 다른 세대별 요구 사이에 균형을 잡아주는 일은 매우 중요하다. 베이비붐세대 교사는 젊은 세대의 교사들이 자신들과 같은 직업윤리를 보여주지 않을 때 종종 좌절감을 느낀다. 한편, 젊은 교사들은 많은 시간을 학교에서 보냄으로써 자신들의 개인적 삶이 위태로워지는 것에 더 이상 가치를 두지 않는다. 〈차세대 교사를 위한 프로젝트 [Project for the Next Generation of Teachers(www.gse.harvard.edu/~ngt/)]〉

※ 베이비붐세대 (1946~1964년 출생)	· 근면을 통한 성공 · 열정적 이상의 소유 · 장기간의 인내와 노력 · 권력 획득의 정치적 성향 · 낙관주의 · 변화 도모 · 개인주의 · 한 직장에 장기근속 · 직업과 자신의 실체를 동일시
※ X세대 (1965~1980년 출생)	· 자신의 방식을 고집하는 개인주의 · 불만족 시 직업 변경 · 삶의 질 우선 · 삶의 균형 유지 · 직업 및 조직에 대한 충성심 부족 · 유연성 선호 · 미디어 접촉으로 우수한 기술적 재능 보유 · 성장기 폭력과 혼란의 경험으로 지략적일 것을 요구받음 · 가족이나 조직의 영속성 부족으로 인한 회의적 태도 · 의존보다는 자기주도적 행동
※※ Y세대 또는 밀레니얼세대 (1981~1999년 출생)	· 멀티태스킹의 전문가 · 실질적, 실제적이면서 자기신뢰가 강함 · 면대면보다 기술을 이용한 상호작용 선호 · 협력적이고 학습을 위한 전문적, 사회적 네트워크 구축 · 세계 지향적임 · 사회 변혁적임 · 정보를 공유하고 의사결정에 참여하고자 함 · 부모로부터 늘 받아온 긍정적 피드백에 익숙하여 부정적 피드백에는 충격을 받을 것임 · 조직의 다양성을 규범으로 인식 · 팀으로 운영되는 방식의 조직 구조 선호 · 자신감을 보이고 조직의 다양성 선호

출처: ※는 칼슨(Carlson, 2004); 디트만(DittMan, 2005); 그리고 랑카스터와 스틸만(Lancaster and StillMan, 2002)에서 인용함. ※※는 웡과 웡(Wong and Wong, 2007)에서 인용함

〈표 4.1〉 학교에 대한 세대별 요구

와 같은 최근 연구는 현행 교사리더가 갖고 있는 이상적 신념과 적은 보상에도 불구하고 장시간 학교에 남아 근무하는 행태는 새로운 세대를 만족시키지 못할 것이라고 이야기한다. 베이비붐세대 교사들의 은퇴에도 불구하고, 다른 직업으로부터의 교사 유입으로 인해 세대 간 차이는 계속 유지될 것이다. 특정 세대의 일반적 특징으로 모든 개인을 정형화시켜 분류하는 것은 경계해야겠지만, 교사리더는 나이 차가 큰 사람들이나 그런 그룹의 사람들과 일할 때 이러한 정보들을 가이드라인으로 활용할 수 있어야 한다.

교직관

교사는 자신의 교직관에 영향을 받는다. 스토(Staw, 1986)의 종단연구는 청소년기의 개인성향으로 중장년기의 일에 대한 태도를 예측할 수 있다는 것을 알아냈다. 사람들의 직업을 대하는 태도는 오랜 기간에 걸쳐 잘 변하지 않는 것처럼 보인다(Schaubroeck, Ganster, & Kemmerer, 1996). 아마도 사람들의 생각은 그들이 생각하는 것처럼 그렇게 쉽게 변하는 것 같지는 않다. 일에 대한 태도 변화에는 강한 개입이 요구된다. 흔히 중대한 사건은 사람의 생각을 변화시킨다. 예를 들어 어떤 교사가 자기 자녀가 다니는 전통적 학교에서 어려움을 경험했다면, 그 교사는 갑자기 교육개혁 노력의 중요성을 인식하게 될 것이다.

교사의 교직관은 학교 일과 다른 부분의 일 중 어느 쪽에 더 비중을 두고 생활하는지에 영향을 준다. 예를 들면 어떤 교사는 가르치는 일보다는 다른 일을 더 중시한다. 반대로 어떤 교사는 가르치는 일에 사명감을 갖고 더 많은 시간과 열정을 쏟는다. 교사들이 갖고 있는 서로 다른 교직관은 리더십 역할 수행에도 영향을 미친다. 학교 밖 다른 일에 관심이 많은 교사는 자신의 리더십을 단지 자기 학급이나 소수의 동료들에게만 발휘하고 싶어 한다. 반대로 자신의 직업에 소명의식을 갖고 열심히 일하는 교사는 학교에서 리더십을 발휘하는데, 그것은 흔히 업무시간 이외에 추가적인 시간을 요구한다. 학교 발전에 많은 기여를 하고 있는 교사는 흔히 그렇지 않은 교사를 못마땅하게 생각한다. 그러나 교사리더는 모든 교사가 일과 삶에 대해 똑같은 수준의 관심을 갖고 있지 않다는 점을 이해해야 한다.

타인과의 상호작용 성향

교사리더십은 다른 사람과의 빈번한 상호작용을 요구한다. 이러한 측면은 어떤 교사를 불편하게 할 수도 있다. 어떤 리더교사는 우리에게 다음과 같이 이야기했다.

"교직원 토론 중, 나는 나의 생각을 나누는 데 주저하지 않았다. 나는 나의 대범함에 놀랐다. 열린 마음으로 흔쾌히 나누고자 하는 태도는 나에게 있어 큰 변화였다. 주변사람들과의 일상적인 대화 이상의 상호작용을 통해 교사리더는 다양한 아이디어를 다루고 자신의 신념을 이야기한다. 협력적인 업무 환경에서 일하는 교사는 더 효과적일 수 있다. 그러나 이러한 협력이 이루어질 때에도, 일부 교사는 혼자서 일을 처리할 시간을 존중받아야 한다(Crowther, 2008). 어떤 교사는 여러 가지 이유로 혼자서 일하는 것을 선호할 수도 있다. 일반적으로 다른 사람들과의 교류를 통해 에너지를 얻는 사람이 있는가 하면 그렇지 않은 사람도 있다. 교사들은 때때로 그들에게 가장 가치 있게 여겨지는 자원인 시간을 아끼기 위해 혼자 일하고 싶어 하기도 한다.

한편, 다른 사람과 함께 일하는 것을 좋아하는 교사도 있다. 그러나 협업을 지지하지 않는 업무 환경이 있을 수도 있다. 이러한 교사는 학교에서 일어나는 모든 일을 알고 싶어 한다. 때로는 학교에 긍정적인 변화를 불러일으킬 지식들을 알고 싶어 하기도 하지만, 때론 부정적인 결과를 가져올 수 있는 통제를 위한 구실로 활용하기도 한다. 우리가 알고 있는 한 경력교사는 학교의 모든 일에 깊이 관여하고 싶어 했다. 그래서 그는 의사결정 과정에 참여도 하지 않고, 결정된 사항에 불만을 표시하는 교사들을 못마땅해했다. 그는 교사리더는 문제를 만드는 사람이 아니라 문제를 해결하는 사람이 되어야 한다고 믿었다.

한 교사의 성공은 자신의 인간관계 성향과 그것과 잘 부합하는 리더십 역할을 맡았을 때 가능하다. 혼자서 일하기를 좋아하는 교사는 연구 관련 계획서를 수정, 발전시키거나 교육과정을 작성하는 일에 더 관심이 있을 것이다. 이에 반해, 다른 사람과 교류하기를 좋아하는 교사는 코칭, 토론에서 발제하거나 인력관리 개발자가 되는 것에 더 관심이 있을 것이다. 교사는 자신이 하고 싶은 일이 무엇인지를 인식하면서 자신의 스타일에 맞는 리더십 역할이 무엇인지를 명확하게 알게 될 것이다.

성인 발달 단계

사람들은 매일 자신을 성찰함으로써 성장할 기회를 갖는다. 어떤 사람은 발전을 도모하지만, 어떤 사람은 늘 현재의 관점으로 세상을 바라본다. 50여 년 이상 진행된 발달심리학 연구는 아이가 발달의 욕구가 있는 것처럼 어른도 그렇다고 이야기한다. 교사의 발달 단계는 교사의 지도능력뿐만 아니라 학생, 학부모 그리고 동료와의 상호관계에 영향을 준다.

리드우드(Leithwood, 1992)는 세 명의 발달심리학자들의 연구물들을 종합해서 발달 단계를 간략히 보여주는 모델을 만들었다. 〈표 4.2〉는 그의 연구를 수정·보완하여 기술한 것이다.

발달 단계는 잘 정리된 분류로 보이나 성인들은 우리가 예측하기 쉽지 않고 정확하게 분류될 수도 없다. 왜냐하면 우리들은 모두 독특하고 서로 다른 단계에 나타날 행동들을 동시에 보여주기도 하기 때문이다. 다른 다양한 모델들이 있지만, 리드우드(Leithwood)의 모델은 교사의 발달 단계

1단계: 자기방어적 단계(Self-Protective)	2단계 : 순응적 단계(Conformist)
· 규칙에 복종하나, 자신의 것을 얻으려 함 · 대부분의 질문들은 한 가지 답을 가짐 · 들키는 것에 대한 두려움 · 다른 사람을 비난함	· 타인의 기대에 순응하면서 인정받고싶어 함 · 위법 시 죄책감을 느낌 · 개인차를 인정하지 않고 집단과 함께하는 경향
3단계: 의식적 단계(Conscientious)	4단계 : 자주적 단계(Autonomous)
· 다양한 가능성을 인정함 · 규칙에는 예외가 있음을 인정함 · 미래 지향적임	· 완전히 독립적임 · 상호관계성을 이해함 · 타인을 그 자체로 받아들임

출처: Leithwood, 1990에서 인용함

〈표 4.2〉 성인 발달 단계

에 대한 통찰력을 우리에게 제공해준다.

자기방어적 단계에 있는 교사는 정직하고 열린 상호작용이 불편하다고 느낀다. 순응적 단계에 있는 교사는 다른 교사들이 변화를 원하지 않을 경우, 자신도 변화하기를 주저하면서 현 상태를 유지하고 싶어 한다. 이러한 교사들은 소규모 그룹단위의 의사결정을 싫어한다. 왜냐하면, 어떤 문제에 대해 서로 다른 다양한 관점이 있다는 사실을 불편해하기 때문이다. 이와 반대로, 의식적 단계에 있는 교사는 다양한 의견을 하나로 모으는 것을 중요시하고, 학교에서 효과적인 촉진자나 구성원으로 활동한다. 자주적 단계에 있는 교사는 다른 사람의 관점에서 가치를 발견할 뿐만 아니라 교사리더로 활동하면서 다른 사람들의 강점을 찾아준다. 교사들이 성숙해감에 따라, 자신의 문제를 해결하고자 할 때 그들은 점차 전문가에게 덜 의존하게 된다. 대신에 이들은 그들의 문제를 다른 동료와의 협업을 통해 해결한다. 훨씬 더 성숙한 교사는 단순한 문제해결이 아니라 문제해결을 위한 높은 수준의 전략을 찾을 때 전문가를 찾아 나선다.

성인 발달과 성인학습은 매우 복잡한 개념이다. 드라고 시버슨(Drago Severson, 2004)은 일과 삶의 복잡성을 잘 관리하는 방법을 가르칠 계획을 적극적으로 수립할 것을 학교리더에게 권한다(p. 17). 이것은 교사의 학습이 단지 지식을 습득하는 것을 넘어 자신과 학생들에게 일어나고 있는 복잡한 일을 스스로 인지하게 도와야 한다는 것이다. 이러한 과정에서 교사는 학습의 기술뿐만 아니라 자신의 인격적 발달 또한 향상시킬 수 있다.

개인사

교사리더가 될 기회는 모든 교사에게 열려 있지만, 개인이 처한 상황에 따라 그 역할을 수행하지 못할 수도 있다. 교사가 학교 일에 적극적으로 나서고 싶을 때도 있고 때론 책임에서 벗어나 있고 싶을 때도 있는 것처럼, 교사는 개인적으로 전환기를 경험한다. 예를 들면 아이를 키우고 있는 부모 교사나 고령의 부모님을 모시고 있는 경력교사 등은 삶의 균형을 위해 리더십 책임에서 벗어나려 할 것이다. 교사가 학교 정문으로 들어설 때, 한 개인으로서 교사는 동료교사, 행정가, 학생 그리고 교직원으로 구성된 공동체 속으로 들어오는 것이다. 따라서 개인의 삶과 일이 완전히 구분되는 것은 불가능하다. 왜냐하면 '일'과 교사의 삶은 사소한 것까지 밀접하게 연관되어 있어서 이것을 분리하려는 시도는 헛된 일이 될 수 있기 때문이다.

교사리더는 오랜 시간 동안 자신의 학생들을 잘 지도하면서 동시에 학교단위 차원에서 리더십을 발휘한다. 다른 직업의 사람들처럼, 교사도 개인적인 일로 힘든 시간을 보낸다. 교사가 리더십 역할을 수행하면서 사춘기 아이 문제, 가족의 질병, 결혼생활에서 오는 문제, 부업, 지역사회활동 그리고 다른 개인적인 문제들로 힘들어한다. 우리는 흔히 어려운 가정에서 생활하고 있는 학생들을 걱정하지만 교사도 개인적으로 그들과 유사한 문제들을 갖고 있다. 교사가 리더십 역할을 꺼리는 이유가 교사리더십에 대한 관심 부족이 아니라 개인의 삶과 직장 일의 균형을 유지하기 위한 시간을 확보하려는 노력 때문일 수도 있다. 따라서 교사는 자신이 참여할 수 있는 수준에서 리더십 책임을 수행하고 싶어 한다.

진(L. F. Zinn, 1997)은 교사리더십의 촉진과 저해 요인을 연구했다. 그녀가 발견한 저해 요인 중 하나는 개인적 요인인 헌신 부족이었다. 이러한 것들은 다른 동료에게 알리고 싶지 않거나 자신이 리더십 역할을 맡지 않는 것에 대한 오해를 불러일으킬 수 있는 개인적인 문제들이다. 이러한 부분에는 다음의 사항들이 포함될 수 있다.

1. 리더십 책임에 견줄 만큼 비중 있는 가족 관련 책임(예: 위기상황, 육아, 한부모 가정, 노쇠한 부모, 가족의 질병)
2. 개인의 건강 문제
3. 리더십 역할 수행에 대한 가족의 지지 미흡
4. 리더십 수행을 꺼리는 문화적, 종교적 가치(p. 45)

교사리더의 개인적인 삶은 그들로 하여금 리더십 역할 수행을 촉진하기도 하고 저해하기도 한다. 따라서 학교에서 소수의 교사리더에게만 의존하면 학교개혁을 위험에 빠뜨릴 수도 있다. 따라서 이러한 상황에 대비하기 위해, 학교의 모든 교사의 리더십 역량을 구축하는 것이 목표가 되어야 한다. 왜냐하면, 한 교사리더가 개인사로 인해 역할을 수행할 수 없을 경우, 그 역할을 수행할 다른 교사가 있어야 하기 때문이다.

주저하는 교사

　교사리더와 함께 일하다 보면 새로운 교수법을 익히거나 리더십 역할을 맡는 것을 주저하는 교사에 대한 불만을 이야기하는 것을 종종 보게 된다. 이러한 형태의 교사나 리더는 흔히 "만약에… 할 경우에만…"이라는 조건을 단다. 이 장의 앞에서 논의된 요인들은 리더십을 선도하는 교사와 주저하는 교사의 차이를 설명해준다. 도날드슨(G. Donaldson, 2006)에 따르면, 교사리더가 이러한 상황에 접근하는 최고의 전략은 일단 "동료들의 감성적, 인성적 실체를 있는 그대로 인정하는 것이다(p. 131)". 교사리더는 동료의 감성적 실체를 먼저 이해하고, 동료가 갖고 있는 감성과 그가 처한 상황을 배려하는 관계를 구축하려 노력해야 한다.

환멸을 느낀 교사

　대부분의 교사는 교육에 대한 이상적인 꿈을 품고 교직에 들어섰을 것이다. 그러나 변덕스럽고 빈번한 학교개혁에 실망하며 여러 해를 보낸 후, 그들은 변화를 거부하며 스스로를 보호하려고 할 수도 있다. 그런데 왜 그들을 다시 개혁에 참여시켜야 하는가? 그들은 냉소적이지만, 개혁 관련 의사결정 과정에 소중한 자원이 될 수 있기 때문이다. 그들이 협조적으로 바뀐다면, 유행따라 변덕부리는 학교개혁의 중심을 잡아주는 매우 날카로운 지적을 해줄 수도 있다.

현실에 안주하는 교사

교직에 안착한 교사는 세 가지 선택지에 직면한다. 첫째, 변하지 않고 수년간 가르쳐온 방식 그대로 가르치는 것. 둘째, 시대적 요구에 부응하기 위해 교수능력을 신장시킬 지식과 기술을 습득하는 것. 셋째, 자신의 전문성을 신장시키고 학교 차원의 변화에 영향력을 행사하는 것.

자신의 교수법을 그대로 유지하고 싶어 하는 교사는 새로운 교수학습법을 도입하고자 하는 교사리더에게 도전이 될 수 있다.

참여를 거부하는 교사

교사는 언제든 학교개혁에 대한 참여를 거부할 수 있다. 참여를 거부하는 교사에 대한 조치가 성공하기 위해서는 그 조치가 빠르게 이루어져야 한다(Steffy, Wolfe, Pasch, & Enz, 1999). 하지만 그러한 징후를 알아차리는 것은 쉽지 않다. 왜냐하면, 그들은 매우 조용히 지내면서 동료 속에 파묻혀 있기 때문이다. 이 단계에 있는 교사에게 제한된 범위에서 리더십 역할을 수행하도록 하는 것은 그들의 퇴보를 막을 수 있는 좋은 방법이 될 수 있다.

외부 탓으로 돌리는 평범한 교사

학생을 잘못 가르치겠다는 생각을 갖고 학교에 오는 교사는 거의 없겠지만, 학생들을 효과적으로 가르치는 데 필요한 지식과 기술이 부족한 교사들이 있다. 이런 교사들은 학생들이 못할 경우 그 원인을 가난, 가족상황 등과 같은 다른 외부요인으로 돌린다. 이들은 자신의 부족함이 드러날 경우 대체로 방어적이 되고, 지시적 장학을 실시할 경우 형식상 복종하는 모습을 보인다. 하지만 그 학교에는 동일한 학생을 지도해서 성공시키는 교사도 있을 것이다. 따라서 교장이나 교사리더는 이런 일반적인 교사들을 의미 있는 협업활동에 참여시킬 필요가 있다. 예를 들면, 다른 학교의 좋은 교수법을 견학하는 역량 있는 교사 팀에 참여시키거나 능력 있는 교사를 붙여서 함께 코칭하는 것이 좋은 방법이 될 수 있다.

무능한 교사

교사들은 무능한 교사를 처리할 때 딜레마에 빠진다. 무능한 교사는 학생들에게 피해를 줌으로써 교직윤리를 위반하고 있지만, 이들을 퇴출하는 정당한 과정은 매우 부담스럽다. 기소당할 수도 있기 때문이다. 더구나 학교 밖에서 이들에게 가해지는 제재는 거의 없다. 교육청의 교육행정가에게 이런 무능한 교사들에 대해 이야기하지만 아무런 조치를 취해주지 않음에 교사리더들은 화가 나 있다. 무능교사에 대처할 일차적 책임은 이러한 문제를 다루어야 하는 학교나 교육청의 공식리더에게 있다.

다양성 존중

교사리더는 동료와 성공적으로 협업하기 위해 다른 사람들과 함께 일하는 법을 알아야 한다. 학교는 부서별, 조직별 그리고 교과별로 고도로 분화되어 있기 때문에, 다른 사람들과 함께 일하는 경우가 드물고, 심지어 같은 학교에서 근무하는 교사들의 이름조차도 모르는 경우가 있다. 흔히 이러한 경우는 서로 대면접촉이 없는 큰 규모의 중·고등학교에 해당하겠지만 다른 모든 학교에서도 언제든지 있을 수 있는 상황이다. 학교와 지역사회에서 학생 구성의 다양성이 심화됨에 따라 다양성 관련 기술은 교사리더에게 매우 중요하게 인식되고 있다. 다양성을 잘 다루는 교사리더는 자신의 확고한 신념과 가치를 인식하고, 다른 사람의 관점을 이해하려고 노력한다. 노련한 교사리더는 갈등을 겪고 있는 사람들을 불러 모아 함께 의사결정을 하게 하고 문제를 해결하도록 한다.

우리는 교사리더가 다른 관점을 확인하고 이해하는 감수성을 갖추기를 바란다. 이를 위해 먼저 교사리더로 하여금 자신의 학교에서 인지할 수 있는 다양한 교육철학에 관심을 갖게 독려해야 한다. 이렇게 함으로써, 교사들은 그들의 동료와 교육행정가 그리고 학부모들이 갖고 있는 다양한 신념과 가치들에 더 관심을 갖게 된다. 우리는 연구 과정에서 〈교육철학 목록〉(L. M. Zinn, 1996; 참고자료 A 참조)이라는 진단도구가 개인의 교육철학을 진단하는 데 도움이 된다는 것을 알았다. 다른 사람들의 철학에 대한 이해는 학교개혁 과정에서 교사들로 하여금 다른 사람들의 관점을 더 잘 이해하게 해준다. 교사는 다른 신념과 교육적 경험을 가진 사람들과 대화함으로써 효과적으로 함께 일하는 법을 배울 수 있게 된다.

교사는 교육에 대해 각기 다른 관점을 가진 학부모, 학생 그리고 지역

Acknowledge differences.	서로 간의 차이점 확인하기
Disclose values and views.	자신의 가치와 관점 드러내기
Seek to understand and include others.	다른 사람들을 이해하고 포용하기

〈그림 4.3〉 ADS모델

인사 등을 포함한 더 넓은 범위의 이해관계자들과 함께 일한다. 교사리더들은 또한 다양한 문화적, 사회경제적 배경을 지닌 사람들과 함께 일한다. 기본적으로 모든 사람이 동일한 관점을 갖고 있는 학교는 더 이상 존재하지 않는다.

　다른 관점을 지닌 사람에게 접근하는 기술을 배운 교사리더는 더 잘 협업할 수 있다. ADS모델(그림 4.3)은 교사리더가 차이가 존재하는 상황에서 능숙한 커뮤니케이션을 하는 데 도움을 준다. 교사리더는 차이를 무시하기보다는 먼저 차이를 확인하고 인정하는 자세를 배워야 한다. 예를 들면, 영어과와 사회과는 성적처리에 대해 서로 다른 관점을 가질 수 있다. 또는 학교혁신팀의 공동체 리더가 그 팀의 어떤 교사와 생각이 다를 수도 있다. 교사리더는 정직하고 열린 마음으로 자신의 가치와 관점을 드러내는 법을 배워야 한다. 예를 들면, 진보적인 철학을 가진 교사는 동료에게 특수교육에 대한 자신의 진보적 사고를 드러낼 수 있으며 인본주의 철학을 지닌 교사는 주단위 시험 프로그램에 대해 자신의 생각을 드러낼 수 있다.

　끝으로, 교사리더는 이해하고 포용하려는 노력을 해야 한다. 개인이 지닌 다양성을 존중하는 자세는 교사리더가 성공하는 데 꼭 필요한 요소이다. 우리의 경험상, 교사들이 협업할 때 ADS모델을 활용하는 것이 능력 향상에 도움이 된다. 교사가 개혁을 시도하는 다양한 환경을 고려할 때, 이런 기술은 교사리더가 배워야 할 유용한 도구이다.

교사리더십, 개성이 존중되는 학교에서 성공한다

교사리더들과 함께한 그동안의 우리 경험에 따르면, 자가진단은 자신을 이해하는 정도에 머물러서는 안 된다. 의미 있는 학습이 되려면, 그들이 자신의 동료 간 관계를 어떻게 바라볼 것인가를 생각하는 단계까지 나아가야 한다. 동료 간에 존재하는 차이를 인정하고, 다양성은 매우 중요한 가치라는 점을 이해해야 한다. 우리는 이러한 차이를 인정하는 것뿐만 아니라 다른 사람을 더 잘 이해하기 위해서 자신의 생각을 드러내는 것이 중요하다는 점을 강조하고 싶다.

교사리더는 자가진단을 통해 다른 사람들과의 차이점과 유사점을 예견할 수 있다. 협업할 때 이러한 정보를 효과적으로 활용할 수 있다. 여기서 나오는 통찰력은 교사리더로 하여금 자기 자신을 더 잘 이해하게 해준다. 그들은 흔히 다양한 사람들과의 생산적인 관계를 위해서 자신의 행동을 바꿀 수 있는 것이 성공적인 리더십을 발휘할 수 있는 올바른 태도라고 이야기한다. 교사리더가 다른 사람의 관점을 이해한다는 것은 동료의 독특함을 존중한다는 것이다.

교사들이 근무하는 학교 환경에 대한 관심도 필요하다. 학교가 학생과 교직원에게 풍부한 학습 환경을 제공하고 있지 않다면, 교사리더십은 활성화되지 못할 것이다. 이 장에서 논의한, 개인의 독특함이 존중되는 학교라면 교사들은 기꺼이 직책을 떠맡으려 할 것이다. 모두를 위한 혁신이 성공하려면 학교가 먼저 교직원의 성장과 발전을 위한 건강한 학교 환경을 제공해야 한다. 5장에서는 교사리더십을 지지하는 학교문화에 대해 논의할 것이다.

★ ★ ★

평범한 교사를 교사리더로 참여시키는
담당자별 맞춤 전략

교사

1. 자신의 리더십 행위에 대한 이해를 증진시킨다. 이를 위해 다양한 접근법을 활용한다. 예를 들면, 일지를 쓰거나 자신의 행동과 성과에 대해 성찰한다. 또는 자신의 동료와 함께 일하는 교장이나 신뢰하는 교육행정가들에게 자신의 리더십 행위에 대해 피드백을 요구한다.

2. 학교에서 교수학습 개혁에 동참하기를 망설이는 교사를 찾아낸다. 이러한 교사들을 분석하는 데, 〈교사의 독특성에 영향을 주는 요소들〉(그림 4.2)을 활용한다. 어떤 요인이 이 교사의 참여도에 영향을 주고 있는지 살펴본다. 이 교사의 열정을 다시 불러일으켜, 학교개혁에 동참하도록 하는 데 자신은 어떤 일을 담당할 수 있을지 모색해본다.

교장

1. 학교 교사들을 세대 차에 따라 구분하는 분류표를 만든다. 구성원 간 세대 차를 줄이고 신입 및 경력교사가 주기적으로 협력하고, 서로 다른 관점을 통해 이익을 얻는 문화를 창출할 전략을 생각해본다.

2. 학교의 요구와 이에 적합한 리더십을 갖춘 교사를 결합시킨다. 아직까지 자신이 발견하지 못한 기술과 재능을 지닌 교사가 있는지 점검해본다. 교수학습을 개선하기 위해 그들이 기여할 수 있는 부분에 대해 교사들과 논의한다. 각 구성원의 리더십 역량에 대한 이해를 높이기 위해 노력한다. 한 교사에게 역할을 자주 맡기는 것을 지양하고, 교직원 중 리더십에 잠재력을 지닌 교사를 발굴하기 위해 노력한다.

교육감과 교육청 행정가

1. 교사리더십과 그 잠재력을 이해하도록 교장들의 역량을 신장시킨다. 교장들에게 교사리더의 역할을 기술하게 하고 교사리더십 지원을 위한 교육청 차원의 계획에 관심을 쏟도록 요청하며, 또한 교사리더십이 단위학교에서 어떻게 작동되는지에 대해 논의하게 한다.

2. 공식, 비공식적 리더가 되기를 원하는 교사의 전문성 개발에 교육청의 자원 활용을 고려한다. 효과적인 전문성 개발 프로그램은 교사들이 학교현장에서 리더십을 실행하면서 코치나 멘토로부터 좋은 피드백을 받고, 시간과 자원 그리고 격려를 받을 기회들을 제공받는 것이다.

대학교수

1. 교원 양성 프로그램이나 과정에 자가진단의 기회를 포함한다. 이를 통해 예비교사들이 자신의 의사소통 스타일, 개인의 특성 그리고 리더십 스타일에 대

한 정보를 얻도록 한다. 학생들로 하여금 교직에 입문하는 과정 중에 자기평가 정보에 대한 포트폴리오를 지속적으로 작성하도록 한다.

2. 교육청이 직면하고 있는 교사 충원 시 난제나 요구사항들을 이해하기 위해 교육청과 협력한다. 교육청과 파트너십을 구축하고 자신을 학교 변화를 위한 리더로 인식할 수 있는 교사를 양성하기 위해 함께 노력한다.

5

교사리더십을 지원하는
문화 구축

BUILDING A CULTURE THAT SUPPORTS
TEACHER LEADERSHIP

교사리더십의 성공 여부는 그것이 발휘되는 환경에 달려 있다. 성공한 학교리더들은 교사리더십을 중요시하고, 교사리더가 성공하는 데 필요한 것을 적극적으로 지원한다. 교사리더십을 지원하는 환경을 제공하는 학교들은 교사리더십 구축에 필요한 주요한 자원에 주목한다. 교직원 간 관계를 구축하는 데 많은 노력이 이루어져야 하고, 학교조직이 재구조화되어야 하며, 특별히 교장의 협조가 절대적으로 필요하다.

교사를 리더로 성장시키는 가장 중요한 요인 중의 하나는 학교상황(학교문화)이다. 교사 개인의 성향, 신념 그리고 기술들도 물론 리더로서의 능력에 영향을 주지만, 교사를 리더로 성장시킬 수 있는 가장 중요한 요인은 바로 학교상황이다. 역량 있는 교사리더가 좌절감을 느낀다면, 그 원인은 학급 일에 있는 것이 아니라 그들이 일하고 있는 조직에 있을 가능성이 높다. 교직 희망자가 감소하는 원인은 단지 교원이 양성되는 방식이나 교사를 소외시키는 학교 환경에만 있는 것은 아니다. 그들이 교사 교육 프로그램을 어디에서─일반대학이든 다른 대안적 양성 프로그램이든─받았는지와는 상관없이 교사가 교직을 떠나는 이유는 고립감, 무력감 그리고 교직에서 아무런 의미를 찾지 못하는 데 있다.

피터슨과 딜(Peterson & Deal, 1998)은 문화를 "사람들이 함께 일하고 문제를 해결하고 도전하는 과정에서 오랜 시간에 걸쳐 내면화된 규범, 가치, 신념, 전통, 의식의 기저"라고 정의한다. 학교 내 좋은 문화는 교사리더십을 권장하고, 이는 학생들의 학업성취도 향상으로 이어진다(Anderson, 1992).

일찍이 1990년대 중반, 여러 연구결과들은 협력적 문화를 지닌 학교가 학생들의 학업성취도를 실질적으로 향상시킨다는 것을 확인해주었다(Newmann & Wehlage, 1995). 오늘날 학교에 전문적 학습공동체 구축이 강조되고 있는데, 이는 학생과 교직원들의 학습을 지원하는 문화를 구축하기 위한 것이다.

우리의 교사리더십 모델에서 "나는 어디에 있는가?"(그림 5.1)라는 부분은 교사가 리더십을 발휘하는 상황에 주목한다. 학교상황이 교사의 변화 노력을 지원하지 않는다면, 교사리더는 다른 사람들에게 영향력을 행사할 수도 없고 생각한 것을 실행할 수도 없을 것이다.

이 장에서 우리는 학교문화의 중요성과 학교상황이 교사리더의 학교개선 노력과 학생들의 학업성취도 향상에 어떤 영향을 주는지 자세히 살펴볼 것이다. 먼저, 우리는 교사리더십이 성공한 학교에서 나타나고 있는 일련의 학교문화 관련 요인을 제시한다. 두 명의 열정적 교사리더에게 실시한 인터뷰를 통해, 우리는 이러한 차원이 실제 리더십 발휘 현장에서 방해 또는 촉진 요인으로 어떻게 작용하고 있는지 사례를 통해 보여줄 것이다.

〈그림 5.1〉 학교상황

다음으로 우리는 교사리더십을 지지하는 문화를 만드는 데 중요한 세 요인들-(1) 동료교사와의 관계, (2) 학교조직의 구조, (3) 교장의 역할-을 살펴볼 것이다.

학교문화 차원

우리는 대학에서 일하면서 예비교사와 접촉할 기회를 많이 가졌다. 그들은 또래보다 나이가 좀 있는 사람들이거나 다른 직장에서의 풍부한 경험을 갖고 교직에 들어오고 싶어 하는 사람들이었다. 우리는 학생들을 변화시키면서 장차 교사리더로서 활동하기를 희망하는 그들이 갖고 있는 에너지와 열정에 놀랐다. 우리는 예비교사들과 함께하면서, 그들이 근무하고 있거나 교사리더로 활동할 수도 있는 학교를 자세히 분석하도록 했다.

그들이 리더십을 발휘할 수 있는 건강한 학교문화를 가진 학교를 선택하는 데 도움을 주고자 우리는 다음과 같이 학교문화 관련 요인들을 제시한다. 교사리더십을 위한 이러한 요인들(Katzenmeyer & Katzenmeyer, 2005)에는 다음과 같은 것들이 포함될 수 있다.

전문성 개발 중시(Development Focus) : 새로운 지식과 기술 습득에 지원을 받고, 동료들의 학습을 돕도록 권유받는다. 교사는 필요한 지원, 안내 그리고 코칭을 제공받는다.

인정(Recognition) : 자신이 하고 있는 일과 기여에 대해 인정을 받는다. 교사들은 상호존중과 배려의 마음을 갖고 있다. 일처리를 효과적으로 잘했을 경우, 축하받는 의식이 있다.

자율성(Autonomy) : 변화와 혁신에 적극적으로 나서도록 권유받는다. 그러한 노력을 방해하는 장애물은 제거되고, 필요한 자원을 제공받는다.

협력(Collegiality) : 수업 및 학생 관련 일을 할 때 서로 협력한다. 협력활동의 예로는, 교수법에 관한 논의, 학습자료의 공유 그리고 동료교사 간 수업 참관 등이 있다.

참여(Participation) : 주요한 의사결정에 적극적으로 참여하고 의견을 낸다. 부서의 장, 팀 리더 그리고 다른 주요한 리더 선정에 참여한다.

개방적 의사소통(Open Communication) : 효과적인 학교 운영을 위한 정보를 개방적이고 투명한 방식으로 서로 주고받는다. 학교에서 무슨 일이 일어나고 있는지 늘 알고 있다. 편한 마음으로 자신의 의견과 느낌을 서로 나눈다. 일이 잘못되었을 때 비난받지 않는다.

우호적인 학교 환경(Positive Environment) : 학교의 업무 환경에 대체적으로 만족한다. 동료교사, 학생, 학부모 그리고 관리자로부터 존경받는다는 느낌을 갖고 있다. 학교가 효과적인 행정리더십을 갖추고 있다고 생각한다.

최근 우리는 두 명의 교사, 사라(Sara)와 앤서니(Anthony)를 인터뷰했는데, 우리는 그들이 학부생일 때 만났다. 사라는 대학의 교사 양성 프로그램을 통해 바로 교직에 들어왔고, 앤서니는 다른 일을 하다 중년에 교직에 들어와 지금은 다른 인증 자격증을 따려고 하는 교사이다. 현재 그들은 신규교사로 일하고 있어서, 우리는 그들이 일하고 있는 학교의 서로 다른 문화를 알고 싶었고, 그러한 문화가 그들과 그들이 하는 일 그리고 교사리더로서 활동하고자 하는 열망에 어떠한 영향을 끼치고 있는지 알고자 했다.

다음의 대화는 서로 확연하게 다른 학교문화 속에서 이들이 위에서 언급한 문화적 요인들에 대해 어떠한 경험을 하고 있는지를 보여준다.

1. 여러분과 같은 신규교사를 위한 전문성 개발과 학습에 대해 말씀해주시겠습니까?(전문성 개발 중시)

사라 : 우리 학교는 가짜 멘토링 프로그램을 실시하고 있다고 말하고 싶어요. 나의 멘토는 매우 훌륭한 분이고, 그녀는 도움이 필요하면 언제든 오라고 하는데, 문제는 프로그램의 구체적 형태도 함께 할 시간도 없어요. 그리고 그 프로그램에 대한 특별한 기대도 없어요. 첫 학기 동안, 나는 신규교사를 위한 수습기간을 제외하고는 어떠한 공식적 전문성 개발 활동에도 참여해본 적이 없어요.

앤서니 : 우리 교장선생님은 좋은 기사와 책을 늘 우리와 공유하는데, 저는 이 부분이 좋아요. 그는 화요일 아침마다 연구모임을 이끌면서 우리가 읽은 내용에 대해 논의할 수 있는 장을 마련해주지요. 그리고 저는 교장선생님이 교실에 자주 들러서 동료들의 수업을 참관할 수 있도록 일정을 조정해주시는 점에 감명을 받아요. 저의 멘토는 현재 시행 중인 새로운 교육 과정에 대해 조언을 해주시고 우리 반 학생들과 함께 여러 번 시범수업을 보여주셨어요.

2. 학교의 업무 환경에 대해 말씀해주시겠습니까?(우호적인 학교 환경)

사라 : 글쎄요. 저는 주변 사람들이 대부분 매우 부정적이어서, 더 이상 그들과 점심을 먹지 않기로 했어요. 교사와 학생들 의견은 받아들여지지 않고, 이로 인해 교사들이 많이 실망하고 있어요. 이 학교에서 무언가를 배울 수는 있겠지만, 오랫동안 근무할 것 같지는 않아요.

앤서니 : 우리는 학생들의 요구를 충족시켜주기 위해 정말 열심히 일합니다. 이 학교는 팀으로 일하는 것이 일반적이어서 저는 외롭지 않아요. 신입교사임에도 불구하고, 저는 동료교사나 관리자들과 파트너십을 맺고 있다고 느껴요. 우리 교장선생님은 우리가 가장 중요시해야 할 것은 학생들의 배움이라고 늘 강조해요. 저는 이 학교에 오게 된 저의 결정에 만족하고, 실험실에서 연구하는 일을 하다가 과학을 지도하는 일로 직업을 전환한 것도 저에게 좋은 변화였다고 봐요.

3. 교사들이 인정받고 보상받는 것에 대해 말씀해주시겠습니까?(인정)

사라 : 교감선생님은 동창회 춤파티를 지원하고, 미식축구 티켓을 판 것에 대해 감사를 표시했어요. 지난주에 교장선생님이 제 수업을 참관하고 긍정적인 피드백을 주셔서 기분이 좋았어요.

앤서니 : 저는 교사의 의견을 존중하고, 학생들의 성과 향상을 위한 논의에 교사들을 늘 참여시키는 관리자의 태도를 좋아해요. 경력이 높은 선생님들은 팀이나 부서 회의에서 제가 하는 공헌을 인정해주시는 것 같아 기분이 좋았어요. 교직 첫해를 성공적으로 보낼 수 있도록 배려해준 활발한 상호작용도 고마웠고, 제 등을 가볍게 두드려주는 격려의 다독임도 동료교사로서 저를 응원해주시는 의미로 받아들여져서 좋았어요.

4. 학교를 개선하고 혁신하도록 하는 분위기인가요?(자율성)

사라 : 재정 감축으로 우리 학교 자원이 많이 제한받고 있다고 들었어요. 저는 전용교실이 없어서 실험을 하거나 창의적 활동을 하는 데 어려움을 느끼고 있어요.

매 학기 다른 교실을 찾아 이동하는 것은 학생들의 실험을 강조하는 새로운 과학 교육 과정 실행을 어렵게 하고 있어요. 저의 부장님은 과학 비전공자인 대체교사가 수업을 했던 작년과 비교하여 제가 지도하는 반의 성적이 향상된 것을 보고 기뻐하고 있어요.

앤서니 : 저는 독서 관련 전략들을 실행할 때, 문해력 코치의 도움을 받고 있는데, 그녀는 학생 맞춤형 전략을 구사하라는 조언을 주세요. 그녀는 저의 수업을 참관하고, 수업 구상에 대해 논의할 때는 수업을 개선할 수 있는 방법들에 대한 조언도 주시죠. 교감선생님은 제가 개별화 수업에 대해 더 공부하고 싶으면 그녀가 계속 도움을 줄 수 있다고 말씀하세요. 서로 다른 수준의 다양한 학생들을 제가 지도할 때, 그녀는 수업지도안을 미리 검토하고 제가 지도하는 반을 함께 지도하면서 도와줄 수 있다고 이야기해요. 우리 학교는 교사들이 교실을 돌아다니면서 수업을 참관하고, 모여서 관찰한 사항을 논의하는 '교실 탐방'이라는 것을 시행하고 있어요. 저는 그들의 통찰력을 얻고 싶고, 내년에는 저도 참여하고 싶어요. 여전히 배워야 할 것이 많지만, 저는 이러한 시도가 우리 학생들에게 긍정적인 변화를 가져다줄 것이라고 믿어요.

5. 관리자와 교직원 간 또는 교직원 간의 의사소통에 대해 말씀해주시겠습니까?(개방적 의사소통)

사라 : 교장선생님은 교직원용 게시판을 통해 자신이 결정한 사항과 행사들에 대한 정보를 지속적으로 알려주세요. 저는 자주 다른 과학교사들과 이야기를 하고, 우리 부장님은 대부분의 교사가 신규교사이기 때문에 함께 수업지도안을 작성하

도록 해요.

앤서니 : 우리 학교의 교직원회의는 교사중심의 문제해결과 의사결정의 시간이어서, 저는 여기에 근무하는 모든 교사들과 친숙해졌어요. 저는 우리 부서 밖의 사람들과 일하면서 저의 생각을 다른 사람들과 공유하는 것을 좋아해요. 우리는 정보 공유를 위해 이메일이나 학교 웹 사이트를 잘 활용하고 있기 때문에 일반적으로 학교상황을 잘 파악하고 있어요. 또한 우리 학교는 종종 학교모임에 참석하는 학부모, 지역사회 인사, 사업 관련 협력주체들에게 개방되어 있어요.

6. 어떤 방식으로 의견을 내거나 의사결정을 하십니까?(참여)

사라 : 저는 학교와 교육청의 정책 범위 내에서 저의 학급과 학생들에 대한 정책 결정을 할 수 있어요. 앞에서 이야기한 바와 같이 우리 관리자들은 학생과 교사의 의견을 듣는 데 별로 관심이 없어요.

앤서니 : 우리는 중요한 결정사항이 있을 때 자주 만나고, 가끔 글로 의견을 줄 것을 요청받아요. 저는 지금은 신규교사이지만, 내년도에는 학교자문위원회에 참여해서 활동하고 싶어요. 경험이 많은 교사들이 교직원 채용, 학교 재정, 학교일정 짜기 등에 참여한다는 이야기를 들었는데, 저도 장차 그런 일을 해보고 싶어요.

7. 교수 및 학생지도와 관련하여 동료 간 협력이 어떻게 이루어지고 있나요?(협력)

사라 : 저는 멘토와 언제든 이야기를 나눌 수 있고, 제가 관리자의 도움이 필요하다고 느낄 때, 그들이 기꺼이 저를 만나줄 것이라고 생각해요. 대부분의 경력교사

들은 이곳에 오랫동안 근무했고, 자신들의 모습을 굳건히 지켜나가는 것 같아요. 하지만 저는 신출내기로, 여전히 이방인 같다는 느낌을 받아요.

앤서니 : 저는 앞에서 저와 자주 소통하는 문해력 코치, 교장선생님, 교감선생님 그리고 저의 부서의 동료교사들에 대해 이야기했어요. 교직원모임은 잘 구조화되어 있어서, 우리 팀이나 부서 밖의 선생님들과도 협력을 잘 해요. 저는 최근 특수교사 한 분과 어려움을 겪고 있는 학생을 도와줄 전략을 함께 짜는 작업을 했어요. 저는 우리 학교에는 동료들과 함께 논의하고, 공유하고 그리고 학습할 기회가 많다고 느껴요.

사라와 앤서니와의 면담내용은 그들이 교직 첫해에 경험한 서로 다른 학교 환경을 잘 보여주고 있다. 이들이 교직생활을 하는 두 학교의 학교환경을 들여다보면 가르치기 좋고 학생들의 학업성적을 향상시켜줄 수 있는 학교문화가 어느 학교여야 하는지를 쉽게 알아볼 수 있을 것이다. 또한 신규교사가 어느 학교에서 교사리더가 되고 싶어 할지 그리고 교사의 리더십에 대한 열망을 방해하는 학교가 어디인지도 쉽게 알 수 있다.

교직원이나 관리자가 자신이 소속된 학교상황을 진단하는 것을 돕고자, 우리는 〈교사리더십을 위한 학교문화 진단(TLSS)〉이라는 진단도구를 개발했다(참고자료 B 참조). 이 도구는 학교가 위에서 언급한 자원들을 얼마만큼 반영하고 있는지에 대한 교사들의 인식도를 측정한다. 우리는 종종 우리의 〈교사를 위한 리더십 개발〉 강좌를 듣고 있는 교사들에게 이

진단도구를 사용한다. 교사들이 설문항목에 답하고 자신의 점수를 확인한 후, 교실을 돌아다닌다. 그들은 서로 점수를 보여주면서 유사점과 차이점을 찾아보고 자신의 학교상황에 대해 논의한다. 같은 학교에서 온 교사들은 자연스럽게 함께 모여 자신들의 학교에 대한 인식이 서로 같은지 확인한다. 학교가 학교리더십을 어떻게 인지하고 또 강화하고 있는지에 대한 논의는 학교에 변화를 주고자 하는 교사들에게 좋은 동기부여의 수단이 될 수 있다. 교사들은 다른 학교가 시행하고 있는 것들에 깜짝 놀라 종종 다음과 같은 말들을 한다.

"당신의 학교에서는 정말 그러한 의사결정에 교사들이 참여한단 말이죠?"

"당신의 학교에서는 교장이 이러한 것을 권장한다는 말씀이시죠?"

〈교사리더십을 위한 학교문화 진단〉이라는 진단도구는 교사리더들에게 교사들의 인식에 대한 정보를 모으고, 자신이 소속된 학교가 학교문화 차원에서 어떻게 운영되고 있는지를 진단할 수 있는 기회를 제공한다. 여기서 나온 정보들을 통해, 학교관리자와 교사리더는 교사리더십 지원을 위한 효과적인 업무방식과 더 보완되어야 할 요인들을 함께 찾아낼 수 있다.

효과적인 학교문화 창조는 그 어느 때보다 절실히 필요하다. 전문적 학습공동체가 학교에서 성공하기 위해서는 협력의 문화가 반드시 구축되어야 한다. 교사와 행정가는 결과지향의 교육적 헌신을 통해 모든 학생이 성공하는 교육이라는 목표를 달성하기 위해 함께 노력해야 한다(DuFour,

2004). 교사리더십 촉진을 통해 학생들의 학업성취도 향상을 가져오는 학교 환경을 조성하는 데는 많은 요인이 필요하다. 우리는 가장 중요한 요인들 중 다음의 세 가지, 동료교사와의 관계, 학교조직의 구조, 교장의 역할에 주목했다. 이 세 가지 요인은 일반적으로 학교와 교육청에서 일하는 사람들이 통제할 수 있는 것이다.

교사리더십을 위한 학교문화 형성 요인

동료들과의 관계

만약 교사리더십에서 환경이 중요하다면, 그중에서도 가장 중요한 것은 바로 사람 관계이다. 카리스마를 가진 교장이 독단적으로 리더십을 발휘하는 시대는 지나갔다. 책무성이 요구되는 "이 시대에 맞는 리더십은 사람들 간의 관계에서 나오는 것이지, 한 개인의 역량에서 나오는 것은 아니다"라는 것이다(G. Donaldson, 2006). 독단적이고 영웅적 리더십은 성공할 수 없다. 따라서 리더는 모든 교사, 관리자 그리고 학부모들이 학생들의 학습력 향상을 위해 함께 노력할 수 있도록 그들 간의 관계를 어떻게 구축해줄 것인가를 고민해야 한다. 한 개인에게 영웅적 리더십을 기대하지 않고 공유된 리더십이 발휘되고 있는 학교에서는 교수·학습이 개선되고 있다(Heller & Firestone, 1994). 풀란(Fullan, 2005, p. 217)은 우리는 반드시 "혼자서 문제를 해결할 수 있을 것이라는 편견을 극복해야 하고 그것을 결코 혼자서 할 수 없다"고 이야기한다. 물론 교장은 학교를 이끄는 공식적 권력을 갖고 있지만, 만약에 교사들과 공유된 리더십 없이 너무 앞서 나가거나 교사, 공동체 구성원 그리고 학부모들의 협력과 그들의 기여를 무시한다면 성공할 수 없다는 것을 곧 인식하게 된다. 바람직한 성과를 얻기 원하는 교장은 학교 구성원 간의 관계를 증진시키면서, 학교 안팎의 관계성을 구축하는 일이 매우 중요하다는 것을 곧 인식하게 된다.

관계의 중요성과 관련하여, 하그리브스와 풀란(Hargreaves & Fullan, 1998)은 학교를 단순히 재구조화하는 것보다는 "새로운 문화를 구축하는 것"이 더 중요하다고 이야기한다. 새로운 문화 구축의 목표는 교사를 포함한 학교 이해관계자들로 하여금 협업하는 문화를 갖게 하는 것이다. 두 학자는 교장을 위한 가이드라인을 통해 학교 내 관계 구축을 위한 감성경영에 관심을 가질 것을 제안한다(p. 119). 전문적 학습공동체 내에 교장, 교사 그리고 다른 교직원 간 협력적 관계가 발달하면 학생들의 학습이 더 잘 이루어진다는 증거들이 제시되고 있다(Stein, 1998).

교사리더는 리더십을 발휘할 기회를 얻는 동시에 관계성을 구축할 책임을 요구받는다. 학교 내 교사리더십에 더 많은 영향을 미치는 것은 연수, 경험, 개인적 특성, 역량, 형식적 구조보다는 사회적 관계이다(Stein, 1998). 교사리더는 리더십 역할을 하면서 교사들과 동료적 관계를 유지하려고 노력한다. 교사리더와 동료교사 간의 이러한 관계는 학교 내 학습자와 리더들로 구성된 전문적 공동체를 구축하는 데 매우 중요하다. 바스(Barth, 2006)는 서로 간 불간섭, 적대감 그리고 지나치게 친밀한 사교적 관계는 학교 안 전문적 학습공동체의 발달을 방해한다고 이야기한다. 오히려 그는 동료성에 바탕을 둔 문화를 구축해야 한다고 이야기한다. 그의 설명에 따르면, 동료성의 문화는 실제적인 수업에 관해 서로 이야기하고, 전문 지식을 공유하며, 서로 관찰하고 다른 사람의 성공을 기원하는 일을 포함한다.

교장과 교사리더는 자신의 학교에서 이루고자 하는 비전과 목표를 위해 상호보완적 관계를 구축해야 한다. 과거의 보스형 리더가 필요하다는 고정관념을 극복하고, 함께 일하는 새로운 방식을 구축하는 것이 서로에게 도움이 될 것이다. 교사리더가 동료교사와 관계를 구축하는 것은 관리자와 관계를 구축하는 것보다 훨씬 더 어려운 일이 될 수 있다. 교사들이 갖고 있는 평등주의 의식은 교사가 리더십 역할을 하는 것을 좋아하지 않는다는 의미로도 읽힌다. 교사들이 갖고 있는 이러한 의식은 동료교사의 개인적인 영역을 존중하는 것인데, 이것을 어겼을 경우 교사리더에게 돌아오는 것은 동료교사의 거부반응이다. 그럼에도 불구하고 어떤 교사는 자신의 영향력을 확장하고 전문성을 개발하기 위해 이러한 의식에 도전장을 던진다. 새로운 글쓰기 전략을 찾는 혁신운동을 지지하는 한 교사가 사례가 될 수 있겠다. 어떤 교사가 새로운 개혁 아이디어를 지지하게 되면, 학생들의 변화를 원하는 다른 교사와의 관계 구축을 통해 이러한 거부반응을 극복해나간다.

우리와 함께 일하고 있는 교사리더들은 다른 교사들과의 관계를 걱정한다. 그들은 변화에 저항하는 사람들에게 어떻게 영향을 미칠 것인가?

그들은 리더십활동을 하는데, 그 친구들은 그렇지 않을 때 어떤 일이 일어날 것인가? 동료로부터 따돌림을 받을 수도 있는데 왜 이 일을 해야만 하는가? 그들은 경력이 많은 교사들로 이루어진 팀을 어떻게 이끌 것인가?

자신의 학교에서 교사리더로서의 역할과 자신의 리더십을 학교문화에 어떻게 적용할 것인가에 대한 심도 있는 논의가 요구된다. 리더의 역할을 새로 맡은 교사에게는 함께 문제를 해결할 수 있도록 하는 지속적인 지원과 기회가 제공되어야 한다. 교사리더는 새로운 역할이 구성원 간 갈등을 유발할 수도 있지만 학생들의 학습력 향상과 동료 간 정보 공유와 같은 긍정적 효과가 그러한 문제를 능가한다는 점을 알게 될 것이다.

G. 도날드슨(G. Donaldson, 2006)은 다음과 같은 이유로 교사리더십에 대해 낙관적이다. 교사리더는 동료교사와 관계를 구축할 때 (1) 그 자신이 교사이고, (2) 여전히 교실수업을 하고 있고, (3) 흔히 소규모의 관리가 가능한 그룹과 일을 하고, (4) 자신의 성공을 동료들에게 의지한다는 등의 자산을 갖고 있기 때문이다.

학교조직의 구조

학교리더와 학교 밖 정책수립자는 학교의 조직 구조에 영향을 끼친다. 현행 학교 구조는 협업과 전문적 학습공동체 구축을 지원하기보다는 교사들을 분리시키고 그들의 시간을 토막내 교직의 전문성 향상을 방해하고 있다. 8개 학교를 대상으로 한 교육개혁 연구에 따르면, 교사리더십 증진을 위해서는 학교의 구조적 변화가 요구된다(Heller & Firestone, 1994). 학교는 교사들이 함께 일하는 자발적 팀을 장려하는 방향으로 구조화될 필요가 있다. 이러한 구조적 변화에는 교수학습을 위한 조직 구성 방식, 시간과 자원을 활용하는 방식, 학교 건물의 물리적 구조, 의사결정 방식, 정보 공유 방식, 인센티브 제공 방식 등이 포함될 수 있다. 코일(Coyle, 1999)은 지금의 학교 구조는 교실을 뛰어넘는 리더로서의 교사상을 정립하는 데 도움이 되지 않을 뿐 아니라 오히려 교사리더십 발달을 저해하고 있다고 주장한다. 10여 년 전 코일(Coyle)의 문제제기에도 불구하고, 많은 학교에서 뚜렷한 구조적 변화는 이루어지지 않았다.

현행의 학교 구조에서도 교사리더십이 가능하다는 사실은 놀라운 일이다. 다행히 희망적인 대안들이 나타나고 있다. 어떤 대규모 학교는 일단의 학생과 교사가 함께 공부하는 학교 내 소규모 학교인 '집들(houses)'을 운영하고 있다. 일단의 교사들이 다양한 연령의 학생들과 1년 이상 함께 공부하는, 발달 단계에 맞춘 교육 프로그램은 유연한 학교 구조이다. 학교들은 교사인력 운영 패턴을 재구조화하기도 하는데, 예를 들면 어떤 학교는 수준별 학급을 편성하여 교사들을 각각 투입하는 형태가 아닌, 도움이 필요한 학생을 지원할 인력들을 교실이나 팀 내에 '투입'하는 인력 운영 방식을 시행하고 있다(Darling-Hammond, 1997). 이러한 구조에서는 교사의 기획과 실행 방식에 재량권을 부여함으로써 교사리더십을 지원할 수 있다.

또 다른 구조적 변화는 학교 안에서 쉽게 시도될 수 있다. 많은 학교가 과거의 전형적인 형태인 긴 지시사항을 전달하는 교장중심의 회의보다 교사들이 협력적으로 교수·학습활동에 대해 토론하는 교직원회의를 계획한다. 교사들에게 함께 수업을 준비할 시간을 조정해주는 것은 교육 과정과 수업지도에 대한 협업을 조성한다. 팀 단위로 교사들이 시험결과를 검토하고, 학생들의 작품에 대해 논의하고 다른 교사의 수업을 참관할 시간을 갖게 하기 위해 학교일정을 재조정하는 일은 바람직한 구조 조정의 예다. 학교 구조는 일을 다르게 처리하는 창의적이고 유연한 사고를 통해 변경될 수 있는데, 이러한 변화를 통해 교사가 배우고 리더십을 발휘할 기회를 더 가질 수 있다. 이러한 작은 변화도 도움을 주지만, 학교 구조의 이러한 실질적인 변화가 다른 교사를 지도하면서 자신의 학급도 잘 운영해야 하는 교사리더의 스트레스를 줄여줄 수 있을 것이다.

학교 안팎의 구조는 소홀히 다루어져서는 안 된다. 인정, 의사소통 그리고 참여 관련 시스템이 분명하게 설계되어 있어야 한다. 예를 들면, 교사리더는 학교의 의사결정이 실제로 어떻게 이루어지고 있는지 잘 알아야 한다. 일이 처리되는 방식을 더 잘 알고 있을수록 리더십이 더 잘 구현될 수 있기 때문이다. 교사리더십이 잘 발휘되는 좋은 환경을 구축하기 위해서는 먼저 교사들이 잘 배우고, 지도하고 협업하는 다양한 구조를 구축해주어야 한다. 업무처리에 많은 권한을 위임받고 학교조직이 그들의 변화를 위한 노력을 지원한다면 교사는 리더로서의 역할을 지속적으로 수행하고자 할 것이다. 5개 학교를 대상으로 한 최근의 연구(Beachum & Dentith, 2004)에 따르면, 학교 내 교사리더십의 존재 여부를 보여주는 가장 중요한 단서는 교사리더십을 실질적으로 지원하는 학교 구조나 조직 패턴의 유무에 있다. 성공적인 학교들은 교사들이 단합된 효과적인 팀으로 일처리를 하고 있었으며, 교사들이 수업을 계획, 검토하고 문제를 발견하며 그 문제를 해결할 시간을 부여받고 있었다. 이들 5개 학교는 실제로 교사주도의 많은 변화를 지원하고 있었다. 관리자들 또한 혁신을 받아들이고 변화에 개방적이었다. 교사들은 자신들에게 많은 재량권이 있고, 자신들의 아이디어가 존중받고 있다고 느끼고 있었다.

국가와 주정부의 지침에 의한 지속적인 압력과 학생 학업성취에 대한 책무성 요구는 교장들로 하여금 교육청의 회의 참석, 학부모와 학생들의 민원 처리 그리고 수업 방해 행위 저지 등으로 바쁜 일상을 보내게 하고 있다. 이러한 일처리도 중요하지만, 교장이 교사들과 함께 성공적인 의사소통 네트워크와 효과적인 의사결정그룹을 구축하고, 교사들의 성공을 축하하는 데 투입하는 시간은 학교에 더 많은 이득을 가져다줄 것이다.

조직 구조에서 가장 자주 언급되는 문제 중 하나는 학교 일과 중에 교사가 협력하고 리더십활동을 할 시간이 없다는 것이다. 예를 들면, 노스캐롤라이나 주 학교들을 대상으로 이루어진 한 설문조사에 따르면, 29% 이상의 응답자가 학생들의 학업을 향상시키는 데 가장 중요한 업무 환경은 시간이라고 지적하였다(Hirsch, Emerick, Church, & Fuller, 2006b). 이러한 결과는 2002년도와 2004년도의 설문조사와도 일치한다. 시간은 그 지역에 근무하는 교사들에게 가장 문제가 되는 업무 환경이었던 것이다. 〈전미 교원 전문성 개발 위원회〉(2008)는 교사는 매주 업무시간의 25%를 전문성을 개발하는 데 써야 한다고 주장하였다. 교사들에게 최고의 교수법 익히기, 다양한 부류의 학생 지도하기 그리고 21세기 기준에 맞는 교육 재구성 등을 요구하려면, 먼저 교사들에게 충분한 시간을 주어야 한다. 〈참고자료 C〉는 시간에 대해 많은 논의를 통해 교사리더십활동에 요구되는 시간 확보에 대한 다양한 전략을 제공한다.

교장의 역할

교장 역할의 발전 과정을 역사적으로 살펴보는 것은, 그동안 교사리더십을 지원하는 문화를 구축하기 위해 교장 역할이 어떻게 변해야 했는지를 이해하는 데 도움이 된다. 1980년대 후반, 우리는 효과적인 학교가 되려면 교장이 수업 장학 리더가 되어야 한다고 믿었다(Lozotte & Jacoby, 1990). 교장들은 또한 그들의 교육청과 주정부의 많은 요구를 따라야 했다. 지금까지 바람직한 교장의 모습은 모든 일을 세세하게 챙기고 제시간에 공문을 처리하는 관리자, 교직원을 잘 관리하는 감독관, 교직원을 동기화시키고, 순응하게 하고, 협력적이게 만드는 좋은 상관으로 기대되었다.

1980년대 중반, 우리가 대도시에서 교장 개발 프로그램 관련 일을 할 때 비중 있게 다룬 것은 예산, 교사 평가, 학교 일정 짜기 그리고 학교 시설관리 등에 대한 교장의 책임 부분이었다. 그러다가 1990년대 들어서면서, 공유된 의사결정이 교육계의 주된 흐름이 되었다. 이러한 교육계의 시대적 요청에 따른 공유된 리더십은 의사결정 과정에 교사를 포함한 다른 이해관계자들을 기꺼이 참여시키는 교장의 역할을 가정한다. 조지아 주의 성공한 리더들에 관한 한 연구는, 교사리더십을 촉진하는 교장은 교사로 하여금 자신이 굉장히 많은 권한을 위임받고 있다는 느낌을 갖게 한다고 주장한다. 학교 재구조화 연구(King, Louise, Marks, & Peterson, 1996) 결과도 또한 교장의 역할이 지시적 방식으로부터 권한을 나누는 공유적 방식으로 변하고 있다고 이야기한다. 의사결정을 공유하는 학교 교장들은 교사리더십을 조장하고 학생들의 학습의 질 향상을 강조한다. 이 연구는 성공한 학교의 교장들은 교사에 의한 의사결정을 조장하고, 실험정신을 고양하고, 기업가적 시도를 하고 그리고 외압으로부터 학교를 보호한다고 이야기한다. 공유된 리더십은 교장이 교사의 리더십을 조장하는 것을 의미한다. 그러나 현실은 여전히 교사들이 의사결정 과정에서 소외되어 있다는 것이다. 10여 년 전, 단지 1/3의 교사들이 교육 과정이나 학교규율 등 주요한 결정에 영향을 끼친다고 인식했다(Shen, 1998). 학급 관련 수많은 일상적인 결정을 하는 오늘날의 교사들도 여전히 자신들이 원하는 만큼 학교수준의 의사결정 과정에 참여하지 못하고 있다고 느끼고 있다.

　최근 교장의 효과적인 업무수행과 관련된 아이디어는 우리의 교사리더십 개념에 더 가까워지고 있다. 교장론을 연구하고 있는 교육자들은 현재의 학교를 전문적 학습공동체로 생각하는 리더십을 지지하고 있다. 이 공동체는 공유된 가치, 믿음 그리고 구성원들의 기여에 대한 교직원들 간의 합의에 바탕을 둔다. 서지오반니(Sergiovanni, 2000)는 교장은 공유된 가치를 분명하게 규명하고, 이러한 가치가 교직원의 행위를 규율하는 비공식적 규범으로 작동하도록 지원해야 한다고 제안한다. 교사들은 공동체 구성원으로서 학교공동체의 비공식적 규범을 지키면서 그들의 직무를 수행한다. 이러한 측면은 교장들로 하여금 외적 통제수단을 덜 사용하도록 유도한다. 이 결과 교사들은 점점 자기경영화되어 자율적으로 움직이게 된다. 해리스와 스필레인(Harris & Spillane, 2008)은 학교의 대안적 리더십으로 분산적 리더십을 이야기한다. 그들의 제안에 따르면, 이 리더십은 리더들, 추종자들 그리고 학교상황 간 상호작용을 통해 발휘된다. 그들의 관점에 따르면, 리더십은 학교리더십에 관여하는 많은 개인 간 행위의 통합으로 구현된다. 변화의 복잡성과 교육 방식 개선에 대한 요구가 증가하고 있는 요즘, 교장이 교사들에게 시범을 보이기 위해서는 교과전문성과 최근의 학급 운영 경험을 지닌 여러 교사에게 의존할 수밖에 없다는 사실을 인지하게 된다. 이러한 상황에서 교사리더가 출현하고, 그들이 가진 지식과 역량에 따라 교사리더로서의 책임을 수행한다.

오늘날 우리는 효과적인 교장을 구별해내는 주요한 방법을 알고 있는데, 그것은 효과적인 교장은 교육 과정이나 교수법 관련 문제를 처리하는 데 많은 시간을 쓰는 반면, 그렇지 않은 교장은 대부분의 시간을 조직 유지 및 학생징계 관련 일에 쓰고 있다는 것이다(Cotton, 2003). 학교의 실질적인 변화를 위해 노력하고 있는 교장들은 모든 교사는 교장과의 파트너십을 통해 리더가 될 수 있고, 리버만과 밀러(Lieberman & Miller, 1999)가 이야기하는 소위, '밀도 있는 리더십'을 통해 조직에 있는 모든 사람이 가르치고, 배우고, 지도하는 역할을 수행할 수 있다는 점을 인정한다.

우리가 요즘 교장들과 일하다 보면, 그들의 리더십에 대한 대화내용에서 예전과 다른 변화가 감지된다. 그러나 여전히 예비 교장들은 대학원이나 전문성 개발 과정의 교육자들이 기술적인 부분을 준비시켜 주길 기대한다. 흔히 이러한 예비 교장들은 처음에 자신의 성공은 단지 시설을 관리하고, 예산이나 학교 일정을 짜는 데 있다고 생각한다. 우리가 지향하는 더 복잡한 형태의 리더십은 가치와 믿음, 공유된 비전, 학교문화, 교사리더십, 전문적 학습공동체 그리고 모든 학생에게 배움이 일어나는 교수·학습을 중시하는 학교개혁을 강조한다. 물론 기술적, 경영적 기술을 익히는 것도 중요하지만, 오늘날의 교장은 현행의 교수·학습 방법을 개선하기 위해 교사리더와의 파트너십을 통해 학교 일을 어떻게 잘 처리할지 생각해볼 필요가 있다.

최근 들어 교장에게 요구되는 또 다른 역할은 교장이 학교 밖으로부터 오는 장애물에 대해 완충지 역할을 하는 것이다. 이러한 장애물은 교육청 행정가, 학부모, 공동체 구성원, 또는 특정 이해집단과 같은 외부 압력으로부터 온다. 성공한 학교의 교장은 이러한 장애물을 줄이기 위해 상위기관과 잘 협상하고(Goldring & Rallis, 1993), 유력인사들과의 유대관계를 잘 유지한다. 교사는 자신의 열정을 꺾을 수 있는 불쾌한 정보들로부터 그들을 보호하기 위한 교장의 노력을 의식하지 못할 수도 있다. 최근에 이야기를 나눈 한 교사리더는 자신이 근무하는 고등학교의 수학성적을 올리는 일에서 리더 역할을 떠맡았다는 이야기를 했다. 그 선생님은 교육청 수학담당 장학사에게 자신을 포함한 교사들이 합의한 계획안을 이해시키는 데 많은 시간이 든다는 사실에 깜짝 놀랐다고 했다. 그런데 그녀의 말에 따르면, 그녀 학교의 교장은 그녀와 그녀의 동료들을 위해 그 장학사를 이해시키는 데 대단히 적극적인 지원을 해주었다고 한다. 그래서 결과는 매우 좋았고, 단 1년만에 학생들의 수학성적이 많이 향상되었다고 한다.

학급이나 학교 차원을 넘어 활동하면서, 교사리더는 교육청이나 지역공동체의 정치적 성향에 쉽게 영향을 받는다. 교사리더십의 발휘는 교사의 전문성을 독려하는 학교 분위기에 달려 있는데, 이러한 분위기 조성의 책임은 교장에게 있다는 점을 대부분의 교사가 동의한다. 만약 교장이 열린 마음으로 공유된 리더십을 받아들이고 의사결정에 교사들을 참여시킨다면, 교사는 더 편안한 마음으로 중요한 정책들을 지지할 것이다. 덧붙여, 학교는 상대적으로 불안정한 조직이다. 새로운 프로그램 도입과 함께 기존 프로그램이 없어짐에 따라 교사는 다른 건물과 새로운 학교공동체 그리고 이전 학생들과는 다른 요구를 가진 새로운 학생들을 지도해야 하는 변화된 환경에 처한다. 이러한 요인들은 교사리더로서의 효과적인 역할 수행에 상당한 영향을 끼친다. 우리가 아는 또 다른 교사리더는 프로그램을 개선할 계획을 세웠는데, 얼마 지나지 않아 그 프로그램이 없어질 것이라는 사실을 알았단다. 학년의 융합교육 팀 리더로 활동하기로 예정되어 있던 또 다른 교사리더는 팀의 효과성을 높이기 위한 방법을 계획하면서 여름방학을 보냈는데, 학년이 시작됨과 동시에 그녀는 교사 간 정기적 만남조차도 이루어지지 않는 새로운 팀으로 보내졌다. 그녀가 맡기로 예정된 자리는 다른 사람이 팀 리더를 맡게 되었다.

앞에서도 언급했지만, 교사리더가 해결해야 할 난제는 계획 실행에 필요한 시간 확보이다. 특히, 혁신이 성공하기 위해서는 논의, 공동기획, 문제해결, 전문성 개발, 평가 등에 절대적인 시간이 요구된다. 교사의 시간 확보 문제는 관리자의 충분한 관심을 받지 못하고 있는데, 이는 단지 교사가 추가적으로 시간과 에너지를 투입하면 되는 것으로 이해되고 있기 때문이다. 어떤 리더교사는 많은 사람의 우려를 반영하여 다음과 같은 말을 우리에게 했다.

"나는 많은 것을 이루었다. 그러나 내가 지난 7년 동안 가르쳐온 내용들을 더 잘 이해하고 가르쳤다면 훨씬 더 많은 것들을 이룰 수 있었을 것이다."

그녀는 이제 자신의 아이디어에 대한 완전한 이해가 없으면, 앞으로 자신의 계획을 실행에 옮기지 않을 것이라고 이야기했다.

마지막으로 몰러와 팬케이크(Moller & Pankake, 2006)는 전문적 학습공동체에서 공유된 리더십을 권장하고 교사리더십을 증진시키는 핵심요소는 이를 지원하는 환경을 제공하는 교장의 역할이라고 주장한다. 교장은 교사 의견 경청하기, 학교에서 이루어지고 있는 교수·학습활동에 대해 관심 갖기, 함께 결정한 사항에 대해 지속적으로 지원하기 등을 통해 교사리더십을 지원할 수 있다. 수많은 연구가 교장의 역할에 대해 언급하고 있는데, 이는 교장의 역할이 교사리더의 일을 지원하는 학교 환경을 만드는 데 매우 중요하기 때문이다.

성공한 학교리더가 교사리더십을 지원하는 환경을 만든다

교사리더십의 성공 여부는 그것이 발휘되는 환경에 달려 있다. 성공한 학교리더는 교사리더십을 중요시하고, 교사리더들이 성공하는 데 필요한 것을 적극적으로 지원한다. 이러한 일은 우연히 일어나는 것이 아니다. 이러한 리더들은 교사리더십 개발 등 모든 학습을 지원하는 환경을 만들어주기 위해 많은 노력을 기울인다.

교사리더십을 지원하는 환경을 제공하는 학교들은 앞에서 언급한 교사리더십 구축에 필요한 주요한 차원들에 주목한다. 교직원 간 관계를 구축하는 데 많은 노력이 이루어져야 하고, 실질적으로 학교조직이 재구조화되어야 하고 교장의 협조가 있어야 한다. 이러한 것들은 교사리더십의 성공뿐만 아니라 궁극적으로 학생들의 학업성취도 향상에 영향을 끼친다.

교사리더십에 힘을 쏟는 교장은 그 자신도 교장으로서 많은 이득을 얻는다. 많은 것들이 이루어짐으로써 학생들은 더 잘 배우며, 학교에 대한 지역공동체의 비난은 사그러들 것이고, 교사들의 만족감은 향상될 것이다. 이는 사람들을 잘 활용함으로써 이루어지는 성과로, 결국은 학생들의 학습력 향상에 영향을 끼칠 것이다. 교사리더십은 교장과 교사들에게 이익을 줄 뿐만 아니라 무엇보다 학교 학생들에게 많은 이익을 준다. 학교에 교사리더십을 위한 적절한 환경이 주어진다면, 교사들의 교수 · 학습에 많은 영향을 줄 수 있을 것이다.

★ ★ ★

담당자별 교사리더십
지원 환경 조성방법

교사

1. 예산 및 자원에 제한이 없다면, 당신은 어떻게 교사들이 리더십을 발휘하고 모든 학생들이 학습할 수 있는 학교 구조를 만들 것인가? 교사리더십이 중시되는 학교조직의 구조에 대해 관심 있는 동료와 이야기한다.

2. 학교에서 교사들이 참여하고 있는 의사결정들을 목록화하고, 다음으로 교사들이 참여했으면 하는 의사결정들을 목록화한다. 목록에 있는 각각의 결정들을 검토해보고 다음과 같은 질문을 던진다. 이 결정은 교사들과 관련이 있는가? 교사들은 이 결정을 할 수 있는 전문성을 갖고 있거나 이 결정을 통해 전문성을 향상시킬 수 있는가? 만약 이 두 질문에 예라고 답한다면, 이러한 결정들에 교사들이 참여할 수 있도록 지속적으로 당신의 영향력을 행사한다.

교장

1. 교사 간 협업활동이 학교의 교수학습 개선의 핵심이다. 당신의 소속 학교에서 협업은 어디에서 그리고 어떻게 이루어지고 있는지 분석한다. 교사 간 협업활동을 촉진하기 위해 당신이 할 수 있는 일에 대해 교사들로부터 통찰력을 얻는다. 또한 당신이 그들의 협업활동을 방해하고 있는 부분이 있는지 물

어본다.

2. 교사리더십 역할을 맡은 교사는 동료로부터 의심을 받아 동료 관계가 악화
될 수도 있다. 교사리더십 역할을 효과적으로 소개하고, 교사리더가 바람직
한 방식으로 학교문화에 받아들여질 수 있도록 지속적으로 독려하고, 지원하
고, 문제해결에 도움을 줄 방안을 고민한다.

교육감과 교육청 행정가

1. 시스템 사고는 일반적으로 사람(특히 교사들)이 아니라 시스템이 문제라는
것을 리더들이 인식하도록 돕는다. 비난에 앞서, 해당 교육청에서 시행하고
있는 정책과 시행 과정 그리고 절차를 시스템 관점에서 어떻게 살펴볼지 고
민한다. 이는 해당 교육청 행정가들이 일처리를 어떻게 하고 있는지를 살펴
보는 과정이다.

2. 교사가 능력을 인정받고 민주적 방식으로 대접받는다면, 교사는 그러한 방식
이 학생들에게도 효과적으로 적용될 수 있다는 것을 알게 될 것이다. 해당 교
육청 행정가는 교사를 지역교육청 결정사항의 집행자로 보는 관료적 관점에
서 벗어나 전문성을 갖추고 학교와 학급수준에서 최적의 선택을 할 수 있는
의사결정자로 보는 관점으로 변화시키기 위해 무엇을 할 것인가를 고민해본
다. 이를 위해 장학하는 집단으로서 허심탄회하게 해당 교육청의 신념에 대
해 논의하고 행정가의 행위를 평가한다.

대학교수

1. 자신의 학생들이 인턴으로 있는 학교의 교사리더십 지원상황은 어떠한지에
   관한 정보를 모으기 위해 〈교사리더십을 위한 학교문화 진단〉이라는 진단도
   구 활용을 고려한다. 학생들이 학교에서 일하고 관찰하면서 〈교사리더십을
   위한 학교문화 진단〉의 각 차원에서 좋은 사례를 찾도록 한다. 그들이 찾은
   좋은 사례를 당신의 수업시간에 논의한다.

2. 학부생들이 인터넷 검색을 통해 미래학교 모델을 찾고 그것에 관해 공부하게
   한다. 특히 그들로 하여금 성공한 미래학교가 보여줄 수 있는 교직원 간 관계
   와 학교조직 구조에 대해 주목하게 한다.

교사리더십
펼치기

INFLUENCING OTHERS THROUGH
TEACHER LEADERSHIP

교사리더는 리더로서 자신의 목소리를 낼 때, 동료교사와 학부모, 공동체 사람들에게 영향을 미친다는 것을 인식하기 시작한다. 교사리더는 자신의 교수 실행, 동료들의 전문성 개발 그리고 더 넓은 범위의 교수 프로그램 및 정책, 우선순위 선정 등에 영향을 미친다. 교사들은 흔히 자신의 목소리를 잘 내지 않지만, 학교 이해관계자는 학교 개선을 위해 그들의 의견을 경청할 필요가 있다.

우리는 자신의 삶에서 중요한 사람에게 영향을 끼칠 수 있다는 점을 인식하기 시작한 아이들을 쭉 관찰해왔다. 이 단계에 있는 아이들은 옹알이를 하고, 비명을 지르고, 첫 단어를 입 밖으로 내면서 자신의 목소리를 실험하기 시작한다. 이러한 목소리를 이용해 자기 주변의 사람들이나 환경에 영향을 미칠 수 있다는 점을 인식한 아이들의 얼굴에는 놀라움과 만족감이 나타난다. 이와 마찬가지로 교사리더 또한 교사리더로서의 자각이 높아지고 처음으로 리더로서 자신의 목소리를 낼 때, 자신의 목소리가 그들의 동료교사, 학부모 그리고 공동체에 영향을 미친다는 것을 인식하기 시작한다. 영향력을 행사하는 기술을 지닌 교사리더는 자신의 교수 실행, 동료들의 전문성 개발 그리고 더 넓은 범위의 교수 프로그램 및 정책, 우선순위 선정 등에 영향을 미친다. 교사들은 대개 자기 목소리를 잘 내지 않지만, 학교 이해관계자는 학교 개선을 위해 그들의 의견을 경청할 필요가 있다. 이러한 노력은 궁극적으로 학생들의 학업성취도 향상에 커다란 변화를 가져다줄 것이기 때문이다.

교사리더는 자신의 교수 실행을 통해 학교에 커다란 변화를 만들 수 있다. 연구하는 동안, 우리는 수백 명의 교사리더로부터 자신들의 학교에 긍정적인 변화를 만들었다는 이야기를 들었다. 우리가 들은 모든 이야기가 갖고 있는 공통점은 무엇인가? 교사리더는 본보기가 되고, 동료와 협업하고 그리고 의사결정이나 문제해결에 참여함으로써 그들이 소속한 학교에 영향을 미칠 수 있었다. 교사리더로서 그들은 상호작용, 관찰 그리고 성찰을 하는데, 이러한 것들을 통해 그들은 자신의 교육행위를 개선할 배움의 기회도 갖는다. 교사리더십에 대한 20년 간의 연구를 살펴본 요크-바와 듀크(York-Barr & Duke, 2004)는 교사리더십의 가장 분명한 효과 중의 하나는 사실, 교사 자신의 성장과 학습에 있다고 주장한다. 리더로서의 교사는 동료교사에게 영향을 미치고, 학급과 학교 수준의 변화를 이끈다. 교사는 자신의 교실을 뛰어넘어 좀 더 넓은 시야를 갖게 되면서, 변화를 위한 실제적인 지식과 해결방법을 얻게 된다. 교사리더는 그들이 익숙한 학교에서 실험하고 협력하며 문제를 해결하는 법을 학습한다.

교수 전문성을 통한 영향력 행사

바스(Barth, 2001)는 교수법 개선을 이끌기 위해서는 먼저 교수·학습에 대한 교사의 전문성이 요구된다고 지적한다. 스넬과 스완슨(Snell & Swanson, 2000)은 10명의 교사리더에 대한 연구에서 다음의 사실을 알아냈다.

"교사의 전문성은 동료에게 신뢰감을 주어 그들이 교수분야의 리더로서 활동할 수 있게 하는 교사리더십의 바탕이 된다(p. 19)."

자신의 전문성을 통해 교사리더는 효과적인 교수법을 시연하고 동료 교사를 멘토링한다. 그리고 다른 교사들과의 협업을 통해, 학업성과와는 상관없이 기존의 교수 전략을 교실 문 뒤에서 반복하게 하는 교사들의 고립을 깨뜨린다. 우리가 언급한 교사리더십에 대한 개념의 첫 번째 요소는 교사가 우수한 교수법으로 먼저 자신의 학급을 잘 경영하는 것이었다. 이 교사리더십을 위한 학교문화 진단 역량을 갖춘 교사는 다른 사람들에게 영향력을 행사하는 법을 배운다. 역량 있는 교사들이 학습해야 할 사항들이 「전미 교직 기준 위원회 제안 5」에 반영되어 있다.

제안 5 : 교사는 학습공동체의 구성원이다

국가위원회에서 자격을 인증받은 교사는 학생들의 학습 개선을 위해 다른 사람들과 협업한다.

그들은 리더들로 지역사회 및 재계 인사들과 파트너십을 구축하는 방법을 잘 알고 있다.

그들은 교수 정책, 교육 과정 개발, 임원 연수 관련 전문가들과 함께 일한다.

그들은 주정부와 지역교육청의 교육목표를 달성하기 위해 학교의 성적 향상과 각종 교육 자원의 배분에 대해 평가할 수 있다.

그들은 학부모들의 헌신적 참여를 유도하기 위해 그들과 협력하는 방법을 알고 있다.

(전미 교직 기준 위원회, 2008b)

교수분야에 전문성을 지닌 교사는 일반적으로 동료로부터 신뢰를 얻는다. 교사리더는 일반적으로 공식적 자리가 아니기 때문에 직위에서 나오는 권력에 의지할 수 없다. 교사리더의 영향력은 동료가 그의 역량을 인정해주는 데서 나온다. 어느 교장은 자신의 학교에 소속되어 있는 한 교사리더를 언급하면서 "그녀는 여전히 많은 사람들에게 동료이지만, 우리 학교에서는 훌륭한 전문가로 통합니다"라고 이야기한다.

교사리더의 영향력 행사 방법

교사들은 다양한 경로를 통해 다른 사람들에게 영향을 미친다. 성공적으로 교수 전략을 실행한 교사는 그 전략을 동료교사와 나누고 싶어 할 수 있다. 리버만과 밀러(Lieberman & Miller, 2004)는 교사는 동료와 나누기에 앞서 먼저 자신의 학급을 잘 운영해야 한다고 주장한다. 교사는 동료와 이야기를 나누면서 상대방에게 영향을 주는데, 그 영향력은 매우 크다. 교사는 주로 경험적 지식을 갖고 일을 하고 있기 때문에, 학생들에게 효과가 있는 새로운 방법을 적극적으로 받아들이기 때문이다. 한 교장은 그 학교의 특수교육교사가 동료에게 어떤 영향을 주었는지 다음과 같이 이야기해주었다.

"내년부터 우리 학교에서는 특수아동을 학급에서 분리해 교육시키는 방식이 아닌, 교실에서 다른 아동들과 함께 교육이 이루어지는 특수교육 프로그램을 실시할 것입니다. 그녀는 통합교육을 적극적으로 지지하는 교사입니다."

이 교사는 특수아동과 함께하는 통합교육에 대해 확고한 신념을 갖고 있고, 자신의 영향력으로 변화를 꺼리는 다른 교사들을 설득했다.

교사리더십의 영향력을 지지하는 많은 연구를 살펴보면, 양적 연구보다는 질적 연구가 많다. 교사리더십의 영향력에 대한 증거를 확보하려는 노력은 여전히 이루어지고 있다(Mangin & Stoelinga, 2008). 다음은 교사리더들과의 연구를 통해 얻은 교사리더의 영향력 발휘 사례이다.

· 열악한 환경의 학교에서 신규교사들을 위해 풀타임 멘토로 근무하고 있는 한 교사리더는 교장과의 관계의 중요성을 인식했다. 그는 교육청 연수담당자에게 영향력을 행사해서 교장과 멘토들이 교사 지원을 위한 업무를 어떻게 지원할지에 대한 1년 단위의 연수 과정을 기획하게 했다.

· 몇몇 교사리더는 효과적인 전문성 개발에 대해 공부한 후 학교 차원에서 1년 동안 조직적으로 이루어질 전문성 개발 프로그램을 기획했는데, 이 프로그램은 교실 수업에 정보기술의 활용도를 높이는 것을 목표로 하고 있다. 연수 과정을 설계하고, 학년 단위의 그룹활동을 촉진하고, 후속 지원 전략을 수립하는 것은 모두 교사리더가 관심을 갖는 전문성 개발을 위한 장기적, 결과지향적 접근이다.

· 어느 학교의 교사리더들은 매년 새로 채용되는 많은 무자격 교사들에게 도움을 제공할 필요가 있음을 인식했다. 그들이 함께 결정한 사항은 효과적인 멘토링에 대한 동료들의 관심을 불러일으키고 자발적으로 멘토가 되어줄 경력교사를 발굴하는 것이었다. 그 결과 신규교사들과 함께 문제를 해결하는 모임이 방과 후에 개최되었고, 멘토들은 정기적으로 신규교사들을 자신의 학급으로 불러 수업을 관찰하게 했다.

· 학년의 팀 리더로 활동하고 있는 한 교사리더는 학교의 모든 팀 리더들을 대표해 교장에게 영향력을 행사했다. 교장은 팀 리더나 교사들과의 의사소

통을 개선하는 방법에 대한 대화에 흔쾌히 참여해서 우리에게 의견을 구하고, 소통에 필요한 시간을 제공해주었다. 그 교사리더는 교장에게 교사리더의 역할이 명확하지 않다는 점을 인식시켜 주었다. 팀 리더에 대한 기대는 무엇이었는가? 교사가 교실 밖에서 역할을 수행할 적절한 시간이 주어졌는가? 이 같은 다양한 질문들이 다음 교사리더 회의에서 교장과의 대화를 통해 해결되었다.

· 또 다른 교사리더는 초등학교 저학년 대상의 읽기지도를 개선하는 책임을 부여받았다. 그녀와 팀 구성원들은 연구모임을 만들어 먼저 읽기지도를 어떻게 할 것인가에 대한 지식을 쌓았다. 그녀는 동료들과 신뢰관계를 형성하고 도움을 제공했다. 그러자 다른 교사들은 자신의 교실을 방문해 읽기지도에 대한 시범수업을 해줄 것을 그녀에게 요청했다. 그녀의 교수 전략을 지켜보면서 그 전략을 긍정적으로 평가한 일부 교사는 자신의 수업에 그것을 적용하려 했다. 그녀는 그들의 요구가 있으면 언제든 그들과 함께 수업을 계획하고 코칭했다.

교사리더가 교수·학습에 영향을 미칠 것이라는 것은 예측가능한 부분이나, 그들은 또한 학교교육의 다른 측면에도 기여할 수 있다. 교사리더는 정책결정에 영향을 미치고, 공동체를 위한 자원을 확보하고 학부모들과 함께 일을 할 수 있다. 교사리더가 할 수 있는 일은 매우 많다. 성공한 학교리더는 그들이 열정을 찾고 자신의 영향력을 행사할 수 있는 적절한 자리를 찾도록 지원한다. 그러면 교사들은 개혁 관련 정책을 지지하고 다른 교사를 개혁 과정에 동참시키려 노력할 것이다.

　교사리더십이 갖고 있는 잠재력을 활용하기 위해, 우리는 교사들이 효과적으로 다른 사람들에게 영향력을 행사하는 법을 갖추도록 해야 한다. 동료에게 영향력을 행사하는 데 이러한 기술들을 활용하게 되면, 교사리더는 학부모, 교장, 지역청 행정가 그리고 더 큰 교육공동체 구성원에게 그들의 영향력을 행사할 때 자신감을 갖게 될 것이다. 자신의 장점과 발달 요구, 자신이 근무하는 학교에 대한 상황 인식에 이은 교사리더십 발달의 세 번째 요소는 영향력을 행사하는 전략들을 익히고 '어떻게 리드할 것인가'에 대해 생각해보는 것이다(그림 6.1).

교사리더의 영향력 행사 전략

　교사리더 연수의 목적은 그들이 다른 사람들에게 영향력을 행사하는 기술을 갖추도록 도와주는 데 있다. 다른 사람들에게 긍정적인 영향을 끼치기 위해, 교사리더에게 필요한 기술에는 듣는 기술, 그룹활동을 촉진하는 기술, 행정가, 동료교사, 학부모 또는 다른 이해관계자와 협상하는 기술 등이 있다. 동료를 이끄는 역할과 책임을 성공적으로 수행하기 위해 교사는 새로운 기술을 익혀야 한다.

　교사리더는 동료들에게 영향력을 행사하고 싶어 하지만 이러한 기술을

자가진단
나는 누구인가?

변화하는 학교
나는 어디에 있는가?

영향력 행사 전략
나는 어떻게
리드할 것인가?

실행 계획
나는 무엇을 할 수 있는가?

〈그림 6.1〉 다른 사람에게 영향력 행사

갖추지 못했을 경우 매우 위험할 수 있다. 약 20여 년 전, 굿래드(Goodlad, 1990)는 "교사가 권한을 어떻게 행사할 지에 대한 교육도 없이 그들의 권한을 확장해주는 것은 매우 무책임한 일이다"라고 지적했다(p. 27). 잠재적 교사리더는 대학교나 대학원 과정의 프로그램을 이수하는 동안에도 영향력을 행사하는 지식과 기술을 개발할 수 있다. 지역교육청이나 학교는 교사가 재직하는 동안 지속적으로 이러한 부분을 발달시켜줘야 한다. 와이스, 캠본, 와이어스(Weiss, Cambone, Wyeth, 1992)는 교사의 새로운 역할과 관계는 그들에게 도전이 될 수 있다고 이야기한다. 따라서 교사리더는 협상, 갈등관리 그리고 의사결정 부분에 대한 준비가 되어 있어야 한다. 모든 교사리더가 영향력을 행사하는 능력을 반드시 개발시켜야 하는 이유가 여기에 있다.

경청을 위한 기술

어떤 사람은 자신이 리더십 역할을 수행한다면 답을 줄 수 있어야 한다고 믿는다. 그러나 우리는 교사리더들에게 성공적으로 리더십을 수행하기를 원한다면 주장하기보다는 듣는 일에 더 관심을 기울이라고 조언한다. 이러한 기술을 개발한 교사리더들은 다른 사람들과의 사이에서 잘 듣는 기술을 활용함으로써 훨씬 더 영향력을 행사하게 되었다고 이야기한다. 우리는 교사리더십 발달 연수 과정에 있는 수강생들에게 종종 대학이나 대학원에서 듣는 기술에 대해 배운 적이 있는지 묻곤 했다. 대부분의 경우, 10% 미만의 수강생들이 듣는 기술을 배울 기회를 가졌다고 이야기한다. 교사리더들은 듣는 기술을 개발시키는 것은 교사리더십 교육에서 가장 중요한 영역 중의 하나라고 이야기한다. 그들은 듣는 기술을 문제 해결 과정이나 동료와의 관계에서 자신의 행동 변화뿐만 아니라 다른 사람들을 진단하기 위해 활용한다고 이야기한다. 공감하면서 듣는 것은 교사리더의 역할에서 매우 중요하다. 어떤 교사리더는 "저는 실제로 잘 듣고 그리고 들은 내용에 공감함으로써, 교사들에게 더 많은 도움을 드리고 있습니다"라고 이야기한다. 우리는 교사리더들에게 소위 〈FLEX〉(그림 6.2)라는 모델을 소개하고자 하는데, FLEX라는 용어는 새롭게 고안된 것으로, 듣는 기술을 기억하기 쉽게 머리글자를 따 만든 것이다. 우리가 교사들의 듣는 기술을 살펴본 결과, 교사들은 듣는 기술에 대해서 어느 정도 알고 있지만 그것을 효과적으로 잘 활용하고 있지는 않은 것으로 파악됐다. 경청을 위한 첫 번째 기술은 제시하는 판단이나 자신의 입장을

Focus	판단이나 자신의 입장을 먼저 내세우지 않고 화자에 집중하기
Listen	활발하게 바디랭귀지하며 들어주기
Empathize	눈맞춤하며 공감해주기
EXamine	비언어적 신호와 단어에 담긴 의미와 느낌 탐색하기

〈그림 6.2〉 경청을 위한 기술

먼저 내세우지 않고 화자에 집중하는 것이다. 다음 기술은, 활발하게 바디랭귀지하며 들어주는 것인데, 팔짱을 낀다거나 책상 뒤에 가만히 앉아 있는 것과 같은 행위는 도움이 되지 않는다. 다음으로는 다른 사람과 눈맞춤하며 공감하는 것이다. 이러한 것들은 다른 사람들에게 영향력을 행사하는 중요한 기술이고, 다양한 관점을 대하는 교사의 능력을 보여주는 부분이다. 끝으로 우리는 교사가 비언어적 신호와 단어들에 담긴 의미와 느낌을 탐색할 것을 제안한다. 우리는 흔히 자신의 관점이 상대방에게 잘 전달되기를 바라는데, 이 경우 중요한 것은 비언어적 신호들을 소홀히 다뤄서는 안 된다는 것이다. 교사리더는 자신에게 중요한 교육현안을 논의하는 과정을 통해 이러한 기술을 익힌다. 그들은 서로 피드백을 주고받으면서 이러한 기술을 익힌다.

　교사리더는 학교 안팎의 동료들, 학부모와 공동체 리더들, 대학 교직원들 그리고 법률가와 다른 정책입안자들과 관계한다. 이러한 모든 관계는 다른 사람에게 영향력을 행사하는 과정의 일부로 탁월한 듣기 기술을 요구한다. 우리의 후속연구에 따르면, 교사리더는 듣는 기술을 학교에서의 전문적 역할 수행뿐만 아니라 다른 곳에서도 활용하고 있었다. 44%는 이 기술을 시민사회활동과 교회활동에 그리고 41%는 배우자나 가족 그리고 아이들에게 활용하고 있었다.

그룹활동기술

우리가 위원회 및 팀활동을 하면서 경험한 바에 따르면, 그룹에서 일 하는 것은 새로운 기술을 요구한다. 수십 년 전, 주로 교실에서만 역할을 하도록 교육받았던 교사들은 일반적으로 그룹에서 일하는 기술을 개발할 필요가 없었다. 이러한 기술은 교사리더로 하여금 자신의 관심사에 대해 새로운 방식으로 영향력을 행사하도록 도와준다. 노련한 교사리더는 그 룹의 문제해결, 의사결정, 불가피한 갈등관리에 도움을 줄 수 있다. 소그 룹에서의 촉진자, 기록자, 보고자로서의 전문성을 개발할 기회는 교사의 리더로서의 역량을 신장시켜줄 것이다.

촉진자로서 교사는 그룹에 있는 모든 사람들이 말할 기회를 갖게 하고, 시간 관리 및 논의 주제에 관한 제안을 할 수 있고, 논의되는 내용이 아니 라 논의 과정에 초점을 맞추게 할 수 있다.

기록자로서 교사는 제안된 모든 아이디어를 경청하고 제안된 핵심아이 디어를 정확하게 짚어낼 수 있다. 이런 능력은 모든 사람의 아이디어를 존중하고 포용할 때 일어난다.

보고자로서의 교사는 몸동작을 사용하면서 논의에서 나온 주요한 아이 디어를 간추려 구성원들과 공유할 수 있다.

우리는 〈행동 모델 접근(behavior-modeling approaches)〉(Taylor, Russ-Eft,& Chan, 2005)이 이러한 그룹에서의 기술을 개발시키는 데 매우 유용한 전략이 될 수 있다는 것을 알았다. 이 모델에서 참여자들은 사람이나 비디오를 통해 시연되는 새로운 기술을 보고, 그 기술을 이루는 일련의 단계나 행동들을 배우고 연습한다. 그 후 교사들은 다른 사람들에게 자신의 수행에 대해 피드백을 받는다. 우리는 〈행동 모델 접근〉이 교육자들의 새로운 기술 개발에 매우 우수한 전략이라는 것을 알아냈다. 모든 전문성 개발과 마찬가지로, 교사들이 그들의 학교에 이러한 기술을 적용할 수 있도록 지속적인 지원과 지지가 있어야 할 것이다.

많은 교사가 교실에서 학생들을 지도하면서 리더십 역할의 그룹활동 기술들을 활용하고 있다고 이야기한다(Hart & Segesta, 1994). 몇 가지 예를 들면 다음과 같다.

· 한 교사는 학교 교육 과정 개정팀의 대표로서 자신이 그룹활동기술을 어떻게 활용하고 있는지 공유해주었다.

· 다른 교사는 그가 팀 회의를 어떻게 잘 진행하고 있는지를 공유하는 그룹활동기술이 기존의 전통적 회의 방식보다 훨씬 더 효율적이었다고 말했다.

· 기술분야 교사는 학급에서의 스마트 보드 활용을 위한 기획회의를 촉진하기 위해 그룹활동기술들을 어떻게 활용했는지 설명해주었다.

·신규교사와 자주 만남을 갖는 문해력 코치는 짧은 시간에 모든 구성원이 자신의 아이디어를 공유하게 할 수 있게 되었다고 이야기한다.

·한 특수교육 코디네이터는 행정가, 아동심리학자, 교사, 학부모가 참여하는 컨퍼런스를 성공시켰다고 이야기했다.

많은 교사리더가 자신들이 소속된 학교의 회의들이 왜 좋은 결과를 보여주지 못하고 있는지를 이야기한다. 이러한 그룹기술을 배운 후, 그들은 모든 사람이 참여하는 회의를 위해 어떤 행동을 취해야 하는지를 알게 되었다.

협상기술

이 기술은 교사리더가 서로 다른 관점을 가진 사람들과 협력하는 전략을 개발할 때 도움을 준다. 전문성 개발 학교, 현장기반 경영, 공유된 의사결정, 다양한 협력 관계에의 참여 등이 일반화되어 교사리더는 동료교사, 교장, 지역청 행정가, 학부모, 때로는 대학교수에게까지 영향력을 행사하도록 요청받고 있다.

따라서 교사리더는 다른 이해관계자들에게 영향력을 행사하기 위해 학교변화 관련 현안에 대해 자신의 관점을 구축하고 제시하는 방법을 학습할 필요가 있다. 수많은 교사리더는 이러한 것이 다른 사람을 기만하는 기술이 아니라 협업과 참여를 유도하는 바람직한 전략이라고 이해하고 있다.

영향력 행사 사전준비

충분한 시간을 갖고 회의를 준비하면 장기적으로 시간을 절약할 수 있고 대화 중 다른 사람을 더 존중할 수 있다. 종종 교사들은 왜 자신이 다른 사람에게 영향을 끼치는 데 성공하지 못했는지 의아해하는데, 그 이유는 자신의 생각을 어떻게 전달할지에 대한 준비가 부족했다는 점 그리고 다른 사람들의 관점을 잘 예측하지 못한 데 있다. 우리는 리더십을 개발할 때, 교사들이 더 바람직한 방법으로 다른 사람에게 영향을 끼칠 수 있도록 다음과 같은 지침을 활용하고 있다.

지침 #1: 자신의 입장을 확인하라. 먼저 준비 단계로 문제나 상황에 대한 자신의 입장을 확인해야 할 것이다. 자신의 신념을 명확히 하기 위해 자신의 입장을 글로 써보는 것이 도움이 될 것이다. 자신의 입장을 글로 써보면, 자신의 입장을 지지할 충분한 정보를 갖고 있지 않다는 사실을 알게 될 것이다.

지침 #2: 자료를 모아라. 우리는 교사가 자신의 입장을 지지하기 위해 개인적 경험이나 연구물에서 나온 데이터를 활용할 것을 제안한다. 연구물에 대한 분석은 교사에게 정말 필요한 연구가 무엇인지를 확인하게 해준다. 이것은 또한 교사로 하여금 자신의 입장을 지지할 실행연구를 수행하게 하거나 다른 정보수집 과정을 활용하게 할 수도 있다.

지침 #3: 자신과 다른 사람들의 요구를 확인하라. 자신의 요구와 관심을 파악하고 난 후 영향을 끼치고자 하는 사람들의 요구와 관심을 예측해본다. 공동의 목적이 달성되려면, 모든 관련된 사람들의 욕망이 충족되어야 한다. 교사리더는 자신의 요구와 영향을 끼치고자 하는 사람들의 요구가 어떤 면에서 같고 다른지에 대해 생각하며 시간을 보낸다.

많은 교사가 학교 개선팀, 교육과정위원회 그리고 학교의 다른 업무팀과 일하는 데 있어 충분한 준비가 매우 중요하다고 이야기한다. 조지아 주에서 온 한 교사는 자신이 교육감을 만나 교사들이 오래 근무하게 할 아이디어와 지역의 정책 변화에 대해 논의할 때 사용하는 자신의 준비 단계를 우리에게 알려주었다. 또 다른 교사는 교장에게 영향을 끼칠 방법을 먼저 계획한 후, 교장에게 접근하는 자신의 방법을 설명해주었다.

영향력 행사 단계

교사리더는 전문적 학습, 훈련 그리고 성찰을 통해 다른 사람들에게 영향을 끼치는 기술에 능숙해질 수 있다. 이러한 기술은 학생, 동료교사, 학부모 또는 행정가에게 영향을 끼치는 데 도움을 준다. 이러한 기술은 다양한 환경에 적용될 수 있다. 교사리더가 이러한 기술을 활용할 때 사용할 수 있는 다섯 가지 단계를 제안하면 다음과 같다.

단계 1 : 자신의 입장을 명확하고 확실하게 진술하라

자신이 변화를 만들 수 있고 자신의 의견이 중요하다는 점을 인식할 필요가 있다.
교사리더가 자신의 입장을 분명하게 하고 자신감 있게 보여주는 것은 성공적으로
영향력을 행사하기 위한 필수 요소다.

단계 2 : 자신이 취한 입장을 지지할 데이터를 사용하라

준비 단계에서 수집된 데이터는 다른 사람에게 영향을 끼칠 때 교사리더에게 자신
감을 준다. 대부분의 데이터는 단지 교사리더의 실행에 대한 직감적 믿음을 입증
해줄 뿐이지만, 자신의 입장이 다른 사람들의 연구나 경험에 의해 타당하다고 판
명되었을 때 교사리더는 더 자신감을 갖게 된다.

단계 3 : 다른 사람들의 관점을 탐색하고 이해하라

준비 단계에서, 영향을 미치고자 하는 사람들의 요구가 무엇일지 예측한다. 자신
이 예측한 가정이 맞는지 알아내고 싶을 것이다.

단계 4 : 서로에게 중요한 현안이 무엇인지 파악하라

합의에 이르기 위해, 교사리더는 다른 사람들의 관점을 분명하게 파악할 필요가 있다. 모든 사람이 만족할 부분을 찾는 작업은 최종결정 사항에 대한 진정한 지지를 이끌어내기 위해 매우 중요한 부분이다.

단계 5 : 특정상황이나 문제를 해결하기 위한 옵션을 마련하라

모든 옵션을 다양하게 살펴보는 것은 결정을 내리는 데 도움이 될 수 있다. 어떤 옵션은 교사리더가 처음에 제안한 것과 다를 수 있지만, 관련된 모든 사람에게 최적의 해결책이 될 수도 있다.

단계 6 : 합의에 도달하라

다양한 이해관계자들과의 합의는 교사리더의 학교 변화에 주는 영향력을 강화시킨다. 교사리더는 모든 사람들의 요구를 충족시키고 학생들의 학업성취도 향상을 목적으로 학교 변화를 촉진시키기 위해 다른 사람들과 성공적으로 함께 일했을 때 성공했다는 느낌을 받는다.

앞서 언급한 두 가지 의사소통 모델들은 교사리더가 다른 사람들과 대화하는 것을 돕는다. 첫 번째로 우리는 ADS모델(4장 참조)을 공유했었는데, 이 모델에서 교사들은 차이를 인정하고 가치와 관점을 드러내고 다른

사람을 이해하고 포용하는 것을 배웠다. 성공적으로 영향력을 행사하기 위해서는 관점이 다른 사람들과 협업해야 하는데, 이러한 측면에서 ADS 모델은 교사리더에게 열린 마음을 갖는 것이 더 생산적인 결과를 가져다 준다는 사실을 상기시켜 준다. 경청을 위한 FLEX모델은 교사리더가 영향력을 행사하고자 하는 문제를 사람들로 하여금 진지하게 논의하게 하는 강력한 도구이기도 하다. 우리는 이러한 기술을 익히고 있는 교사리더에게 자신의 관심사를 간단히 소개하고 그에 대해 다른 사람들의 생각을 경청하게 했다. 효과적인 경청의 시간은 교사리더들로 하여금 어떤 사람은 이미 자신의 생각을 지지하고 있다는 사실을 파악하게 하거나 새로운 관점을 인식하게 한다. 이것은 교사리더로 하여금 현안 문제를 해결하는 데는 다양한 방법들이 있음을 인식하게 한다.

교사리더는 특정한 목적을 위해 영향력을 행사하는 전략들을 사용하는데, 이것들은 보통 그들의 관심이 반영된 학교 문제나 현안들이다. 영향력을 행사하는 기술 습득은 목적달성에 도움은 되겠지만, 교사리더가 구체적 실행계획을 갖고 있지 않다면, 제대로 된 결과를 얻기는 어려울 것이다.

학교현장에서 교사리더 실행

우리가 교사리더십 개발을 위해 제안한 모형의 마지막 요소는 '나는 무엇을 할 수 있는가?'라는 질문에 답하는 것이다(그림 6.3 참조). 교사리더 십 모형의 세 가지 요소—자가진단, 변화하는 학교 그리고 영향력 행사 전략—를 통한 교사리더십 개발은 이제 그들이 행동하도록 준비시킨다. 개선 요구 사항에 대한 정보뿐만 아니라 개인과 학교의 미래 비전 구축은 교사리더가 구체적 행위에 초점을 맞추는 데 도움을 준다.

최근 학생들의 학습과 관련해 눈에 보이는 성과를 내도록 교사리더십 에 대한 압력이 가중되고 있다. 교사리더가 학업성취도 향상에 대한 책 임 없이 단순히 자리만 떠맡아서는 다른 교사들에게 영향력을 행사할 수 없다. 사실 우리는 교사리더십에 대한 개념정의에서 '학생성과에 대한 책 임'을 추가했다. 〈효과적인 실행 계획〉을 개발하는 방법을 배우는 것 은 이러한 책임을 완수하는 데 도움을 줄 것이다. 이것은 흔히 실행연구 (action research) 또는 교사연구(teacher research) 등으로 불리는데, 많은 교 육실천가들이 꺼리고 묵살하는 순수한 학문지향의 연구는 아니다. 이것 은 교사리더의 주요 관심사항에 커다란 변화를 가져다줄 수 있는 실천 지 향적 연구이다.

교사리더는 효과적 실행 계획을 개발하는 현장중심의 체험학습으로부 터 많은 이익을 얻는다. 교사리더에게는 학교나 지역의 교육 실행에 성공 적으로 영향을 미치는 구조가 필요하다는 우리의 믿음에 기초하여, 우리 는 그들의 학교나 교육청에서 실제로 프로젝트를 수행할 수 있는 새로운 기술을 배울 수 있는 기회를 제공한다. 교사리더는 자신에게 필요한 기술

〈그림 6.3〉 실행하기

과 자신감을 가져다줄 〈효과적인 실행 계획〉 제안서 초안 작성에 참여한다. 〈그림 6.4〉에 단계가 설명되어 있다.

〈효과적인 실행 계획〉을 작성하는 첫 번째 단계는 교사들이 자신의 에너지와 시간을 투입해 개선할 문제를 결정하는 것이다. 교사리더는 자신이 문제의식을 갖고 있는 사안들에 대한 증거들을 생각한 후, 공식적, 비공식적 자료들을 수합한다.

다음으로, 교사리더는 학교 밖의 다른 학교나 다른 교사들에 의해 해결된 사례들을 찾는다. 이 단계는 그들에게 문제 해결의 확신을 주고, 해결될 수 있는 현실적인 부분에 더 집중할 수 있도록 해준다.

세 번째 단계는 예상되는 결과를 명확히 하기 위해 개선 목표를 설정하는 것이다. 이 단계에서 교사리더는 동료로부터 피드백을 구하고, 그 문

단계 1: 사안에 관한 최근 정보 : 당신은 이것이 문제라는 것을 어떻게 알게 되었는가?

- 문제에 대한 설명
- 이 사안이 문제가 되는 이유
- 학생과 교직원, 학교문화, 리더십에 대한 현황 설명
- 당신의 우려를 뒷받침하는 자료 : 학업성취도, 출석률, 징계문제, 교사문제 그리고 다른 정보(질적 또는 양적 자료)
- 문제해결에 대한 당신의 입장(당신에 관한 일반적인 정보 포함)과 해결 과정에서 당신의 역할

단계 2: 문제해결의 가능성 탐색 : 당신은 이 문제가 효과적으로 해결될 수 있다는 것을 어떻게 알 수 있는가?

- 비교 자료(예를 들면, 유사한 학교의 자료, 자치구/주정부/국가 자료) 그리고 이 문제와 관련된 학생들의 특성과 요구(예를 들면, 수학을 가장 잘 학습하고 있는 학습자들에 대한 연구)

단계 3: 이상적 상태 : 문제가 해결된 후 이상적 상태는 무엇인가?

- 이상적 행위나 수행 수준, 학습자들을 위한 기준들

단계 4: 현행 가용한 전략 탐색 : 이 문제를 해결하기 위해 현재 활용되고 있는 전략들에는 어떤 것들이 있는가?

- 효과성 여부와 상관없이, 이 문제를 해결하기 위해 현재 활용되고 있는 전략과 프로그램들

단계 5: 연구물과 우수 사례 탐색 : 이 문제를 해결하기 위해 활용할 수 있는 전략들에는 어떠한 것들이 있는가?

- 문제와 관련된 연구물이나 우수 실천 사례(당신과 동일한 문제를 고민하고 있는 학교들에서 얻은 인터뷰 정보)
- 연구기반 이상적인 교수·학습 환경 : 이 문제를 해결하기 위해 당신은 교육 과정, 일정 그리고 다른 관련된 문제들에 어떤 변화를 줄 것인가?

단계 6: 전략 채택과 실행 : 문제해결을 위해 어떤 전략들이 활용될 수 있는가?

- 당신 학교나 지역에서 〈효과적인 실행 계획〉을 촉진하는 과정과 이러한 과정에서 당신의 역할
- 당신의 문제를 지지하도록 당신이 활용할 전략과 이해관계자들
- 계획을 실행할 사람들에 대한 전문적 학습에 대한 요구들

〈그림 6.4〉 효과적인 실행 계획 단계

제에 대해 학교의 공식적인 리더, 보통 교장과 대화를 나눈다. 이러한 피드백을 통해, 일을 진행하기에 앞서 먼저 교사리더는 실행 계획의 목표와 초점을 다듬는다. 다음에 오는 〈효과적인 실행 계획〉의 세 가지 단계들은 교사들이 잠재적 실행 계획을 수립하는 데 도움이 되는 학교 안팎의 자료와 전략들을 검토하게 한다.

네 번째 단계에서, 교사리더는 문제를 해결하기 위해 어떤 전략이 사용되었는지 그리고 이러한 현행 또는 과거 전략의 성공 여부를 조사한다.

다음으로, 교사리더는 연구 진행에 도움을 얻기 위해 연구물이나 다른 학교나 교육청에서 활용된 모범사례들을 살펴본다.

마지막으로, 교사리더는 실행 전략을 선택하고, 행동 단계를 개발한다. 교사리더는 자신의 역할, 필요한 자원, 일정, 주요 이해관계자에게 주는 영향, 성공 여부 등을 생각하면서 실행 계획을 작성한다.

실행 연구가 점차 각광받고 있는데, 이것은 교사리더가 이 방법을 통해 자신뿐만 아니라 다른 사람들의 수업 개선에도 도움을 줄 수 있다고 인식하기 때문이다. 다음은 교사리더들에 의해 개발된 실행 계획 사례들이다.

- 5학년 교사들과 협력하여 사회과 주제들을 미술 수업과 통합
- 초등학교에 처음으로 다연령 학급 설립
- 고등학생 나이로, 교육이 가능한 정신지체 학생을 중학교에서 고등학교로 진학

·특수학급(예: 미술, 음악) 학생을 대상으로 일관된 훈육 절차 마련

·신설 통합 학교 직원들의 팀워크 신장

교사리더가 잘 알려져 있지 않은 낯선 영역에 뛰어들어 계획을 세워야 할 때, 동료나 다른 사람들에게 도움을 받게 되면 큰 위안이 될 것이다. 일단 계획이 수립되면, 교사리더는 자신의 학교에 적용하여 변화를 만들고 싶어 할 것이다. 그때 교사리더는 결과에 책임을 져야 한다는 점을 인식하고 실행에 옮길 것이다.

교사리더십이 발휘되면 학업성취도가 향상된다

기회가 주어진다면 교사들은 공립학교에서 효과성을 높일 수 있다. 교사리더가 영향력을 발휘하는 데는 어려움이 있겠지만, 확실히 노력할 가치가 있다고 본다. 다른 이들에게 영향을 미칠 때 교사리더가 직면하는 딜레마에는 (1) 유연하지 못한 팀 구성원, (2) 학교예산 및 부족한 자원 할당 등과 같은 어려운 결정에 대한 교사들의 기피, (3) 교사리더 결정에 대한 교장의 후속지원 부족 등이 있다. 교사가 더 많은 영향력을 행사할 수 있는 기회가 확장되고 있지만, 의미 있는 의사결정에 더 많은 기여를 하기 위해서는 여전히 더 많은 지원이 이루어져야 할 것이다. 학교리더들은 의사결정 시 실제로 업무를 시행하고 있는 교사들을 참여시키기 위해 학

교 내 업무 재구조화를 위해 노력하고 있다. 이러한 접근을 통해 교사리더는 실제적인 역할을 수행하고, 학생 입장에서 의사결정이 이루어지도록 돕는다. 우리는 이러한 노력이 장기적으로 학생들의 학업성취도 향상으로 이어지리라 믿는다.

　교사리더십이 귀중한 자산으로 인정받고 있다는 증거는 바로 교사리더십을 통해 이루어질 수 있는 공식적 역할들이 많아지고 있다는 사실이다. 우리는 교사리더십의 잠재력에 찬사를 보내지만, 교사들이 교사리더십에 호의적이지 않은 학교문화 속에서 충분한 준비나 지지도 없이 역할을 떠맡도록 요구받는 것은 매우 걱정스럽다. 교사리더십에 대한 딜레마를 극복하기 위해 학교리더, 교육청 행정가를 비롯한 관련된 사람들이 실행할 수 있는 구체적인 전략들은 많이 있다.

★ ★ ★

교사리더가 영향력을 펼칠 수 있는 환경 마련을 위한 담당자별 실행 전략

교사

1. 자신의 학교에서 영향력을 행사하는 많은 방법들을 생각해본다. 학교개선팀에서 일함으로써 학교 수준에 영향을 미치는 것, 다른 교사의 교실에서 시범수업을 하는 전문성 개발 차원, 신규교사와 함께 교실활동에 정보기술을 어떻게 접목시킬지에 대해 공유하는 교수 차원의 방법들을 생각해본다. 교사리더십이 학생들의 학업성취도 향상에 영향을 미친다는 사실과 관련된 당신의 경험을 다른 사람들과 공유한다.

2. 자신이 몸담고 있는 학교의 학생들과 관련하여 논란이 되는 문제들을 생각해본다. 당신이 가장 우려하는 학생들의 학습을 방해하는 문제는 무엇인가? 아마도 영양실조와 소아 비만, 집 없는 아이, 자신의 형제들을 부양해야 하는 중등부 학생, 약물이나 술 문제 등일 것이다. 해당 학교의 교사리더들과 협력하고 자신의 영향력을 행사하는 기술들을 활용해 이러한 문제들에 대해 어떻게 영향력을 행사할 것인지 생각해본다.

교장과 교감

1. 교사들의 목소리가 어떻게 하면 효과적으로 전달될 수 있을까라는 관점에서 해당 학교에서 이루어지고 있는 팀, 부서 그리고 교직원 회의들을 유심히 들여다본다. 교사들의 영향력이 신장될 수 있는 방법들을 검토하고, 교사들을 문제해결과 의사결정 과정에 효과적으로 참여시켜 그들이 기여할 수 있는 방법들을 고민해본다.

2. 모든 교실에 우수한 교사를 확보하고 교수·학습 개선을 가져오기 위해 교사들의 전문지식을 활용하는 것은 매우 중요한 사항이다. 교사들이 자신뿐만 아니라 동료들 사이에서 전문성을 지닌 영역을 확인할 수 있도록 설문을 실시한다. 설문결과를 토대로 다른 사람들을 위해 교수방법을 시연하고, 모범사례를 공유하고 그리고 신규교사를 위한 멘토를 찾아줄 방법을 계획한다.

교육감과 교육청 행정가

1. 직원들의 참여가 많을수록 조직에 더 큰 헌신과 효과적인 의사결정을 가져온다는 점을 고려할 때, 당신은 교사리더들로 하여금 교육정책과 교수·학습부분에 어떻게 좀 더 큰 영향력을 행사하도록 하겠는가? 교육청 수준에서 교사리더의 전문성을 더 활용할 추가적인 방안들을 찾기 위해 노력한다.

2. 현재 교육청 수준에서 교사리더의 공헌에 대한 인정과 보상은 어떻게 이루어지고 있는가? 교사들에게 리더십을 발휘할 기회를 제공하는 것은 그 지역이

우수한 교사를 모집, 보유, 보상하도록 돕는 정책이 될 수 있다.

대학교수

1. 해당 대학 출신의 예비교사들이 얼마나 다른 사람들과 생산적이고 효과적으로 소통할 준비가 되고 있는지 진단해본다. 해당 대학 졸업생들은 장차 다양한 사람들을 만나게 될 것인데, 당신의 강좌와 프로그램을 보완해 어떻게 이에 대비시킬 것인지 생각해본다.

2. 최근 학계에서는 교사들의 연구를 학교 차원의 개선 노력에 영향을 미칠 수 있는 교사리더십의 새로운 한 형태로 치켜세우고 있다. 교수로서, 예비교사들이 교사리더십에 관심을 갖고 탐구 프로젝트를 수행하도록 할 방법들을 찾아본다. 더 나아가 여기서 나오는 연구결과들이 졸업생들의 교실 수업에서 어떻게 활용될 수 있을지 생각해본다.

교사리더십의
발전과 도전

EMERGING TEACHER LEADERSHIP
AND ITS CHALLENGES

교사리더는 동료교사에 대한 코치로 그리고 수업관찰자로 활동할 수 있다. 그들은 또한 학생주도의 학회 또는 멘토링과 같은 새롭고 혁신적인 교수법을 만들어내며 교사들을 이끌 수 있다. 동료교사와 학습자료를 교환하거나 학생 개개인의 성공을 돕는 데 매우 효과적인 융·복합 교육팀을 구상하는 것은 리더십의 또 다른 효과이다.

우리는 거의 20여 년 동안 교사리더들과 함께 일을 해왔는데, 이제 그들이 학급을 뛰어넘어 교직에 합당한 기여자로 등장하고 있다는 사실에 흥분되어 있다. 우리는 많은 어려움에도 불구하고 교사들이 학교개혁의 단순한 참여자가 아닌, 고차원의 리더십을 수행하고 있다는 사실에 고무되어 있다. 이러한 뛰어난 교사들의 가치를 인정한 많은 학교는 이들을 활용하기 위해 정책을 수립하고, 연수를 기획하고, 교사리더를 적극 지원하고 있다.

영향력을 행사할 수 있는 기회가 확대된 한편으로, 교사들은 독특하지만 예견할 수 있는 많은 도전들에 직면해 있다.

교사리더십의 발전

교사리더의 역할은 부장교사와 같은 개인중심의 역할로부터 모든 교사로 하여금 교수·학습 개선을 위해 노력하게 하는 교수리더십(Instructional Leadership) 역할로 발전해왔다. 1980년대 교사리더십은 교과나 학년 운영의 전문성을 갖춘 부장교사가 수행하는 형태였다. 그리고 1990년대 초, 학교개혁의 초점은 공유된 의사결정을 통해 학교 전체를 개혁하는 형태로 변화했다. 1990년대 후반에 이르러서는, 표준기반 교육개혁이 법률로 강제되고 교사들이 전문적 학습공동체를 구축하여 함께 일을 하도록 권유했다. 학습공동체를 실제로 구축할 수 있는 몇몇 학교에서는 집단적 교사리더십(Collective Teacher Leadership)이 나타나기도 했다. 최근 책무성에 대한 요구는 학교의 현장기반 교수리더십 체제 내에 많은 교사리더의 역할을 낳았다. 〈표 7.1〉은 교사리더의 역할 변화 양상을 보여주고 있다.

1980년대	부장교사	교과목/학년 운영 전문성
1990년대 초중반	거버넌스 리더십	학교단위 개혁 공유된 의사결정
1990년대 중후반	집단적 교사리더십	표준기반 개혁 전문적 학습공동체
2000년대	학교현장기반 교수리더십	책무성

〈표 7.1〉 교사리더십의 발전(1980년대~현재)

우리는 모든 교사가 자신의 경험, 자신감의 정도, 기술과 지식에 따라 자신에게 부합하는 리더십 역할을 수행할 수 있다고 믿는다. 교사리더의 역할은 공식적일 수도 비공식적일 수도 있고, 짧은 기간 수행될 수도 오랜 기간 동안 유지될 수도 있다. 교사리더의 역할은 너무나 많아 모든 교사리더의 역할을 구체적으로 기술하는 것은 쉽지 않다. 왜냐하면, 교사리더의 역할은 학교나 지역상황에 따라 달리 나타날 수 있기 때문이다. 따라서 우리가 목표로 하는 것은 과업과 교사리더 간 최적의 조합을 찾아주는 것이다. 학교들이 점차 학생성취도 향상에 미치는 교사리더십의 가치를 인식해감에 따라 교사리더의 역할이 다양해지고 있으며, 책임감 역시 증가하고 있다. 만약에 교사들이 교사리더십의 개념을 더 잘 이해하고, 교사리더십의 효과를 인정하게 된다면, 교사들이 리더십을 받아들이는 데에 대한 거부감은 줄어들 것이다.

교사리더십의 영역

비공식적 교사리더십은 학교에서 다양한 모습으로 나타나고 있다. 비공식적 교사리더의 역할은 매우 다양한데, 흔히 교사의 관심과 학교의 요구에 따라 달리 나타난다. 교사리더는 "조심스럽게, 사려 깊게, 작지만 실질적인 노력을 통해…. 세상의 관심과는 멀리 떨어진 곳에서 일하며" 변화를 만들고 있다(Badaracco, 2002, p.9). 이상적인 학교 환경에서는, 모든 교사가 전문적 학습공동체 내에서 다양한 수준의 리더십을 떠맡는다. 그러나 실제 교육현장에서, 성공한 교육행정가들은 교사의 자발성에 기대기보다는 많은 교사에게 비공식적, 공식적 역할을 부여하고 있다. 학교와 지역의 상황이 교사리더십에 대한 참여 형태와 수준을 결정하고 있는 것이다.

공식적 역할을 수행하고 있는 교사리더로 장학요원들이 포함될 수 있는데, 이들은 교사, 멘토, 연수 담당자, 데이터 분석가 등을 지도할 것이다. 그리고 그들은 아마도 다음과 같은 특징을 보일 것이다.

- 학급, 학교, 또는 교육청과 관련된 일을 중점적으로 다룰 것이다.
- 특정분야에 전문성을 갖거나 다방면에 지식을 가진 박식한 사람일 것이다.
- 개별적인 기여자나 그룹 및 팀 활동에 대한 참여자일 것이다.
- 조직의 정규 업무 수행자이거나 단순한 일회성 공헌자일 수 있다.
- 행정가들에 의해 임명되거나, 동료투표 또는 자기추천에 의해 선발되었을 것이다.

교사리더십의 역할은 네 가지 리더십 기능으로 나타난다. 첫째, 교사리더는 학교 안팎의 지배구조 영역에서 역량을 발휘할 수 있다. 둘째, 교사리더는 학생활동을 돕는 리더십을 발휘할 수 있다. 셋째, 교사리더는 학교 안팎의 학교 운영과 관련된 영역에서 리더십을 발휘할 수 있다. 마지막으로, 교사리더는 교수·학습영역의 리더십 책임을 떠맡을 수 있다.

교사리더는 대개 이 네 가지 기능을 중첩되게 맡고 있으면서, 다양한 과업들을 수행하고 있다.

지배구조 영역에서의 리더십

교사는 학교개혁팀, 학교운영위원회 등을 통해 학교의 의사결정에 참여한다. 또한 공식적, 비공식적으로 구성된 단체에서 학부모, 재계 그리고 공동체 구성원들과의 파트너십을 통해 리더로서 활동한다. 교육재단, 교사–학부모 단체, 지역사회 활동가 등과의 활동은 교사가 학교 밖 이해관계자들과 일하는 대표적인 예이다. 교재 선정, 학교 자원 재분배, 또는 교사 평가 등과 같은 문제를 다루는 위원회를 주재하는 것은 교사가 정책과 정책 실행에 영향을 미칠 수 있는 교사리더십 기능의 또 다른 예이다. 학교 내에서 교사리더는 교사회 대표, 학부모–교사단체 담당자, 또는 지배구조 관련 다른 선출직을 수행함으로써 학교에 기여할 수 있다.

학생활동 영역에서의 리더십

교사는 학생들을 위하는 리더십 역할로 세계 창의력 올림피아드 대비반과 같은 정규교육 과정 외의 교육 프로그램을 조정하는 일을 한다. 학생들의 교육적 요구에 기초해서 기획하고 운영하는 이러한 프로그램에는 은퇴자나 재계에 있던 사람들이 학습부진아들을 지도하는 멘토링 프로그램과 상급반 학생들이 어린 후배 학생들을 지도하는 방과 후 튜터링 활동 등이 있다.

우리의 경험에 의하면, 교사들은 흔히 학생들의 다양한 요구를 파악하고 그것을 충족시켜 줄 전략을 만든다. 피트니스클럽은 학생들의 건강에 대한 욕구를, 음악, 댄스, 연극 동아리는 학생들의 예술을 통한 자기표현 욕구를 충족시켜 준다.

학교운영 영역에서의 리더십

학교운영 관련 과업은 학교를 잘 조직화하여 학교목표를 달성하게 하는 일이다. 교사리더는 부서나 학년부장, 팀의 리더 그리고 교사회 대표나 연수부장 등과 같은 공식적인 역할을 수행한다(Gabriel, 2005). 또 다른 리더십활동으로 실행연구를 수행하는 교사가 포함될 수 있는데, 이들은 지역소재 대학과 협력 작업을 한다. 어떤 교사는 그들의 전문적 조직에서 공식적인 역할을 수행한다. 주정부나 교육청의 교육 과정 및 평가 설계에 의견을 내는 프로젝트팀이나 위원회에서 활동하거나 지역대학들이 교사 교육 프로그램의 교육 과정을 개선하는 데 도움을 주기도 한다. 교사리더는 또한 공모사업 계획서 작성자, 프로젝트 관리자, 기술 전문가 등으로 활동한다. 학교 평가를 준비하거나 다른 학교를 견학하는 팀에서 봉사하는 등의 주도적인 역할도 한다.

교수 · 학습 영역에서의 리더십

교사는 학급 학생들을 대상으로 촉진자, 코치, 피드백 제공자 그리고 상담자로서 리더십 역할을 수행한다. 교실 밖에서 교사리더는 멘토, 코치, 교사 훈련자, 교육 과정 전문가 또는 단순한 경청자로서 활동한다. 교사리더는 신규교사, 비전공교사, 타학교로 전근 가는 경력교사에게 절실히 요구되는 부분을 지원할 수 있다(Lieberman & Miller, 2004). 교사리더는 동료교사에게 코치로, 수업관찰자로 활동할 수 있다. 그들은 또한 학생주도의 학회 또는 멘토링과 같은 새롭고 혁신적인 교수법을 만들어내며 교사들을 이끌 수 있다. 교사들은 협력적 연구모임을 이끌거나 자신의 수업을 참관하도록 동료를 초대한다. 동료교사와 학습자료를 교환하거나 학생 개개인의 성공을 돕는 데 매우 효과적인 융·복합 교육팀을 구상하는 것은 리더십의 또 다른 예이다. 〈전미 교직 기준 위원회〉로부터 인증을 받고자 하는 동료교사를 위한 멘토의 역할도 할 수 있다.

교수학습과 관련해서 교사리더의 역할은 다음 세 단계를 거쳐 발전해 왔다.

첫 번째 형태는 교직으로 이직해온 자격증이 없는 교사들에 대한 멘토링 프로그램 조정과 같은 학교 현안을 다루는 것이다. M. 도날드슨(M. Donaldson 외, 2008)은 이러한 형태의 일을 하는 교사를 "개혁과 무관한" 일반적 교사리더라고 이야기한다. 이러한 교사리더는 학교개혁 관련 영역에서 일은 하지만, 교사들의 교수학습부문의 혁신을 직접적으로 책임을 지고 있는 것은 아니다. 이러한 역할을 하는 교사리더는 동료교사들에게 위협적인 존재로 인식되지 않는다.

두 번째 형태는 교수학습의 실제에 초점을 두는 것으로, 학생들의 학업성취도 향상을 위해 교사리더가 다른 교사와 함께 협업을 하도록 하는 것이다. M. 도날드슨(M. Donaldson 외, 2008)은 이러한 형태의 일을 하는 교사를 "개혁 관련 역할들"이라고 규정했다(p. 3). 개혁 관련 역할을 하는 교사리더는 특히, 읽기, 쓰기, 수학과 같은 시험에서 학생들의 학업성취도 격차가 커짐에 따라 부각되었다. 이러한 역할이 확산된 이유는 교사들에게 다른 경력경로를 제공하는 데 있는 것이 아니라 표준화 시험에서 학생들의 성적을 향상시켜야 한다는 정치적 압력에 대처하는 데 있었다. 문해력 코치, 전문성 개발자, 교육 과정 조정자와 같은 교사리더가 이러한 형태의 역할을 하는 사람들이다. 이러한 교사들은 교수법 개선이 요구되는 교실 밖 다른 교사들을 지원한다. 교사리더가 다른 교사들을 도와 함께 교수법을 개선할 것이라는 기대가 있다. 그들은 한 학교 또는 여러 학교에 걸쳐 활동할 수 있는데, 그들의 역할과 책임은 특정 학교나 교육청의 리더들에 의해 결정된다.

세 번째의 교사리더십 형태는 교사들이 전문적 학습공동체 내에서 협력할 때 나타난다. 교사리더는 교실을 떠나지 않고 학급을 지도하거나 몇 개의 수업만을 진행하면서 교수법 개선을 위해 다른 교사들과 협업한다. 이러한 교사리더십의 초점은 교수법, 학생생활, 또는 다른 영역의 현안들을 해결하는 데 있다. 이러한 형태의 리더십을 발휘하는 교사는 교사들의 관심사, 맡은 역할의 변화, 또는 상황 요인들에 따라 수시로 달라진다. 학교문화가 지원적이고 협력적이라면, 이러한 형태의 리더십은 학교 개혁에 굉장한 힘을 발휘할 수 있다.

전문적 학습공동체 내에서 나타나는 교사리더십 역할에만 주목하는 것은 한계가 있다. 만약 모든 학교가 좋은 업무 환경, 유능한 교사 그리고 정책에 대한 충분한 자원 지원 등이 있다면, 그것은 교사리더십을 위한 가장 이상적인 환경일 것이다. 그러나 현실 속에는 이상적인 학교도 있고, 소수의 유능한 교사들끼리만 소통하는 문제의 학교도 존재한다. 따라서 모든 학생을 위한 질 높은 교육을 제공할 책임이 있는 학교리더들은 학교에 어떤 형태의 교사리더십이 필요한지 결정해야 한다. 그들의 의사결정은 업무 환경, 교사의 질 그리고 학생들의 성과 등을 고려하여 상황 의존적으로 이루어질 것이다.

학교마다 처한 상황이 다르므로, 서로 다른 형태의 리더십이 개발되어야 한다. 교사리더가 주도적으로 시도할 수는 있지만 리더십을 발휘하는 과정에서 직면하는 도전들에 현실적으로 대처해야 한다. 우리는 이러한 도전들을 확인하고 교사리더와 사람들이 변화를 만들기 위해 할 수 있는 일들을 다음에서 제안하고자 한다.

교사리더의 도전

교실이라는 소위 '안전지대'에서 교육행정가, 교사 그리고 다른 사람들과 협력하는 세계로 나가는 데에는 여러 가지 위험 요인이 존재한다. 이러한 역할을 적극적으로 떠맡고자 하는 교사리더는 그러한 역할에 동의하기에 앞서 자신의 참여로 인해 발생할 수 있는 복잡한 요인을 인식할 필요가 있다. 이러한 도전은 모든 형태의 교사리더십에 공통적으로 적용될 수 있지만, 특히 교사의 교수리더십 역할에 주목하게 된다. 이러한 도전에 어떻게 대처하느냐는 그들이 맡은 구체적 역할과 책임에 따라 달라진다. 여기서, 우리는 다음과 같은 네 가지 도전을 살펴보고자 한다.

· 리더십 역할을 받아들이는 결정

· 교장-교사 간 관계 구축

· 동료들과의 협업

· 자신과 타인의 전문적 학습 촉진

리더십 역할을 받아들이는 결정

교사들이 리더십 역할에 매력을 느낄지라도, 교사리더십 역할과 책임을 맡기 전에 고려해야 할 부분들이 있다. 리더십 역할을 받아들이는 결정에 영향을 끼치는 요인은 교사리더로서 활동하게 될 학교에 존재하는 관계들에 있다. 잠재적 교사리더가 고려해야 할 네 가지 영역은 교육행정가의 지원, 교사문화, 전문적 학습의 역사 그리고 일과 삶의 균형이다.

첫째, 교육청이나 교장이 교사와 리더십을 어느 정도 공유하고 있는지 이해하는 것은 매우 중요하다. 교장이 기꺼이 권한과 권력을 공유한다면, 교사가 자신의 생각을 실행하는데 어려움이 별로 없을 것이다. 반면에 교장이 교사리더십 역할을 지지한다고 말은 하면서도 교사리더들과 실질적인 파트너십을 구축하지 않을 때는 어려움이 예견된다. 또 다른 상황으로, 교장이 겉으로는 교사리더십을 지지하는 듯하지만 실제로는 교사리더십에 반대하거나 교사리더에게 도움이 안 되는 경우라면 그 교사리더가 겪을 어려움은 충분히 예상되는 일이다. 또, 교장은 교사리더십에 긍정적인 태도를 갖고 있지만 교육청이 교사리더십을 촉진하지도 않고 자원 제공에도 인색하여 교장에게 그 어떤 재량권도 부여하지 않는 경우도 있다.

교사리더의 가장 큰 관심사항은 아마 자신을 위협적인 존재나 자신과는 무관한 존재로 여기는 동료교사와의 협업 부분일 것이다. 〈교사리더십을 위한 학교문화 진단도구〉(참고자료 B 참조)에 의해 측정될 수 있는 동료 간 협력의 정도를 고려하고, 다음과 같은 질문들에 대한 성찰이 이루어져야 할 것이다.

"교사들은 교수 전략을 논의하고 학습자료를 공유하는가?"

"우리 학교 교사들은 서로 수업을 참관하는가?"

많은 학교에서, 교사리더는 자신의 역량, 노력, 인내심에도 불구하고 해결하기 어려운 난제들에 직면해 있다. 이러한 문화를 가진 학교는 교사리더를 지치게 만들어 안전한 자신의 교실로 회귀하고 싶은 마음이 들게 한다. 현재 자신이 근무하는 학교에서 교사리더로 활동하게 될지라도, 시간을 내어 자신이 소속된 학교의 교수문화를 진단해볼 필요가 있다.

다음으로, 학교의 전문적 학습에 대한 역사를 살펴보는 것도 중요하다. 전문적 학습은 전문성 개발에 관련된 것이므로, 학교가 그동안 〈교사리더십을 위한 학교문화 진단도구〉로 측정될 수 있는 전문적 학습이나 전문성 개발을 위해 얼마나 노력을 해왔는지를 아는 것은 매우 중요하다. 이러한 노력의 정도는 교사가 워크숍, 컨퍼런스, 또는 다른 행사에 몇 번이나 참석했느냐로 결정되는 것이 아니라 학생들의 학습에 대한 요구에 기반해 교사의 전문성을 얼마나 향상시켰느냐는 것으로 측정된다. 학교행정가와 교사리더가 전문적 학습공동체에서 일하기를 원하고 있는데 협업을 위한 시간, 구조, 자원이 제공되지 않는 상황이라면 그 일을 시도할 수 있겠는가? 학교조직의 지원이 없다면, 교사리더가 전문적 학습을 신장시키기는 어려울 것이다.

마지막으로, 교사는 자신의 개인적 요구를 살펴볼 필요가 있다. 교사리더십을 수행하는 것이 매력적이고 만족을 줄 수 있을지 모르지만, 결과적으로 자기 삶의 균형을 깨뜨린다면, 거기에는 실망과 환멸이 있을 것이다. 교사리더십 역할 수행으로 인한 장단점을 미리 곰곰이 생각해보는 것은 장기적으로 볼 때 시간을 아끼는 길일 것이다. 우리는 교사에게 리더로서 조직에 기여하도록 권장하지만, 우리는 이러한 수준의 참여가 모든 교사에게 해당되는 것은 아니라는 것을 알고 있다. 교사들 또한 교직생애 동안 직장상황과 개인의 당면요구에 따라 리더십 역할을 수행할 수 있을 때와 그렇지 못할 때가 있다. 〈표 7.2〉에는 교사리더의 성공에 영향을 주는 요소들이 요약되어 있다.

건강하지 않은 학교문화에서 교사리더로 일을 하게 된다면, 교사리더십 역할을 맡는다는 것이 어떤 것인지 교사리더는 미리 심사숙고할 필요가 있다. 예비 교사리더가 리더십을 수행하게 될 학교상황을 세심하게 진

교사리더십에 대한 조직의 지원	교사문화
· 교장이 교사리더십의 가치를 이해하고 지원하는가?	· 교사들은 흔쾌히 나와 함께 일을 하는가?
· 나는 리더십 역할을 수행할 자원과 시간을 가질 수 있는가?	· 교사들은 자신의 교수법을 성찰하거나 자주 전문적 학습을 하는가?
· 인적, 재정적 자원에 접근하는 데 나는 어느 정도의 권한을 갖고 있는가?	· 교사 간의 관계는 어떠한가?
· 비공식적 교사리더십이 존재한다는 증거로는 무엇이 있는가?	· 같은 내용을 지도하는 교사 간 그리고 교직경험이 서로 다른 교사 간의 상호작용은 어떻게 이루어지고 있는가?
· 교사들은 현재의 교사리더들과 어떻게 상호작용하고 있는가?	· 학교의 사회적 네트워크는 건강한가 아니면 기능을 잃었는가?
· 교사들은 중요한 의사결정에 실질적인 참여와 의견을 내도록 권유받고 있는가?	· 교사들은 협업할 시간이 있는가? 교사들은 교수법 관련 일을 함께하도록 요구받고 있는가?
전문적 학습	일과 삶의 균형
· 교사들은 서로의 수업을 참관하는 데 익숙한가?	· 나는 내 과목이나 학년을 효과적으로 지도할 지식과 기술을 갖고 있는가?
· 교사들은 현재 교수법을 개선하기 위해 서로 협력하고 있는가?	· 다른 교사와 협력적으로 일한 경험이 있는가?
· 학교가 개혁정책과 전문적 학습을 시도한 역사가 있는가?	· 자신의 교수법 개선에 도움을 달라고 찾아온 교사가 있었는가?
· 현재 운영되고 있는 전문적 학습공동체가 있는가? 아니면 전문적 학습이 진지하게 고려되지 않고 있는가?	· 내가 이 역할을 맡는다면 가족이나 친구들의 협조를 받을 수 있는가?
	· 내가 소홀해질 수 있는 개인적 의무사항에는 무엇이 있는가?

〈표 7.2〉 교사리더의 성공에 영향을 주는 요소

단해보는 것은 자신의 결정이 옳았는지를 판단하는 데 도움이 될 것이다. 전략 중 하나는 〈교사리더십을 위한 학교문화 진단도구〉를 통해 학교가 교사리더십을 지원하는 정도를 진단해보는 것이다(참고자료 B 참조). 일단 리더십을 수행하기로 마음먹었다면, 첫 번째로 할 일은 학교의 교장이나 주요한 리더와 바람직한 관계를 구축하는 것이다.

교장–교사 간 관계 구축

교장과 교사리더 간 관계는 교사리더에게 매우 중요하다. 만약 교장이 교사리더십에 가치를 부여하고 이를 지원하는 데 능숙하다면, 일은 잘 진행될 것이다. 그러나 대개의 교장은 교사리더십에 대한 책임을 인식하지 못하고 있다. 교장에게 부여된 학교 안팎의 수많은 요구로 인해, 그들은 교사리더십이 자신의 업무성과를 신장시켜 줄 수 있고 실제로 교수·학습 개선을 가져올 수 있다는 사실을 이해하지 못하고 있을 수도 있다. 교육청은 먼저 교장들에 대한 교육이 절실히 필요하다는 사실을 인지하지 못한 채 문해력 코치와 같은 교사리더를 위한 예산을 배정할 수도 있다. 교장은 대체로 교사리더 배치의 목적을 잘 이해하지 못하고, 새로운 책임 부과에 분개하거나 교사리더와의 협업에 서툴 수 있다. 교사리더는 이러한 교장과의 관계 구축에 대해 책임감을 갖고 교사리더의 역할과 범위에 대한 협상을 시작해야 한다.

권력이라는 단어는 권위주의적 리더십 모델을 연상시키기 때문에 교사들이 흔히 거부감을 갖는다. 그러나 리더십은 다른 사람의 삶에 영향을 주기 위해 자신이 갖고 있는 자원이나 권력을 사용할 때 가장 효과적이다. 교장과 교사는 모두 권력을 갖고 있다. 교장은 직위에서 나오는 권력을 갖고 있어서 학교체제의 요구에 대응한다. 반면에 교사리더는 학교공동체의 다른 사람들과의 관계에서 나오는 개인적 권력을 갖고 있을 수 있다. 교장과 교사가 서로의 성공에 도움이 된다는 사실을 인식하고 협력한다면 많은 이득이 있을 것이다. 교장과 교사리더는 효과적으로 함께 일하기 위해 자신의 권력과 자원을 공유해야 한다.

　교장과 교사리더가 어떻게 함께 일할지에 대한 분명한 합의가 없다면 많은 오해가 발생할 수 있다. 교장은 좋은 의도에서, 교사리더와의 역할과 책임에 대한 협의 과정도 없이, 학교 발전을 위한다는 중압감에 때때로 학생지도나 동료교사 지원과는 무관한 행정 업무를 교사리더에게 요구할 수도 있다. 바쁘게 돌아가는 학교상황으로 인해 교장과 교사는 목표 설정이나 시행절차에 대한 논의도 없이 업무를 진행하기도 한다. 교사리더는 리더십활동을 시작하는 단계에서, 종종 교장이 느끼기에 교사의 권한 밖이라고 여겨지는 일을 주도적으로 결정하기도 한다. 결국 이러한 과정에서 교사리더는 교장과 부장교사 사이에서 난처한 상황에 처하기도 한다. 그들이 학교 자원을 자유롭게 활용할 수 없는 경우가 발생하는데, 그 이유는 부장들이 교사리더의 역할에 대해 교장으로부터 아직 통보를 받지 못했기 때문이다. 이러한 모든 문제는 결국 시간 낭비, 좌절 그리고 손상된 교장-교사 간 관계를 낳는다.

　이러한 문제점을 해결할 수 있는 실용적인 접근은 교장-교사리더 간 협상을 통한 업무 절충이다. FLEX모델의 경청을 위한 기술(6장 참조)과 ADS모델(4장 참조)을 이용한 의사소통은 이 협상의 성공에 매우 중요한 부분이다. 협상에 앞서 교사리더는 합의가 필요한 부분에 관한 목록을 먼저 만드는 것이 좋다. 더불어 교사리더는 이러한 목록 작성을 교장에게도 요구할 수 있다. 아래에 기술된 것들은 협상이 필요한 부분들이다. 비공식적 교사리더는 아래 목록에 관심이 없을 수도 있지만, 공식적 지위를 부여받은 교사리더라면 자신의 일과 연관된 이러한 부분들을 모두 고려할 필요가 있다.

- 교사리더의 역할과 책임 범위 정하기
- 서로 만나 정보를 공유하고, 진척 정도를 확인하고, 대책을 강구할 구체적 날짜와 시간 정하기
- 약속한 기일 내에 교사리더가 보여줘야 할 성과 정하기
- 교사가 책임지거나 책임지지 않아도 되는 의사결정 영역 명료화하기
- 교사리더의 역할과 책임에 대해 교장이 다른 교사, 부장, 학부모들에게 어떻게 설명할지에 대한 계획 작성하기
- 학교 안팎의 인적, 재정적 자원에 대한 허가 획득과 활용 방법에 대해 설명하기
- 교육청 인사, 공동체 리더, 학부모 등과 같은 외부인들과 함께 일하는 법 정하기

한 번의 만남으로 이러한 모든 것들을 협상하는 것은 서로 부담스러울 수 있다. 첫 번째 만남은 교장과 교사리더가 각자의 관심사항을 공유하고 언제, 어떻게 협상해나갈지를 결정하는 시간이 되어야 할 것이다. 모든 중요 사안에 대한 폭넓은 검토는 많은 시간을 필요로 하지만, 교장-교사리더 간 바람직한 관계 구축에 도움이 된다. 그리고 교사리더는 이러한 교장과의 관계와 다른 동료교사와의 관계 사이에서 어떻게 균형을 잡을

지 결정해야 한다.

동료교사와의 협업

현재의 교직문화에서, 교사리더가 동료와의 관계를 걱정하는 데에는 이유가 있다. 대부분의 교사는 학급담임으로서의 역할에 머물러야 한다는 암묵적 규범을 어겼을 때 동료, 심지어 친한 친구로 여겼던 교사들의 저항으로 인해 아파했던 경험을 갖고 있기 때문이다. 이것은 아마 교사들의 경쟁의식, 전문성에 대한 질투심 그리고 서로가 배움을 주고받을 수 있다는 생각에 대한 경험 부족 때문일 것이다.

대부분의 교사리더는 동료관계가 그들에게 있어 가장 큰 도전이라고 믿고 있다. 교직은 연장자에 대한 배려 외에 모든 교사가 동등하다는 평등의식에 기초하여 설계되어 있다. 따라서 교사리더의 이러한 규범에 대한 침해는 현재의 교직문화와 배치된다. 왜냐하면, 이것은 학교조직의 일반적 규범을 어기고, 교사리더가 학교의 다른 교사보다 더 전문성을 갖고 있다는 것을 암시하기 때문이다. 그리고 교사리더는 학교행정가와 동료교사 간 중간지대에 위치하는 것으로 보일 수 있다. 교사리더는 대부분의 교사가 동경하는 힘 있는 자리, 즉 교장과의 접촉이 더 쉬운 자리로 보이는 것이다.

학교 동료교사와의 관계에 대한 우려는 교사리더의 성공에 가장 큰 장애물이 된다. 장애물에 대한 질문을 받은 한 교사는 우리에게 "장애물은 바로 나 자신일 수도 있다"고 이야기했다. 최근의 연구결과는 이 교사의 의견과 일치한다. 이 연구는 심화된 교육개혁 노력에서 장애물은 바로 교사들이라는 것을 입증하고 있다. "교직에 대한 사회적 관념에 사로잡혀, 교직 재설계 작업은 교사 자신에 의해 거부되고 있다(SMylie & Denny, 1990, p. 257)." 우리는 이제 많은 학교에 존재하는 교사의 고립과 평등주의 규범에 도전할 시기가 되었다고 믿는다. 그러나 교사들은 여전히 그들의 리더십 행위에 대한 동료의 부정적 반응으로 인해 어려움을 겪고 있다. 동료와의 좋은 관계를 유지하고 싶어 하는 교사들은 그들의 생각이 거부당하고 비난받을 수도 있다는 두려움을 갖고 있다. 최근의 한 연구에서 교사리더는 다른 교사들이 "그들과, 그들의 성공과 그리고 그들의 존재"를 적대시하는 느낌을 받는다고 이야기한다. 우리는 전국의 교사를 대상으로 연구를 진행하면서, 일부 교사는 스스로를 리더로 부르는 것조차도 꺼린다는 사실을 알았다(Zinn, 1997, p. 10).

문해력 코치와 같은 '개혁주도 교사리더'와 부장교사와 같은 '일반 교사리더'에 대한 연구에서, M. 도날드슨(M. Donaldson 외, 2008)은 개혁주도의 교사리더가 동료교사와 관계를 구축하기가 어려운 이유는 평등의식, '연장자 우대' 그리고 교사들의 '자율성'에 대한 것이라는 점을 알아냈다. 사실 교사들은 심지어 지명된 교사리더에게 화를 내고 그들과 협력하는 것에 저항한다. 반면, '개혁과 무관한' 교사는 동료로부터 그 정도의 저항은 받지 않는다. 이러한 차이가 나는 것은 개혁적인 교사들이 그동안 전혀 간섭받지 않고 있던 동료교사의 교수 영역을 침해하려 하기 때문이라는 것이다. 자신의 자율성을 소중히 하는 교사들은 자신의 교수법에 만족하고 다른 사람, 특히 다른 교사로부터 피드백 받는 것을 대체로 꺼린다. 그리고 교사들은 교사리더에게 주어지는 연구시간 부여와 같은 인정과 보상에 대해 화를 낸다. 비공식적 교사리더는 그런 정도의 저항에 직면하지는 않겠지만 그들도 교실 밖의 교수·학습에 영향을 미치기 위해서는 협력하는 법을 배워야 할 것이다.

교사리더의 역할은 비교적 새로워서, 리더십기술을 익힐 기회를 거의 갖지 못한 교사는 살아남기 위해 스스로 고안한 전략들에 의존한다. 불행하게도 어떤 교사는 자신의 전략을 시행하기 위해 저자세를 취하거나 그들이 갖고 있는 권한을 포기하기까지 한다. 심지어 어떤 교사는 도와주겠다는 교사리더의 제안을 거부하기도 한다. 우리가 교사리더들과 함께 일하면서 다음의 전략을 제공하면 흔쾌히 받아들이는 것 같지는 않지만 그래도 잘 활용하겠다고는 이야기한다.

· 앞으로도 더 많은 자원을 요구할 교사들에게 학습자료를 제공한다.
· 교통지도와 같이 다른 교사들이 수행하는 의무를 자신도 한다.
· 자신은 단지 촉진자일 뿐 권력을 갖고 있는 것은 아니라고 이야기한다.
· 학교행정가들과 좋은 관계를 유지하고 있더라도, 그들과 가까이 지내는 사이라는 인상을 주지 않는다.
· 수업 참관 시 교사들에게 긍정적인 피드백만을 준다.

다른 교사들의 호의를 사기 위해 이러한 전략들을 활용하는 교사리더를 비난할 수도 있지만, 학교 차원의 교수·학습에 크게 영향을 미칠 것 같지는 않다. 왜냐하면, 그들은 단지 호의적인 교사들과 일하고 있기 때문이다. 맨진(Mangin, 2005)은 만약 교실에서 "수업 시연과 같은 교수부문의 지원으로 위협적이지 않게 시간을 단축시켜 주고, 새로운 정보를 제공하고, 효율적인 교수법 지원"이 이루어진다면, 교사들이 교사리더와 일하기를 꺼리지 않을 것이라는 점을 알아냈다. 교사들에 의한 교수 리더십의 목표는 다른 교사들을 전문적 학습에 열중하게 하는 것이다. 이를 위해 교사리더는 교실에 있는 교사들에게 효과적으로 다가갈 수 있어야 한다. 교실 밖에서의 협업, 대화 그리고 다양한 형태의 소통도 중요하지만, 학교에 변화를 만들기 위해 특히 관심을 가져야 할 부분은 바로 교사와 학생 간 영역이다.

자신과 타인의 전문적 학습 촉진

우리가 교사리더들과 대화할 때, 대부분은 자기 자신이나 다른 교사들을 위한 전문성 개발에 대해 이야기한다. 교사리더는 배우는 것을 좋아한다. 사실, 그들은 배우는 일에 매우 열정적이다. 한편, 유능한 교사들은 일반적으로 다른 교사들에게 자신의 지식을 나눠주는 데서 만족감을 얻는다. 문제는 양질의 전문적 학습을 설계, 촉진 그리고 강화하는 것으로, 이런 부분에서 리더십을 효과적으로 발휘하기 위한 지식이 교사리더들에게 요구된다. 최근 한 교사리더는 우리에게 "나는 전문성 개발을 위한 좋은 교수설계를 어떻게 준비해야 할지 전혀 모르겠다"라고 이야기했다.

교사리더가 교직에 근무하는 동안 지속적으로 전문성을 개발할 수 있도록 하는 개혁이 이루어져야 한다. 교사리더의 전문성은 지속적으로 향상돼야 한다. 보통 저경력교사는 먼저 학생들을 지도하는 리더로서 자신의 역량을 개발하고자 하고, 시간이 지남에 따라 자연스럽게 동료의 신뢰를 얻고자 한다. 일반적으로 교사리더는 동료를 지원하고 학교 차원의 리더십을 발휘하는 데 필요한 역량을 개발할 수 있다. 이러한 역량을 개발시키기 위해, 교사의 요구 반영과 교수 실제와 바로 연결되는 현장실무중심의 전문성 개발로의 변화가 요구된다. 전문서적 탐독, 코칭, 연구모임, 네트워크 구축, 학교행정가가 부여한 업무 수행 등은 학습과 교수 실제의 분리를 극복할 수 있는 개발 전략이다. 학교 내 전문적 학습공동체 구축을 위한 움직임은 많은 희망적인 메시지를 주고 있다. 협력적 근무환경 속에서 교사 간 학습 증가와 전문성 신장은 학생지도와 성과 향상에 의미 있는 변화를 가져올 수 있다.

　　교사리더십과 같은 교사의 전문성 개발 노력은 학교개혁운동과 함께 변화해왔다. 전문성 개발과 학교개혁운동의 발전 모습은 〈그림 7.1〉에 나타나 있다. 1970년대 산발적으로 이루어진 워크숍은 교사의 개입을 불허하는 소위 〈교사 배제 교육 과정(Teacher-Proof Curriculum)〉을 사용하도록 훈련시키는 곳이었다. 워크숍 참가자들은 새로운 교육 과정이 실제 수업에 어떻게 적용될 수 있을지 고민하도록 권유받지 않았다. 대신, 연수강사들은 그들이 제공하는 전략들이 수정 없이 그대로 실제 수업에 사용되기를 바라면서 일련의 교육 과정 프로그램을 전달했다. 이후 교사들은 교실로 돌아와 자신들이 생각하기에 가장 효과적일 것이라고 생각되는 방식으로 학생들을 지도했다. 그 누구도 새로운 교육과정에 대한 교사들의 생각에 관심이 없었기 때문에, 교사들은 학생들에게 최선이라고 생각하는 방식으로 지도를 했다(Hall & Hord, 1987).

1980년대에 이르러 학교개혁에 진척이 없자 정책입안자들은 참지 못하고 학교개혁을 법률 등으로 강제하고, 읽기, 쓰기, 수학 과목의 기본 기능을 테스트하는 방식으로 개혁 과정을 모니터링했다. 이 시기에는 교실에서 학생들을 가르쳐본 경험이 거의 없는 외부 연수자들이 교사들에게 "당신들은 '수리'받을 필요가 있고, 학생들을 위한 적절한 교육 환경을 스스로 만들어내지 못한다"는 메시지를 전달했다. 그러나 교사들은 그들로부터 자신들의 업무에 활용할 만한 실제적인 전략들을 거의 얻지 못했다.

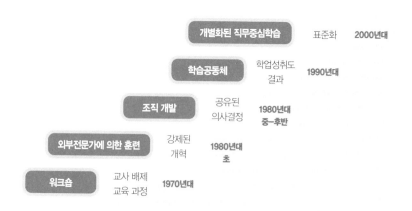

〈그림 7.1〉 학교개혁운동과 전문성 개발의 발전

강제된 정책이 학생들의 학습력 향상으로 이어지지 못하자, 개혁의 초점은 이제 학교의 지배구조로 이동하기 시작했다. 학교의 지배구조 변화와 함께 교사들은 서로 협력하도록 강요받았다. 전문성 개발의 한 형태인 조직 개발은 업무관계를 분석하고 업무를 협력적으로 처리하도록 하는 전략들을 제시하였다. 이러한 조직 개발 측면에서, 학교 개선을 외부 전문가에게 맡기는 경우도 있었는데, 이러한 경우는 적절치 못한 전문성 개발 모델 도입으로 학교의 리더들을 실질적인 개혁 노력에 몰입시키지 못하는 결과를 낳았다.

　만약 학교 밖 외부자들이 학교 변화에 영향을 줄 수 없다면, 그 초점은 이제 학교 안의 교육자에 맞춰져야 할 것이다. 1990년대 후반, 전문적 학습공동체는 교직원들을 협력적 학습에 몰입시키고 학생성과를 가져올 수 있는 유기적인 조직으로 각광받았다(Louis & Marks, 1996). 그러나 학교의 복잡한 상황적 요인들, 부적절한 리더십기술 그리고 시간 부족 문제는 전문적 학습공동체의 성장을 제한했다.

　전문적 학습공동체 구축은 여전히 가치 있는 목표로 여겨지지만, 거기에 더해 현장실무중심의 전문적 학습이 이루어지지 않는다면, 아마도 학교의 교수·학습에 큰 변화를 가져오기는 힘들 것이다. 학생들의 요구 진단, 공동의 기획, 성과에 대한 진단 없이 이루어지는 전형적 방과 후 워크숍과 외부연수는 교사들의 시간을 포함한 소중한 자원을 낭비시킬 뿐이다. 학교 내 현장실무중심 학습은 개인맞춤형 전문성 개발 계획에 의해 신장되고 있다. 개인맞춤형 전문성 개발의 확대는 〈전미 교직 기준 위원회(NBPTS)〉인증을 받은 교사 수의 증가와 연관되어 있다.

　대부분의 교사는 전문적 학습이 갖고 있는 문제점을 인식하고, 학교조직이 여전히 산발적으로 이루어지는 워크숍에 의존하고 있다고 한탄한다. 이러한 이유로 교사들이 전문성 향상을 위한 연수 참석을 꺼리는 것은 당연하다. 반복된 과거의 연수경험에 비추어 시간을 내서 연수에 참석하는 것이 과연 그들에게 도움이 되는지 의심하고 있기 때문이다. 양질의 전문적 학습에 대한 요구 그리고 현재상황과 이상적 상황 간 차이를 이해하는 것이 학교 변화를 바라는 교사리더가 취해야 할 첫 번째 행동이다.

　전문적 학습 영역을 탐색해서 그들의 학교나 교육청의 교수법에 영향력을 행사할 수 있다면, 전문적 학습을 즐기는 교사에게는 그 자체가 보상이 될 수 있다. 이러한 측면에서 교사가 취할 수 있는 전략에는 다음과 같은 것들이 있다.

· 〈전미 교원 전문성 개발 위원회(www.nsdc.org)〉와 같이 전문적 학습을 주로 다루는 전문 조직에 참여한다. 간행물을 읽고, 홈페이지를 방문하고, 국가나 주정부 단위로 개최되는 컨퍼런스에 참석한다.

· 전문적 학습에 대한 지식이 많고, 신뢰할 수 있고, 소통력이 있는 유능한 리더를 찾는다. 그 사람에게 당신의 멘토가 되어줄 것을 부탁한다.

· 성인학습, 전문성 개발, 학교개혁에 관한 책이나 잡지 글을 읽는다(참고자료 D 참조).

· 유능한 전문성 개발자에게 전문적 학습의 설계, 촉진, 후속지원 부분에 대

해 도움을 요청한다.

· 당신의 전문성 향상 계획을 학교 차원의 발전 계획에 맞춘다.

우리는 교사리더가 리더와 학습자들로 구성된 공동체의 일부분이라고 본다. 학교 차원의 교수 · 학습에 영향을 미치려면, 교사리더는 다른 교사들과 함께 지속적으로 학습을 해야 한다.

교사리더가 적극적으로 학교의 변화를 주도해야 한다

모든 리더가 항상 도전에 직면한다. 교사리더는 특별히 학교가 가진 독특한 문화적 특성과 관련된 도전에 직면한다. 교수 영역의 교사리더는 더욱 그렇다. 공식적 리더십은 교장에게 있기 때문에, 업무적인 면에서 교장과 강한 유대관계를 갖는다면, 그 업무성과는 훨씬 더 좋아질 것이다. 교직은 교사의 역량과는 무관하게 모든 교사가 동등하게 대우받아야 한다는 믿음을 갖고 있기 때문에, 학교에서 교사리더를 세우는 일은 그러한 믿음에 도전장을 던진다. 교사리더는 이러한 도전에 적극적으로 나서야 한다. 학교장이나 교육청 리더와 같은 다른 사람이 이러한 문제를 해결해줄 것이라 믿고 기다려서는 안 된다. 교사리더가 적극적으로 나서서 그들의 학교에 변화를 만들어내야 한다.

교사리더십의 시대가 도래했다. 교사리더십이 발전해감에 따라 이 장에서 언급된 장애물에 직면하게 될 것이다. 이런 문제는 늘 존재하겠지만, 교사리더십의 미래가 펼쳐짐에 따라 교사들이 '진정한 리더십'에 참여하는 일의 가치는 더욱 각광받게 될 것이다.

★ ★ ★

교사리더가 직면한 장애물을
극복할 수 있는 담당자별 대처방법

교사

1. 이 장에 기술된 도전들을 살펴본 후, 리더십활동을 하는 교사로서 자신이 직면한 도전들을 확인한다. 그것은 당신이 처한 도전들과 비슷한가, 아니면 다른가? 다른 교사리더와의 면대면이나 전자적 네트워킹을 통해 지원할 수 있는 부분이나 문제해결책을 찾는다.

2. 당신의 학교에 진정한 교사리더십 구축이 가능한지 학교상황을 탐색한다. 〈교사리더십을 위한 학교문화 진단도구〉를 작성하고 당신의 학교를 진단한다. 동료들과 당신이 갖고 있는 인식을 함께 논의한다. 교사리더십 구축에 요구되는 소속학교의 강점과 보완이 필요한 부분을 확인한다.

교장과 교감

1. 관리자의 행동은 교사리더의 업무수행에 지지 혹은 방해 요인이 될 수 있다. 당신이 지지하는 요인을 어떻게 강화할 수 있을지 확인한다. 예를 들면, 교사리더들에게 효과적인 리더십 훈련을 제공하는 것, 교사리더와의 정기적 만남을 위해 시간을 확보하는 것 등이다. 마찬가지로, 교사리더들을 방해하는 장애물을 제거할 방법을 찾는다. 예를 들면, 모든 교직원이 거부감을 느끼지 않

게 교사리더의 역할을 어떻게 잘 설명할 것인지, 교사리더 선발에 교사들을 어떻게 잘 참여시킬 것인지 등이다.

2. 학교 구조는 교사리더의 교수 · 학습능력을 신장시켜 교사리더의 성공에 영향을 미친다. 교사리더의 직무 명료화, 공동의 수업 준비시간 마련을 위한 팀과 학년단위의 일정 조정, 분반작업, 회의 및 협력을 위한 공간 마련과 같은 학교 구조에 관한 대화를 시작한다.

교육감과 교육청 행정가

1. 공식적인 '개혁 중시' 교사리더십 역할들이 도입됨에 따라, 교육청의 우선사업 촉진과 단위학교의 요구사항 반영 사이에 위치해 있는 이들 교사리더에게 교육청은 어떤 균형감을 유지할 수 있을지 생각해본다. 교육청 간부로서, 교사리더에게 적절한 재량권을 주면서 어떻게 그들의 책무성을 확보할 수 있을지를 생각해본다.

2. 교수 관련 리더십 역할을 수행하는 교사에게는 고도의 기술이 요구되는데, 책무성의 시대를 맞아 이들에 대한 기대는 더욱 높아지고 있다. 해당교육청은 이러한 교사들을 어떻게 효과적으로 선발, 전문성 개발, 배치, 장기간에 걸친 지원을 제공할 것인가? 해당교육청은 이러한 교사리더가 학교의 교수 · 학습 실제에 어느 정도 영향을 미치고 있는지를 어떻게 파악할 것인가?

대학교수

1. 대학의 수업활동은 교사들의 교실 수업에 필요한 교과목이나 내용 지식을 준비시켜 준다. 교사들이 장차 더 많은 리더십 역할을 떠맡고 교실 밖 수업 개선에 영향을 미치게 된다면, 학교의 수업 개선을 위한 준비 프로그램에 더 보완될 사항은 무엇인가?

2. 교사리더의 역할 및 리더십 실행에 대한 실질적인 연구가 요구된다. 교수 영역의 교사리더십이 학교 발전, 교수법 개선 그리고 학업성취도 향상에 어느 정도 영향을 미치고 있는지에 대한 답을 찾는 연구가 요구된다. 고등교육기관은 이러한 측면에서 학교나 지역사회에 어떤 도움을 줄 수 있는가?

교사리더십의
미래 설계

BUILDING A FUTURE FOR TEACHER LEADERSHIP

교사리더십의 미래는 밝다. 그것은 교사들을 학교와 더 큰 교육공동체 내에 합당한 리더로 자리매김시킬 가능성을 갖고 있기 때문이다. 이와 관련된 많은 아이디어들은 변화를 위한 씨앗에 불과하지만, 교사리더십 지원을 검토하는 학술지와 정책 논의 그리고 파일럿 프로그램들을 통해 널리 확산되고 있다.

미리 상상하기도 어려운 도전들에 직면한 교육청들이 갖고 있는 난제는
학교개혁에 교사들을 리더십 팀의 일원으로 어떻게 활용할 것이고,
그들과 무엇을 할 수 있을 것인가를 아는 것이다.
특히, 교사리더라는 직위에 지속적인 재정지원이 있을 경우 더욱 그렇다.

앤드류 데이비스(Andrew Davis) 영어과 교사리더

교사리더는 학교에 남아 오랜 시간 일을 하고, 일과 삶의 균형을 유지
하기 위해 그리고 동료들과의 어려운 관계를 풀기 위해 노력하고 있다.
우리는 이러한 부담을 지고 있는 유능한 교사들이 자신의 삶에 대해 한
번 고민해볼 것을 기대한다. 그들의 업무 환경이 나아진다면, 그들 대부
분은 인내하며 맡은 역할을 잘 해나갈 것이라고 많은 사람들은 이야기한
다. 교사리더십의 미래는 밝다. 그것은 교사들을 학교와 더 큰 교육공동
체 내에 합당한 리더로 자리매김할 가능성을 갖고 있기 때문이다. 이와
관련된 많은 아이디어는 변화를 위한 씨앗에 불과하지만, 교사리더십 지
원을 검토하는 학술지와 정책 논의 그리고 파일럿 프로그램을 통해 널리
확산되고 있다.

교사리더십은 교육자들에게 더 이상 낯선 개념이 아니다. 학교개혁 정책과 문해력에 대한 관심 그리고 책무성에 대한 요구는 학교와 교육청이 자신들의 교육시스템 내의 자원인, 특히 역량 있는 교사들에 주목하게 했다. 교사리더십에 대한 관심을 불러일으킨 또 다른 촉진요인은 〈전미 교직 기준 위원회(NBPTS)〉로부터 자격을 인증받고 자신의 수업을 성찰하고 다른 교사의 수업 개선에 적극적으로 나서고 있는 일단의 교사들의 노력이다.

1990년대 초, 이 책의 초판을 썼을 때까지만 해도, 교사리더십의 개념을 이해하고 있는 사람은 거의 없었다. 교장을 비롯한 다른 공식적 리더들은 우리가 그들 학교의 교사리더를 지목해달라는 질문을 던지면 머뭇거리곤 했다. 교사들은 특히 그들의 '리더십'에 대해 질문을 던지면 매우 의아해했다. 사실, 이 책은 우리가 알고 있는 매우 유능한 교사리더 한 명의 반응으로부터 영감을 얻은 것이다. 우리가 그녀에게 리더십에 대해 질문을 던졌을 때 그녀는 "저는 절대 리더가 아니에요. 교직단체의 대표들이 리더이지 저는 아닙니다"라고 이야기했다. 그녀는 교육청 단위의 연구모임을 운영하는 부분에 대해 교육감의 허락을 얻어내고 그와 함께 회의장을 떠났다. 만약 이러한 행위가 리더십이 아니라면, 무엇이 리더십이란 말인가?

연구물들에 대한 최근의 검토(Magna & Stoelinga, 2008; York-Barr & Duke, 2004)에 의하면, 교육계가 이러한 부분의 리더십을 인지한 것은 단지 지난 20여 년에 지나지 않으며, 심지어 오늘날에도 교사리더십에 대한 경험적 연구는 그리 많지 않다. 학교리더십 연구에 대한 역사는 길지만, 대부분 교장에게 초점이 맞춰져 있다. 만약 우리가 교사리더십을 더 이해하고자 한다면, 우리는 학교, 교육청 그리고 대학 관계자들로 하여금 교사리더십의 장애물 제거 및 지원 시스템 제공과 같은 부분에 더 많은 관심을 갖게 해야 할 것이다. 나아가 교사가 교실 안팎에서 리더십을 발휘하고, 동료교사의 수업 개선에 영향을 주고, 학습자와 리더로서 공동체에 참여하고, 자신의 리더십에 대해 책임을 지는 행위의 이점에 대한 연구가 이루어져야 할 것이다. 이러한 연구를 통해 얻어진 통찰력은 학교리더의 행위와 교사 양성에 도움을 줄 것이고, 이는 결국 학생들의 학업성취도 향상으로 이어질 것이다.

많은 학교와 교육청에서 교사리더십이 연구, 권장되고 있고 수업을 개선할 수 있는 희망적인 자원으로 떠오르고 있다는 것은 좋은 소식이다. 그러나 이러한 자원을 충분히 활용하기 위해 아직도 해결해야 할 일이 많다는 점은 우리의 과제로 남는다. 교사리더십이 널리 인식되고 있음에도 불구하고 많은 학교와 지역에서는 여전히 교사리더십을 이해하지 못하고 촉진을 주저하고 있으며 헌신적이지 않다. 교사리더십을 조직의 규범으로 받아들인 학교가 크게 증가하고는 있으나 교육계 전반에 널리 받아들여지는 단계에는 아직 이르지 못한 상태이다. 오늘날 교사리더십은 왜 전국의 모든 학교에서 활성화되고 있지 않은가? 교사리더십이 가치 있는 자원으로 인정받으려면 무엇이 더 필요한가? 교사리더십 발전을 위해 학교의 규범, 조직구조, 정책 수립과 실행, 자원 활용 측면에서 어떤 변화가 요구되는가?

교사리더들과의 논의와 그들을 리더로 육성하는 우리의 경험을 통해 볼 때, 관심 있게 살펴봐야 할 자주 등장하는 주제들이 있다. 어떤 것은 교사리더십 자체가 갖고 있는 제약 요인에 관한 것이고, 어떤 것은 그들이 일하는 근무환경에 관한 것이다.

이 장에서 우리는 먼저 교사리더십을 최대한 활용하기 위해 요구되는 것이 무엇인지를 살펴보면서 교사리더십의 미래를 검토할 것이다. 그리고 나서 우리는 교사리더십의 잠재력을 최대한 발현시키기 위해 요구되는 세 영역−경력 개발의 기회 증진, 업무 환경 개선, 적절한 보상 제공−을 살펴볼 것이다. 이전 장에서 우리는 다양한 이해관계자가 해야 할 적용과제들을 제시했는데, 이번 장에서는 교사리더가 자신의 주장을 펼칠 수 있는 기술을 어떻게 배울 것인가에 대해 설명한다.

실력 있고 존경받는 교사만큼 대중과 지역공동체에 영향력을 행사할 수 있는 집단은 아마 없을 것이다. 이와 동시에 이들은 대중의 여론과 정책결정으로부터 파생되는 도전을 매일 경험하고 있다.

미래의 교사리더십

새로운 세대를 위한 교사 선발과 유지 그리고 모든 학생들의 학습을 향상시켜야 한다는 요구는 교사리더십의 미래에 많은 영향을 끼친다. 앞으로 10년이나 20년 후 교사리더십은 어떤 모습일까? 잠재력은 많으나 아직 완전히 개발되지 않은 교사리더십이 학교 발전에 기여하려면, 점진적으로 진행되고 있는 현재의 학교개혁이 가속화되어야 할 것이다. 작은 변화로는 더 이상 충분하지 않을 것이므로, 재창조 수준의 변화가 요구된다. 교육리더십 연구소(2001)는 이 부분을 다음과 같이 지적했다.

현재는 소홀히 다뤄지고 있지만 리더십과 개혁을 위해 잠재된 훌륭한 자원들, 즉 교사들의 경험, 아이디어 그리고 리더십을 교육정책입안자들이 활용하기에 아직 늦지 않았다(p. 2).

교사리더십이라는 자원은 과거에 비해 많은 교육단체와 정책입안자로부터 그 가치를 인정받고 있지만, 이러한 자원들이 미래에도 허비되지 않도록 하기 위해서는 많은 변화가 요구된다. 우리는 교사리더십의 미래를 다음과 같이 전망해보고자 한다.

교사리더십은 공립학교에서 보기 드문 현상이 아니라, 교직의 희망으로 부각될 것이다. 미래학교에서 교사리더는 구성원들을 동기화시키고 도전적으로 만들 것이다. 교사들은 자신에게 부여된 권한을 과거의 유사한 의사결정에 참여했던 경험에 비추어 기피하는 것이 아닌 자신들의 당연한 권리로 받아들일 것이다. 교사들과 다른 이해관계자들은 모든 학생의 교육력 신장이라는 공동 목표를 향해 함께 일하면서 상호 간의 만족스런 관계를 즐길 것이다. 동료들로부터 거부당하는 선발된 몇몇 교사리더가 아니라, 모든 교사들이 자신의 능력과 관심, 개인 상황에 따라 부가적인 역할을 수행하는 리더들의 공동체에 참여하도록 요구받을 것이다.

급여와 보상을 포함한 학교의 지원 없이도 리더십 역할을 수행하리라는 기대를 가져서는 안 될 것이다. 학교와 교사를 지원하는 것을 자신의 역할로 인식하는 지역사회 리더라면 실질적인 의사결정을 할 때 교사를 합당한 파트너로 여길 것이다. 교장과 다른 공식리더가 자신의 리더십을 신장하기 위해 전문적 학습에 참여할 때, 교사리더도 공동의 학습자가 될 것이다. 왜냐하면 학교의 지속적인 발전은 교장, 교사, 다른 주요한 이해관계자가 리더십 향상을 위해 "서로가 학습자와 리더로서 함께 참여하는(Lambert, 2002, p. 38)" 활동에 달려 있기 때문이다. 교사리더에게는 새로운 잠재적 교사리더에게 멘토링을 실시할 시간과 자원이 제공되는데, 이것은 학교 전체에 리더십 역량을 구축하기 위한 노력의 일환이다. 〈전미교직 기준 위원회(NBPTS)〉 인증 자격을 갖춘 교사와 재능 있는 교사는 리더십 역할을 수행하도록 권유받을 것이다. 학교체제와 더불어 주정부는 예측가능하고 단계적이며, 충분한 재정지원이 이루어지는 경력사다리를 제공할 것이다. 미래의 교사들은 개인의 상황에 따라 리더십 역할을 자유롭게 선택할 기회를 갖게 될 것이다. 이러한 유연성은 새로운 교사세대의 성향에 민감하게 반응하는 교직을 만들어 유능한 교사들을 오랫동안 머무르게 할 것이다.

학생들의 학업성취도 향상에 보이는 열정만큼이나 학생 학습에 영향을 미치는 교사의 업무 환경도 그 중요성이 인정받고, 점검되고, 공개적으로 논의되는 등 매우 중요하게 다뤄질 것이다. 교사리더에 대한 다양한 역할이 설계됨에 따라, 학교와 학교리더들은 이러한 역할이 받아들여지는 교사문화를 만들기 위해 노력할 것이다. 특히, 교장들은 교사리더십의 가치를 인정할 것이고, 이들과 협력하는 법을 배울 것이고 그리고 교사리더들을 받아들이고 이들을 보상하는 학교문화를 구축하기 위해 노력할 것이다. 평등주의 교사문화는 리더십 참여 수준에 따른 차이를 받아들이는 교사문화로 바뀔 것이다.

교사들의 급여는 다양한 평가지표를 통한 성과평가와 다수에 의한 다면평가를 통해 결정될 것이다. 성과평가를 위한 이러한 포괄적 접근은 각 교사의 특정한 요구와 관심에 기초한 전문성 신장을 위한 전문적 학습 계획을 짜는데 유용한 정보를 제공해줄 것이다. 우수교사에 대한 보상은 재정적으로 살아남기 위해 부업을 하기보다는 교사들을 교직에 더 열중하게 할 것이다.

학교는 자원의 재분배를 통해 재구조화되어 기획과 협업에 필요한 충분한 시간이 모든 교사에게 제공될 것이다. 교사들은 교실 가까이에 머물면서 다른 교사들을 멘토링하고, 수업 시연을 하고, 자신의 지식과 기술을 발전시키는 데 필요한 상당한 시간을 갖게 될 것이다. 학교리더들은 교사들의 시간을 존중하기 위해 회의나 학교행사 등을 효율적이고 효과적으로 기획할 것이다. 시간 절약을 위한 자원들—접근이 용이한 사무기기, 사무실 지원, 영상회의, 온라인을 통한 의사소통 등—이 일반화될 것이다.

오늘날 교사들이 흔히 말하는 "그들은 결코 우리가 하자는 대로 내버려두지 않을 것이다"와 같은 한탄은 미래의 학교에서는 "그들은 우리와 함께한다"로 바뀔 것이다. 교사들은 정책입안자, 학부모 그리고 다른 사람들과 함께 학교의 효과성을 증진시키는 공동체에 참여한다. 교사리더에게 요구되는 것은 자신의 주장을 펼치는 기술일 것이다. 학교체제는 교사들이 대중에게 호소하는 것을 방해하는 것이 아니라 교사들이 학생들을 위한 정책을 옹호하는 것을 권장할 것이다.

교사리더는 협력적 문화를 만들 뿐 아니라, 줄어드는 연방 및 주정부의 교육비를 충원하기 위해 학교 마케팅 및 자원 개발에 대한 전문기술을 신장시킬 것을 요구받을 것이다. 식품 및 운송 관련 민영화된 서비스는 교사리더들이 학부모 및 학생들과 함께 기획한 교육활동에 필요한 물품이나 서비스의 구매자가 될 것을 요구한다.

교수·학습에 관한 교사리더십의 영향력을 인정하는 교원단체와 협회는 미래에 이러한 분야에 대한 노력을 확대할 것이다. 월급, 경력사다리, 업무조건 그리고 특정한 정책과 실행에 영향력을 행사하도록 리더로서의 교사 육성을 오랫동안 지지해온 이러한 단체들은 앞으로도 구성원들이 학생들의 학습력 향상에 영향을 미치는 역량을 개발하도록 노력할 것이다. 〈미국 교사 연맹〉, 〈전미 교육 협회〉, 〈자주적 교육자 연합〉과 같은 단체들은 지속적으로 교사리더십의 대의를 신장시킬 것이다. 이러한 단체들은 구성원들이 수업을 더 연구하게 하고, 전문성 개발 기회를 제공하고 학생의 성공에 대한 교사의 역할을 더 지지하면서 교직을 재창조하기 위해 다른 이해관계자들과 함께 노력할 것이다.

교사리더의 관심과 요구를 충족시키기 위해 전국 단위의 새로운 전문직 단체가 구성될 것이다. 외부와의 네트워킹의 가치를 인식한 교사리더들은 특정 교과중심의 전문직 단체를 넘어 국가, 주정부, 학교 단위 리더들과 같은 정책입안자들과 다른 교사들에게 영향력을 행사하는 압력단체로 거듭날 것이다. 다른 사람들과의 교류 및 경험 공유를 통한 학습은 교사리더들에게 매우 중요한 자산이 될 것이다.

교사들은 교과에 대한 지식과 교수법뿐만 아니라 리더가 되는 법을 배우게 될 것이라는 것을 알고 대학의 교사 양성 프로그램에 들어갈 것이다. 교사 양성을 책임지고 있는 사람들은 실질적인 현장경험을 쌓는 데 많은 시간을 보낼 것이다. 학교현장을 경험한 대학교수와 교사리더는 협력하여 예비교사가 최상의 교육경험을 갖게 할 것이다. 교육리더를 양성하는 과정은 잠재적 교사리더, 교장 그리고 지역교육청 간부가 함께 리더십을 학습할 수 있도록 설계될 것이다.

대학의 역할은 학생들이 자신의 현장경험을 성찰하고, 교육 실행에 이론과 연구를 적용하고 자신의 성장을 진단할 수 있는 기회를 제공하는 것이다. 학교와 대학이 어떻게 협력할 것인가라고 묻는 것은 매우 어리석은 질문이 될 것이다. 대학은 학교와의 협력 없는 교사나 리더십 준비 과정에 참여할 수 없을 것이기 때문이다. 단위학교 혁신에 대한 대학의 역할은 전국단위의 전문성 개발을 위한 학교운동 리더들에 의해 이미 시작되었다.

기술 활용과 원격학습능력은 일반화되어 예비 및 현직교사는 어디에서나 대학 연수를 받을 수 있게 될 것이다. 인지 연구, 집단활동 과정, 인간의 동기, 비판적 그리고 분석적 사고, 미디어와 기술, 리더십 그리고 문제해결과 같은 주제들에 대해 최첨단의 학습경험이 제공될 것이다. 대학 및 대학원에서 요구되는 교육 과정은 교사가 리더십을 갖추기 위해 반드시 준비해야 할 일련의 성취 행동, 태도, 경험들로 대치될 것이다. 교육 과정 통합을 강화하기 위해, 교과목에 대한 전문화보다는 다방면에 박식한 일반교사(Well-Grounded Generalists) 양성을 강조할 것이다. 교사들은 평생학습자가 될 것이고, 학생들처럼 자신의 지식을 보완하기 위해 지속적으로 온라인 데이터베이스에 접근할 것이다. 많은 사람이 다양한 직업 중 하나로 교직에 들어올 것이고, 대학은 이러한 사람들이 교직을 준비하는 과정에서 이전의 직업 경험을 활용하게 할 것이다. 서로 분리되어 이루어졌던 학교장과 교사리더 준비 과정이 함께 학습하는 모델로 변형됨으로써 이들은 학교에서 서로 어떻게 협력해야 하는지를 이해하게 될 것이다.

그렇다면 우리는 이제 어디에서부터 교사리더십이 직면하고 있는 과제들을 풀어나가야 할까? 혁명적 변화를 위해 우리는 교육시스템 전체를 바라볼 필요가 있다. 왜냐하면, 시스템의 모든 부분들은 우리가 기대하는 결과에 영향을 주기 때문이다. 개혁은 대학의 교원 양성 방식과 더불어 오늘날의 학교 구조 그리고 교직 전 생애에 걸쳐 교사리더를 개발하고 지원하는 방식까지 확장되어 이루어져야 한다. 행정가가 할 일은 학교의 다양한 리더들이 수행할 일련의 리더십 역할들을 만들어내는 것이다. 기술과 인구 구조의 변화 그리고 사회적 변화는 우리가 먼저 변화를 만들어내지 않으면 이러한 도전들에 적절히 대응하지 못하게 될 것이라고 경고한다.

이러한 시스템적 변화는 우리가 감당하기 어려워 보이지만, 이러한 접근을 통해 교직원들의 업무조건과 밀접한 연관성을 지닌 경력 개발의 기회 증진, 업무 환경 개선 그리고 적절한 보상과 같은 문제를 잘 개선해나갈 수 있을 것이다. 교사리더들은 이미 〈교사리더 네트워크〉와 같은 네트워크와 정책입안자들과의 개인적 접촉을 통해 교직 발전을 위해 노력하고 있다.

교사리더의 관심사

교사리더들과 논의할 때, 그들이 자주 묻는 질문으로는 다음의 세 가지가 있다.

"제 경력에서 도전적인 과제를 어떻게 지속적으로 찾을 수 있을까요?"

"어떻게 하면 우리 학교가 더 나은 직장이 될 수 있을까요?"

"왜 나는 평범한 교사들과 동일한 보수를 받아야 하나요?"

교사리더십의 미래는 이러한 질문에 어떻게 답하느냐에 달려 있다. 현재와 미래의 교사리더들의 요구에 대처하기 위해, 우리는 다음의 세 가지 부분을 살펴볼 것이다. 다른 다양한 문제들이 제기될 수 있겠지만, 이것들은 대부분의 교사리더들에게 매우 중요한 문제들이다. 각각의 문제는 매우 복잡하며 교육자와 대중이 갖고 있는 오랜 믿음에 도전장을 던지고 있다.

경력 개발 기회 증진

교사가 공식적으로 리더 역할을 수행하면서 동시에 교수·학습 부분을 놓지 않는 학교문화로의 변화는 교수·학습 지식과 기술의 발전을 위해 꼭 필요하다. 경력사다리, 멘토링 프로그램 그리고 다른 공식적 접근들은 교사리더들을 영향력을 행사하는 자리에 위치시키고 있다. 우리가 늘 가져온 믿음은 교사리더십은 모든 교사들이 발휘해야 하는 것으로 그들에게 공식, 비공식적 역할을 수행하게 해야 한다는 것이다. 모든 교사에 대한 '동일한 역할' 기대는 모든 교사의 능력은 똑같고, 경험이 많고 효과적인 교사들이나 그 반대 측면의 교사들이 교직에 기여하는 정도가 똑같다는 믿음에서 나온다. 그러나 우리는 이제 역할 및 보수의 차별화가 학생들의 성과 향상을 가져올 수 있는 동료 지원이라는 역할 수행을 촉진한다는 점을 이해하게 되었다. 물론, 역할 차별화가 때로는 학생들과 생활하는 학급교사를 교실에서 떠나게 할 수도 있을 것이다.

다양한 경력 개발 경로가 필요함에도 불구하고, 그것을 전적으로 받아들이기를 꺼려하는 교육자들이 있다. 이들의 관점은 그동안의 교직문화와 가르치는 행위를 경시해온 우리들의 모습을 반영한 결과이다. 사적 분야, 비영리 분야, 심지어 가정도 마찬가지로 어떤 조직에서나 권력이 모든 자원의 활용을 좌지우지한다. 그래서 역사적으로 교육행정가가 나타나면, 교사는 리더십 역할을 내려놓고 비록 권력은 없지만 가르침의 자율성을 만끽할 수 있는 교실로 회귀한다. 따라서 교사의 질은 각 개별교사의 지식, 기술, 도전 정신 등에 달려 있게 된다. 모든 교사가 다 유능하지는 않다는 건 우리 모두가 아는 사실이다. 우리는 자녀의 교육에 관심이 많은 학부모들을 지켜볼 필요가 있는데, 자신의 자녀가 특정한 교사반에 속하기를 원한다면 그 교사는 우수교사일 확률이 높다. 그러나 교육에 관심 없는 부모를 가진 아이들 교육의 질은 대체로 운에 맡겨진다.

학교와 교육청에 가중되고 있는 책무성은 추가적 지식, 기술 그리고 역할에 대해 보상하는 학교 구조와 보수체계를 검토하게 하고 있다. 다수의 교육청은 이미 문해력 코치, 전문성 개발자 등과 같은 교수리더 역할을 공식적으로 도입하여 운영하고 있다. 현재 추가적인 역할을 수행하고 있는 이러한 교사리더들은 일반적으로 이러한 부분에 대해 수당을 받고 있다.

세 가지로 차별화된 교사리더의 역할 모델은 이들의 추가적 역할이 무엇인지 보여주고 있다. 먼저, 〈교사솔루션(TeacherSolution)〉이라는 단체의 보고서(교사의 질 향상 센터, 2007)는 교사를 세 개 경력 단계, 즉 초임교사, 경력교사, 전문교사로 분류할 것을 권장한다(p. 15). 이 단체는 리더십을 경력 틀에서 하나의 요인으로 인식하여 (1) 학생학습, (2) 지식과 기술, (3) 시장의 요구, (4) 리더십(표 8. 1)을 주 요인으로 제시하고 있다.

두 번째 실제 사례는 13개 주 〈양질의 교육을 위한 국가 연구소(National

Institute for Excellence in Teaching)〉에 의해 운영되고 있는 〈교사 승진 프로그램(TAP)〉이다. 1993년에 시작된 이 프로그램은 2천 달러에서 1만천 달러의 봉급 인상을 가질 수 있는 세 가지 경력 경로, 즉 학급교사, 멘토교사, 수석교사를 제시한다(교사 승진 프로그램 재단, 2005). 〈표 8. 2〉는 각 단계의 서로 다른 역할들을 보여주고 있다.

마지막으로 토로엔과 볼스(Troen & Boles, 2003)는 그들의 책에서 초등교육에서 나타나는 문제들을 다루고 있는 가상학교를 묘사하고 있다. 그 모델에 따르면, "가상학교인 밀레니엄 학교는 교사들에게 다양한 경력 경로를 제공하고 있는데, 그들의 상급 연수 이수와 경험에 대해 높은 보수, 역할 부여, 장학 그리고 팀 관리로 보상하고 있다."(p. 142) 그들의 모델이 제시하고 있는 교사 직위는 인턴교사에서 대표강사까지 5단계이다(표 8.3).

일반적으로 학교행정가가 되는 것보다 리더십을 발휘할 수 있는 많은 선택지를 교사들은 갖고 있다. 주정부나 학교에서 교사들의 교수리더십을 이용하기 시작했다. 그러나 이러한 조직이 교사리더의 재능을 활용하고 있다면, 교사리더십을 지속시킬 지원체계를 갖추어야 할 것이다. 교실에서의 교육활동도 교사에게 도움이 되지만, 교사리더십 역할 수행은 그들에게 도전, 전문성 향상 그리고 넓은 시야를 가질 기회를 제공해준다고 교사리더들은 이야기한다.

그러나 약 23년 전 교육과 경제를 주제로 한 카네기 포럼에서 제안된 권고에서는 우리가 경력 개발 구조를 갖추기에 갈 길이 여전히 멀다고 이야기한다.

전문가들은 대체로 활용 가능한 지원인력과 서비스를 이미 제공받고 있지만, 그들 가운데 가장 유능한 사람으로 하여금 그들과 관련된 거시적인 정책 방향 수립에서 간부들의 책무성 개발에 이르기까지 다양한 방법으로 영향력을 행사하게 한다. 이것은 단지 효율성 측면의 접근으로, 이러한 가치 있는 유능한 사람들에게 체화된 경험과 기술은 어려운 업무처리 과정에서 자연스럽게 드러나 일을 잘 처리하게 하기 때문이다(p. 40, Berg, 2007, p. 3에서 인용됨)

우리 학교들은 아직 이러한 권고를 받아들일 준비가 되어 있지 않다. 예를 들면, 74,000명의 〈전미 교직 기준 위원회(NBPTS)〉 인증 자격을 갖춘 교사들이 있지만(전미 교직 기준 위원회, 2008a), 수업과 교육 정책에 영향력을 행사하도록 이러한 교사들을 효과적으로 잘 활용하고 있는 주정부나 학교시스템 그리고 단위학교는 거의 없다. 사실 학교나 학교시스템에 이러한 엄격한 자격증 과정을 거친 유능한 교사들의 존재조차 인식하지 못하고 있는 리더도 있다. 교사리더십이라는 자원의 잠재성을 최대한 활용하기 위해, 학교나 학교시스템은 이러한 자원들이 활용되고 있는 상황들을 유심히 살펴볼 필요가 있다.

교사리더들은 자신들의 경력 개발과 관련하여 〈교사솔루션(TeacherSolution)〉에 의해 제시된 모델에서 증명된 바와 같이 정책입안자들에게 벌써 영향력을 행사하고 있다(표 8.1 참고). 이러한 선구자들은 어려운 영역에서 일을 하고 있기 때문에 동료 교사리더들의 지원이 절실히 요구된다. 교사리더들이 취할 첫 번째 단계는 경력 개발 기회를 확장하려는 현재의

기본 급여 범위	경력별 추가 급여				
자격, 경력, 성과에 따라 협의 가능	학생의 학습	지식과 기술	시장 요구	리더십	기본과 경력 급여
초임교사 (1-4년) $3만 – $4만5천	5% 이상 개인별 효과 증명 시	5% 이상 수업과 평가 관련 도입 프로그램 개발을 바탕으로 연구 기반 전문성 개발	$5천 이상 어려운 지역의 학교나 과목, 업무(교사들은 특수한 생활이 요구하는 역량을 증명할 필요가 있음)	역할과 보상에 대해 아직 준비 안 됨	$5만5천 이상 지급
경력교사 (5-10년) $4만6천 – $5만5천	10% 이상 자신의 교실 이상이 효과 증명 시, 새로운 진단별 고안 및 활용 시 추가 $2천–$3천5백	10% 이상 국가위원회로부터 자격증 취득; 연구기반 전문성 개발; 신임교사 멘토링; 전문성 개발을 통한 학생 학습 향상을 위한 추가적 수업 시연	$1만 이상 어려운 지역의 학교나 과목, 업무 등(교사들은 특수한 상황이 요구하는 역량과 효과 성을 증명할 필요가 있음)	10% 이상 코칭과 멘토링; 공동체 개 발 지원	$8만5천 이상 지급
전문교사 (10년–) $5만6천 – $7만	15% 이상 시험 평가 점수, 개인 학생 및 타교사의 교육성과와 향상 을 도움으로써 내용을 명과 같은 평가로 그 이상의 보상도 가능 평가에 설계 시 $2천-3천5백 추 가 지급	15% 이상 경력교사와 동일하나 지식이 나 기술이 지역 및 주정부 전 체에 확산된다는 증거가 있 을시 5% 추가	$1만5천 이상 어려운 지역의 학교나 과목, 업무 등(교사들은 특수한 상 황이 요구하는 역량과 효과 성을 증명할 필요가 있음)	15% 이상 교장과 공동체 개발; 주정부 나 국가 차원의 새로운 자료 나 정책 개발할 때 리더십 발 휘 시 추가 $8만	$13만 이상 지급

〈표 8.1〉 다양한 경력 경로: 전문성에 대한 보상체계

노력을 인식하는 것이다. 다음 단계는 그들이 느끼기에 변화를 가져올 것 같은 사람들을 적극적으로 지지하는 것이다. 교사리더들의 다양한 병렬적 역할 수행에는 그에 상응하는 보상이 주어져야 한다. 교사리더십을 수행하는 전문가들은 성과에 대한 보상 모델에 근거해 합당한 보수 인상을 기대할 수 있어야 한다.

경력 경로	역할
학급교사	학급교사; 실행전략팀 회의 및 전문적 학습에 참여; 다른 교사들과 교육 과정, 수업, 진단활동에서 협력; 매년 포트폴리오 개발
멘토교사	리더십팀의 구성원; 실행전략팀 회의 촉진, 학생 데이터 분석, 수업시연과 팀 단위 수업지도, 교사 코칭과 평가, 전문적 학습 참여
수석교사	리더십팀의 구성원; 학교 실행전략팀에 대한 책임, 교장과 교수리더십 역할 공유, 학생과 교사 관련 데이터 분석, 전문성 신장 계획 감독, 연구기반 교수 전략 확산, 팀 단위 수업지도, 교사 코칭 및 평가, 전문적 학습 참여, 교육 과정과 진단 계획 및 평가 촉진

출처: 교사 승진 프로그램 재단, 2005

〈표 8.2〉 다양한 경력 경로: 교사 승진 프로그램

단계	역할
인턴교사	대학 또는 대학원 학생; 교실에서 적어도 1년 정도의 전일제 교사 경력
준교사	교실 교사(전일제는 아님); 동료교사들을 참관하고 전문적 학습 연수에 참석
정교사	전일제 교실교사
전문교사	교실교사; 인턴교사를 감독하고, 준교사를 멘토링하고, 연구나 교육 개발 과정에 참여
대표강사	팀 리더; 다른 교사들을 감독하고 멘토링하며, 교직에 기여하고(예: 업무 관련 글 기고), 높은 수준의 역량 유지

출처: 토로엔과 볼스(Treon & Boles, 2003)

〈표 8.3〉 다양한 수준의 경력 경로: 천년 학교

충분한 보상 제공

교사리더십 수행에 대한 미흡한 보상은 반드시 개선되어야 한다. 금전적 또는 비금전적인 측면에서 교사들의 요구를 충족시켜 주는 것은 리더십에 대한 교사들의 참여 의지에 많은 영향을 끼친다. 교사들에 대한 단일호봉체제는 이제 수명이 다했다고 본다. 90년 전에 도입되어 현재에 이른 단일호봉체제는 성 차별과 인종 차별 등에서 오는 보수 격차를 방지한다는 측면에서 매우 유용했다. 지속되고 있는 이 보수체제가 갖고 있는 매력은 제도 운영이 용이하고, 교사들이 자신의 보수를 예측할 수 있고, 교사들이 이 제도를 객관적이라고 생각하고 있는 데 있다. 그리고 보수를 차별화하려는 이전의 시도들은 교사단체의 간섭뿐만 아니라 행정가들의 미숙한 주관적 평가 그리고 자금지원 유동성 등의 영향을 받았다. 이로 인해 이전에 추진된 성과급 제도는 공립학교에서 좋은 성과를 내지 못했다. 교사들이 불만 없이 믿고 받아들일 수 있는 보상 측정 기준을 만드는 것도 매우 어려운 일이다.

우리는 이제 만족스럽지 못한 보상체계를 개선해야 한다. 오늘날 은퇴하고 있는 세대의 많은 교사들은 흔쾌히 학교에 오랫동안 남아 일을 하고 심지어 가족을 부양하기 위해 부업도 한다. 오늘날 우리가 성과에 대한 보상 모델을 진지하게 검토하는 것은 시장주의적 관점으로, 이러한 부분을 간과하는 것은 학교시스템이 양질의 교사들을 잃을 위기에 놓이게 하는 것이다. 4장에서 논의한 바와 같이, 미래세대의 교사들은 이러한 희생을 하려 하지 않을 것이다. 그들은 아마도 그들의 부모들로부터 받은 좋지 않은 기억을 갖고 있을 것인데, 이것은 부모들이 학교조직에서 리더십을 수행하기 위해 가족들에게 가한 스트레스로 인한 것일 것이다. 미래교사들은 좋은 업무 환경, 개인의 삶과 일의 균형 그리고 가족 부양을 위한 합리적인 급여를 원한다. 코크란-스미스(Cochran-Smith, 2006)는 다음과 같이 이야기한다.

교직에 남아 있기 위해, 오늘날 (그리고 미래의) 교사들은 다음과 같은 것들을 필요로 한다. 그들이 성공하고 지원받는 학교 환경, 고립보다는 전문적 학습공동체에서 동료들과 협력할 수 있는 기회 제공, 교직에 있는 동안 차별화된 리더십 역할 기회와 승진에 대한 기대 그리고 수행한 일에 대한 합당한 급여.(p. 20)

많은 시도들이 교사들이 어떻게 하면 차별화된 보수를 받을 수 있을 것인가에 대한 논의를 가속화시키고 있다. 수천 명의 교사들이 〈전미 교직 기준 위원회(NBPTS)〉 인증 자격을 취득했고, 그 수가 늘어감에 따라 그들은 차별화된 보수를 기대하며 리더십 역할을 맡을 수 있을 것이다. 2005년, 20개 주정부의 지사들은 그들의 시정 연설에서 주요한 교육문제로 교사 보상을 언급했다. 미국 교육부는 교사 보상 기금에 1억 달러를 할당했고, 학생낙오방지법의 타이틀 II(양질의 교원 양성, 선발, 연수 관련 항목)에 할당된 자금을 주정부나 교육청이 대안적 보수 모델을 탐색하는 데 사용할 수 있도록 허용했다(Baratz-Snowden, 2007, p. 4). 〈전미 성과 보상 연구 센터〉와 같은 전국 단위 연구소들은 교사의 성과 보상 모델들을 탐색하고 연구하고 있다. 교육주간(Education Week)이 매년 발간하고 있는 보고서「질의 중요성Quality Counts」의 편집자들은 각 주의 교육부분을 평가하면서 관심을 갖고 봐야 할 항목들을 강조해왔다. 2008년 판「질의 중요성」보고서는 교사들의 보수를 "비교 대상 16개의 직업이 1달러를 벌 때, 교사는 88센트를 번다. 그리고 다른 직종에 근무하는 사람들이 교사들의 평균 급여보다 더 많이 받을 확률이 높다(Education Week, 2008, p. 8)"라고 분석하였다. 다년간에 걸친 교육개혁 확산의 실패는 대부분의 교육자들이 인정하는, 교사들의 질에 관심을 집중하게 했다(Slotnik, 2005). 마침내 새롭게 적용된 성과 보상 모델들로부터 유용한 성과가 나타나고 있는데, 그것들은 교사의 질을 향상시킬 잠재력을 갖고 있고, 교사 충원에 어려움을 겪고 있는 과목이나 학교에 도움을 주고, 능력 있는 교사의 분산에도 도움을 준다는 것이다(Chait, 2007, p. 1).

과거와 달리 성과에 대해 보상을 제공하는 현재의 보수 지급 모델은 계속 유지될 것 같다. 학교시스템 리더들은 보상 모델을 묵살하기보다는 미흡했던 부분들을 현재의 모델 개선에 반영하고 있다. 학교시스템의 인적자원 강조는 보상 모델이 학교조직에 확실한 뿌리를 내리는 데 매우 중요한 부분이다.

대부분의 조직은 구성원을 조직 성공의 중요한 자산으로 여긴다. 이 부분의 성공을 위해, 그들은 선발, 전문적 학습 그리고 성과 진단에 대한 일련의 체계적인 인적자원 운용시스템을 갖추고 있다. 교육시스템도 이러

· 보상은 일회성 평가점수가 아닌 다양한 방식으로 측정된, 향상된 학생성과에 기반한다.
· 학생들의 학업성취도 향상을 위해 교사가 알고 있고 할 수 있는 전문적 자본을 확충한다.
· 필요한 지식과 기술을 습득할 수 있도록 양질의 전문성 개발 연수가 제공되어야 한다.
· 프로그램이 기대하는 목표를 달성했을 경우 보상받을 자격을 갖는다.
· 교사와 교육행정가가 보상 프로그램 개발에 깊이 관여한다.
· 평정자들에게는 양질의 전문성 개발 연수가 제공되어야 한다. 더불어 다수의 평정자는 평정자 간 일치도를 통해 평가의 타당성을 확보할 수 있다.
· 명확한 의사소통과 전문성 개발은 교사와 교육행정가가 효과적으로 이 프로그램에 참여하는 것을 돕는다.
· 보상은 지역공동체의 특수한 요구와 연계되어 이루어질 것이다.
· 학교나 공동체에서 학생들의 학습을 향상시킬 추가적인 책임을 떠맡았을 때, 교사는 추가적인 보상을 받을 자격이 있다.

출처: Baratz-Snowden, 2007; 교사의 질 향상 센터, 2007; Chait, 2007, Heneman, Milanowski, Kimball, Odden, 2006; 교육 우수성을 위한 국립 연구소, 2007; Slotnik, 2005

〈표 8.4〉 성과급 프로그램 지침서

한 인적자원 요인들을 중요하게 생각해야 하는데, 구성원을 광범위하게 지원할 수 있는 일련의 체계를 갖추고 있는 곳은 드물다. 교사 선발과 유지에 어려움을 겪고 있는 학교시스템 리더들은 인적자원 시스템과 성과보상을 양질의 교사 유지를 위한 시스템 변화의 중요한 요인으로 검토하고 있다(Heneman & Milanowiski, 2004).

효과적인 보상 프로그램을 위한 지침들이(표 8.4 참조) 현재 시행 중인 몇 개 주정부와 학교의 성과 보상 프로그램들을 기반으로 제시되고 있다. 프로그램은 대체로 모든 교사가 참여하는 형태로 설계되어 있다. 우리가 과거에 실패한 보상 프로그램을 반복하지 않으려면, 이러한 지침들이 꼭 반영되어야 하지만, 이들을 실천하는 데는 용기가 요구된다. 대부분의 프로그램이 주목하고 있는 지침은 교사리더십 역할에 관한 것이다. 자신의 학교나 공동체에서 학생들의 학업성취도 향상을 위한 추가적인 역할을 맡는다면, 교사는 추가적인 보상을 받을 자격이 있다. 교사에게 보상도 없이 이러한 추가적인 역할을 기대하는 것은 우리가 알고 있는 오늘날의 학교 교사를 너무나 모르는 행위이다.

단순한 급여 모델이 아닌, 성과들에 대해 보상하는 모델은 교사의 지식과 기술, 학생 학습, 리더십 그리고 교사 충원이 어려운 학교라거나 과목에 기여한 정도에 따라 13만 달러 이상을 받을 기회를 교사에게 제공한다(표 8.1 참조). 실질적으로 이렇게 높은 보수를 받으려면, 교사는 반드시 리더십 역할을 수행해야 한다. 보수체계의 개선이 교사에게 실질적으로 보수 인상을 가져다주지 못한다면, 교사는 참여를 기피할 것이다. 더불어 교육청과 주정부는 교사에 대한 재정적 인센티브 제공을 위한 가용 예산을 충분히 확보해서 교사가 자신의 재능을 발휘하면서 교실 주변에 머물도록 해야 할 것이다.

경력 개발 기회를 증진하고 보상체계를 개선하는 것도 중요하지만, 만일 우리가 모든 교사를 위한 업무 환경을 개선하지 않는다면 큰 변화를 가져오기는 힘들 것이다. 교사리더들이 자신들의 업무가 존중받는 건강한 학교 환경을 갖지 못한다면, 그들은 이러한 새로운 역할을 맡는 것을 지속적으로 꺼릴 것이다.

업무 환경 개선

현재 그리고 앞으로 다가올 베이비붐세대의 은퇴로 인한 교사 부족 가능성은 정책입안자들로 하여금 교사 채용과 더불어 교사 유지 방안을 면밀히 검토하게 한다. 문제는 교사 부족이 아니라 교사 유지라는 데 우리들 대부분은 동의한다(Ingersoll & Smith, 2003). 교직을 그만두는 이유 중 급여가 포함되는 것은 예견된 것이지만, 불행하게도 50%를 넘는 퇴직교사는 교직에 불만을 이야기하며 교육과 관련 없는 직업을 찾는 경향이 있다. 비아데로(Viadero, 2008)는 최근 「질의 중요성Quality Counts」이라는 보고서에서 "근무 환경이 급여보다 훨씬 중요하다(p. 32)"라고 이야기한다. 제5장에서 논의한 바와 같이, 교사리더십 성공에 중요한 것은 동료 간 관계, 조직 구조 그리고 교장의 역할이다.

현재 7개 주와 네바다 주의 한 교육청이 〈교사의 질 향상 센터〉와 공동으로 학교 업무 환경을 조사하고 있는데, 이것은 근무하는 학교에 대한 교사들의 인식을 더 잘 이해하기 위해 시행되고 있는 것이다. 〈교사 업무 환경 설문〉은 2년마다 온라인으로 교사와 학교행정가들을 대상으로 실시되고, 그 결과는 일반인들에게 공개되고 있어, 리더십 책임을 묻는 도구로 활용되고 있다. 노스캐롤라이나 주에서 교사리더들만으로 구성된 〈전문성 기준 위원회〉가 처음으로 이런 조사를 개발, 정책입안자들에게 영향력을 행사해 조사를 실시하게 하고 그 결과를 공개하도록 했었다. 설문 영역은 모든 교사들, 특히 교사리더들에게 중요한 업무 환경에 초점을 맞추기 위해 단순한 학급 크기, 교사 대 학생 비율 조사와 같은 수준을 뛰어넘는 것이었다. 진단된 영역은 리더십, 전문성 개발, 권한 부여, 시설과 자원 그리고 시간 등이다(교사의 질 향상 센터, 2008).

　교사대상 업무 환경 조사 결과가 정책에 영향을 끼친 한 가지 예는, 노스캐롤라이나 주의 교육위원회가 학교행정가를 위한 자격 갱신 요건을 개정하기로 한 것이다. 새로 개정된 교장 자격증 갱신 요건은 "교사의 효과성, 교사 지원, 교사리더십, 교사에게 권한 위임, 교사 유지에 관심을 둘 것"이라는 항목을 포함하고 있다(노스캐롤라이나 주 교육위원회, 2005). 비록 학교, 학교체제 그리고 주정부의 업무 환경 개선 노력이 다소 제한적으로 이루어지고 있지만, 적어도 이제는 많은 사람들이 모든 학생에게 우수한 교사를 제공하려면, 정책입안자들이 교사들의 업무 환경에 관심을 가져야 한다는 점을 인정한다. 교사들이 전문가라면, 더 이상 부족한 자원, 제한된 동료들과의 협력 기회, 불충분한 전문성 개발을 위한 시간 등과 같은 업무 환경에서 일하게 해서는 안 될 것이다.

　우리는 단지 교사리더들이 요구하는, 경력과 관련된 세 가지 부분을 살펴보았는데, 책무성 측정 또는 교사리더들을 위한 시간 확보 등과 같은 다른 부분들도 있을 것이다. 이러한 쟁점들과는 상관없이, 교사들은 자신의 주장을 펼칠 수 있다. 사실 교사들은 흔히 교육청, 주정부, 국가 차원에서 정책입안자들과 함께 일하면서 가장 큰 영향력을 행사한다. 이를 위해 교사들은 자신의 주장을 펼칠 수 있는 기술을 배워야 한다. 정책을 옹호하는 행위는 리더십의 한 요인으로, 교사들이 정책에 영향력을 행사하기 위해서 배워야 할 기술들이 있다.

변화를 지지하는 교사리더

흔히들 '다른 사람'이 변화를 만들어줄 것이라는 기대를 갖는다. 그러나 다른 누군가가 문제를 해결하길 바라는 것은 헛된 소망에 지나지 않는다. 개혁을 주도할 가장 강력한 잠재력은 교사에게 있으며 해결책도 교사리더의 신중한 행동에 달려 있다. 왜냐하면, 교사리더는 현행의 문제점과 잠재적 장애물들을 잘 알고 있으면서 동료와 함께 문제를 해결할 생산적인 방법을 모색할 수 있기 때문이다. 교사들은 여전히 리더로서 자신감을 갖기 위해 노력하고 있다고 이야기한다. 회의 시간에 의견내기, 특정 교육계획을 교장에게 주도적으로 제안하기, 교육청의 명령으로부터 학교현장의 노력들을 보호하기 등은 교사들이 적극적으로 나서 행동할 때 얻어질 수 있는 것들이다. 이러한 활동에 적극적으로 나서는 교사리더는 경험이 부족한 교사로 하여금 자신의 수업을 참관하게 할 때, 학교개혁을 위한 팀 회의에서 자신의 입장을 방어할 때, 또는 타협이 어려운 집단을 설득해 의견 일치에 이르게 할 때 긍정적인 감정을 경험한다고 이야기한다.

오늘날, 교사리더가 자신의 주장을 펼치는 방법을 배울 수 있는 곳들이 있다. 캘리포니아 대학의 〈센터 X〉와 같은 몇몇 교사 교육 프로그램은 학생들을, 특히 도시공동체에서 사회정의를 세우는 교사리더가 되도록 준비시킨다. 버지니아 커먼웰스 대학에 위치한 교사리더십 센터는 변화를 원하는 교사리더를 지원한다. 〈전미 교직 기준 위원회(NBPTS)〉 인증 자격을 갖춘 교사들은 교육정책에 영향력을 행사하기 위해 지역, 주정부 그리고 국가단위의 조직을 구성하였다. 2006년 다섯 개의 주에서 〈전미 교직 기준 위원회〉 인증 자격 교사들로 하여금 교사 충원에 어려움을 겪고 있는 학교의 교사 선발 및 유지에 초점을 맞춘 논의가 진행되도록 하는 회담을 각각 개최하였다. 회담의 결과물로는 권고안을 담은 보고서와 1년간 지속된 온라인 상의 논의가 있다(교사의 질 향상 센터, 2007). 다른 예로는 〈전미 교직 기준 위원회〉 인증 자격 교사들이 적극적으로 나서 자신과 학생들의 학습을 지지하는 단체들을 결성한 것이 있다.

교사리더들이 자신들의 전문적 학습에 도움을 받을 수 있는 여러 자원들이 있다. 〈장학과 교육 과정 개발 협회(www.ascd.org)〉는 교사리더들이 정책결정자, 미디어 그리고 공동체에 영향을 미치고자 할 때 활용할 수 있는 의견 제시 도구 세트를 제공하고 있다. 이 도구 세트는 정책결정자들 앞에서 말하는 법, 글을 쓰고 출판하는 법 그리고 대부분의 일반 사람들은 모르고 있는 전략 등에 대해 구체적으로 알려준다. 또 다른 자료 제공 기관인 과학교육센터는 웹사이트를 통해 교사리더들의 프레젠테이션 제작법, 공동체와 일하는 법, 출판하는 법 그리고 자신의 의견을 잘 전달하는 법 등을 돕고 있다.

〈교사리더 네트워크〉에는 300명 이상의 교사리더들이 활동하고 있다. 이 조직 웹사이트는 교사리더들이 "자신들의 정책에 대한 통찰력을 정제하고 자신들의 학생과 공동체에 영향을 미치는 의사결정에 목소리를 낸다(TLN, 2009)"고 기술하고 있다. 이 조직은 역량과 신뢰도 측면에서 인정받고 있는 굉장한 영향력을 지닌 교사리더들의 조직이다. 이 조직의 구성원들은 「교사 매거진*Teacher Magazine*」과 같은 잡지에 글을 쓰고, 주정부나 국가 수준의 정책 회의에 참석하고, 온라인 상의 전문적 공동체 논의에 매일 참여한다. 이러한 것들은 단지 자신들의 주장을 펼치기 위해 구성원 간에 협력하는 몇 가지 형태일 뿐이다.

교사의 목소리와 의사결정에 대한 참여를 경시했던 정책과 관행이 바뀌고 있다. 교육개혁 과정에서 교사가 관리자 및 다른 이해관계자와 온전한 파트너가 되지 못하게 하는 제약들도 재검토되어야 한다. 학교가 아이들을 위해 최선의 것을 할 수 있도록 기존의 정책과 규정을 폐기할 수 있다는 건 교사들의 노력과 헌신을 이끌어내는 데 매우 중요한 단계이다. 교사가 단순한 기술자에서 벗어나 전문적 지도자로서 제 역할을 하려면, 이들에게 기준에 도달하라고 하기보다는 기준의 설정에 교사를 참여시키는 것이 더 중요하다. 교사들은 주의회와 함께 성과 보상 계획에 대한 자금과 더 나은 업무 환경 보장 그리고 양질의 전문적 학습을 위한 기회 제공 등에 많은 자원이 지원되는 것을 지지할 수 있다. 양질의 우수한 교사들을 유지하고 학생들의 학습 향상을 이루려면, 교사의 목소리와 견해가 학교, 지역사회 그리고 주정부의 정책에 반영되게 해야 할 것이다.

교사리더십은 학교혁신을 이끄는 구심점이 될 것이다

교사리더십을 키우는 데 있어 중요한 몇 가지 요인이 있다. 먼저 학교나 교육청의 교육리더는 교사리더십의 개념을 이해하고, 교사들이 자신들의 잠재된 리더십을 인식하고 교사리더십을 개발할 기회를 제공함으로써 교육리더십을 제도화하는 데 헌신해야 한다. 더불어 모든 교사가 자신의 경력을 개발할 기회가 제도화되어 부수적으로 맡은 리더십 역할에 보상이 주어지고 당연한 권리로 인식되어야 한다. 그리고 다양한 경력 개발 경로에는 광범위하고 체계적인 보상시스템이 따라야 한다. 끝으로, 학교는 교사들이 리더십을 개발하고 유지할 업무 환경을 구축해야 한다.

교사리더십이 발전해감에 따라, 이 자원을 최대한 활용하기 위해 문제를 해결하고 장애물을 제거하는 지속적인 노력이 요구될 것이다. 교사리더십은 그 잠재성과 효과성을 방해하는 환경에도 불구하고 지속되는 것으로 보인다.

교사리더십의 이점은 매우 많은데 그중에서도 특히 학교혁신을 촉진한다는 점이 특히 이롭다. 지속적인 노력을 요구하는 혁신은 변화의 실천자인 모든 교사의 기술과 지식, 전문성 활용을 필요로 한다. 궁극적으로, 미래의 학교는 오늘날의 학교와 많이 다를 것이다. 여기서 교사리더십의 발전은 바람직한 변화를 만드는 데 많은 도움을 줄 것이다.

많은 변화가 요구된다. 교사리더십이 학교규범이 되고, 우리가 주정부나 교육청의 교육위원, 교육감 그리고 특히 교사 당사자들에 의해 다시

는 '일개 교사일 뿐'이라는 자조적인 말을 듣지 않게 될 때, 교사의 지위
는 향상될 것이다.

로레인 M. 진(Lorraine M. Zinn)
Lifelong Learning Options, Quincy, Illinois

교직도 다른 전문직과 마찬가지로 복잡한 도전들에 직면해 있다. 학교와 교사들은 '좋은 교육'의 '기본적인 것들'을 계속 제공하면서, 다양한 사회적 문제와 학생들의 요구에 부응할 것을 요구받고 있다. 우리는 우리의 아이들을 어떻게 잘 가르칠 수 있을 것인가? 우리는 교육과 관련하여 어려운 선택을 어떻게 할 수 있을 것인가?

교육청과 지역공동체는 학교가 무엇을 해야 하고 그리고 그것을 어떻게 해야 하는지에 대해 논쟁하고 있다. 학교운영위원회는 '성과기반 교육'을 강하게 주장하는 사람들과 이에 맞서는 '기본에 충실한 교육' 지지자로 나뉘어져 있다. 많은 논쟁이 있은 후, 관심이 고등학교 교육에서 중학교 교육으로 이동하였고, 그래서 중학교 교육이 재검토되고 있다. 많은 학부모와 공동체 리더들은 학교가 학생들에게 성, 폭력, 마약 남용 그리고 중요한 다른 사회적 문제들에 대해 가르쳐야 한다고 믿고 있다. 한편, 다른 사람들은 이러한 문제들은 부모, 교회, 청소년클럽, 다양한 지역사회 기관들이 더 관심을 갖고 지도해야 한다고 믿고 있다.

이러한 문제들에 대한 열띤 논쟁의 중심에는, "교육의 목적은 무엇인가?"라는 질문이 자리 잡고 있다. 교육철학은 교육의 목적을 명백히 하는데 기초를 제공한다. 교사와 학교가 교육철학을 공유한다면, 비록 교육목적들이 세세하게 규정되지 않더라도 그들은 더 열심히 교육할 것이다.

교육철학의 관련성

교육철학은 교육목적이 구체적으로 명명될 수 있는 수단을 제공한다. 교육철학은 광범위하면서도 밀접하게 연관되어 있는 교육 관련 믿음과 가치들이다. 여기에는 삶의 본질과 목적, 사회

속 개인의 역할, 교육목적과 목표, 교사와 학생의 역할, 중요하게 가르칠 내용, 효과적인 교수법 등에 대한 믿음 등이 포함된다.

교육철학의 차이는 서로 다른 형태의 교육을 보여준다.

예를 들면, 초장기 미국의 공교육은 기초 문해력(읽기, 쓰기, 셈하기)을 가르치고 '선'과 '악'에 대한 기독교적 믿음을 확산하는데 초점을 두었다. 1960년대 후반 흑인 연구 프로그램은 인종적 자부심을 강화하는 것이었지만 최근의 다문화연구는 우리 사회 내의 문화적 다양성을 부각시키고 강화하는 것이다. 마리아 몬테소리(Maria Montessori)의 교육은 아동들의 사회화나 교화보다는 개인의 성장을 중시하도록 설계되었다. "기본으로 돌아가라"를 주장하는 학교는 읽기, 쓰기, 셈하기에 대한 기초를 탄탄히 쌓는 것이 좋은 교육이라는 믿음을 갖고 있다. 환경교육은 주로 우리 사회의 모든 부분에서 변화를 일으키기 위한 '의식화 교육'이다.

우리에게 가장 친숙한 교육철학은 교육에 대한 전통적이고 보수적인 접근으로부터 극적인 변화를 시도한 듀이(Dewey)의 진보적 접근일 것이다. 다른 교육철학들도 다른 명칭과 분류체계를 갖고 수년에 걸쳐 발전해 왔다. 그들 간 존재하는 차이에도 불구하고, 모든 교육철학들은 교육에 대한 가치와 믿음을 반영하고 있다.(Apps, 1973; O'Neill, 1981/1990; Zinn, 1983).

· 교육의 목적이나 목표들
· 지도하거나 강조해야 할 내용(교과의 주제)
· 수업과 평가 방법들
· 교사의 역할들
· 학생·학습자의 역할과 특성들

다양한 교육철학이 존재하는 이유는 교육자들(그리고 학부모들, 입법자들, 학교운영위원들, 교육이론가들 등)이 이러한 교육의 각 부문들에 대해 광범위한 믿음과 가치를 갖고 있기 때문이다.

개인의 교육철학

교육의 목적과 방향에 대한 주요 결정은 일반적으로 교육청, 또는 주정부나 국가단위에서 이루어진다. 최근 어떤 결정은 단위학교로 의사결정권한이 위임되어, 교사, 학부모, 지역사회 대표가 결정을 해야 한다. 그러나 여전히 교수 내용, 학습자료, 평가 등에 대한 선택권은 교사에게 있다. 교사는 다음과 같은 질문들을 자신에게 던질 수 있을 것이다.

· 학교 교육 과정에서 내가 다른 것들보다 강조해야 할 부분은 무엇인가?
· 어떤 학습자료를 사용할 것인가? 선택의 자유가 없거나 제한된다면, 나는 그 자료를 어떻게 사용할 것인가? 나는 거기에 어떤 자료를 추가해 사용할 것인가?
· 개별화 또는 협력 학습을 위한 수업 전략을 활용할 것인가?
· 나는 우리 학생들에게 얼마나 많은 도전정신을 갖게 하고, 그들의 성장과 발달을 독려할 것

인가?

· 내가 학생들에게 가르칠 수 있는 가장 중요한 것은 무엇일까? 내가 소홀히 다뤄도 되는 것이 있다면, 그것은 무엇일까?

이러한 질문들에 대한 답은 부분적이나마 자신의 교육철학에서 발견될 수 있을 것이다.

교사리더에게 교육철학은 왜 필요한가?

교사가 자신의 교육철학을 발전시켜야 하는 데는 다음과 같은 몇 가지 이유가 있다.

· 교육철학은 교육 과정, 수업, 평가에 대한 중요한 결정의 근거가 되는 기초를 제공한다. 매일 이루어지고 있는 수업 계획과 교실 수업에서 그러한 결정을 하는 사람은 바로 교사이다.

· 교사들이 무엇을 가르쳐야 하고 어떻게 가르쳐야 하는지에 대한 정보는 충분한 반면에 왜 교사들이 특정한 내용을 지도해야 하고, 왜 특별한 방법을 사용해야 하는지에 대한 정보는 그리 많지 않은 편이다. 교육철학은 교사가 자신이 한 교수행위를 되돌아볼 수 있는 '시금석' 역할을 한다.

· 교육철학에 대한 탐색은 교사들 간, 또는 교사와 학교 및 교육청 간에 존재하는 신념들 사이에 서로 일치하거나 불일치한 부분들을 드러나게 해준다. 이러한 과정을 통해 얻는 통찰력은 교사들에게 매우 가치가 높을 수 있다.

· 교사가 만약 교육철학이 교육에 미치는 영향력을 잘 이해하고 이러한 이해를 다른 교사, 학부모, 학교행정가 그리고 학교운영위원회 등과 공유한다면, 학교나 지역사회에서 훨씬 더 훌륭한 리더가 될 수 있을 것이다.

특히 개인의 교육철학은 다음의 몇 가지 장점들을 제공한다.

· 교육적 판단과 의사결정에 대한 일관된 토대 제공
· 교육적 관점에서, 더 좋은 질문과 답을 할 수 있는 틀 제공
· 가치가 있는 것과 하찮은 것 그리고 더 중요하고 덜 중요한 것 등에 대한 판단 지원
· 자신의 삶과 일에 대한 비전 확장과 의미 고취
· 교사의 믿음과 가치 그리고 일상의 교수행위와 의사결정 간 일치성 강화
· 교사와 학습자, 학습자 간, 교과내용과 학교 밖 세계 간의 관계에 대한 통찰력 제공
· 교수인력 간 그리고 교사와 학교관리자들 간의 상호이해와 생산적인 업무관계를 위한 기초 제공

교육철학 설문지

교사는 어떻게 자신의 교육철학을 계발할 수 있을까? 펜과 종이 또는 컴퓨터를 갖고 앉아서 학생, 교과내용, 교수 전략, 교육목적에 대해 '나는…. 믿는다.'라는 일련의 진술문을 쓰면 될까? 사실은 교육에 대한 믿음과 가치 그리고 교육적 의사결정과 교수실행을 서로 연관시켜주는 자

기진단 도구를 이용해 자신의 교육철학을 명확화할 수 있는 쉬운 방법이 있다. 교육철학 설문지(Zinn, 1999)가 이 책의 부록 끝부분에 수록되어 있다.

이 책을 더 읽어나가기 전에, 당신은 잠시 시간을 내어 설문지를 작성하고 채점하고 싶어 할 수도 있다. 만약 그렇게 했다면, 다시 이 부분으로 돌아와서 당신의 교육철학에 대해 더 많은 부분을 알아보라.

결과의 해석

무엇을 알아냈는가? 결과를 보고 놀랐는가? 또는 결과가 평소에 믿고 있던 자신의 교육철학을 확인시켜 주었는가? 여러분들은 자신의 교육철학과 연계되어 있는 다양한 교수법, 전문적 유행어, 교수실행, 이론가들을 인식하였는가? 더 많은 정보와 사례들은 교육철학 설문지 결과를 해석하는데 도움을 줄 것이다.

명명화(Labels)와 점수는 중요한가?

교육철학 설문지에는 일반적으로 통용되고 있는 5개의 교육철학-행동주의, 본질주의, 진보주의, 인본주의, 사회변화주의 교육철학-이 규정되어 있다. 이러한 명명화는 교육철학들을 구분하고 교사들의 믿음과 가치를 일반적으로 널리 통용되는 교육철학으로 타당성을 부여한다. 교육철학 설문지의 의도는 교사들의 교육철학을 명명화하는 데 있지 않다. 또한 이것은 높은 점수를 받을 수록 좋다는 식의 시험이나 경쟁도 아니다. 주된 목적은 교사들이 일상에서 하는 의사결정과 선택 시 교사들이 갖는 믿음과 가치를 탐색하는 데 있다. 만약 명명화와 채점 작업이 교육철학과 교수행위의 관계성에 대한 이해를 촉진시킨다면, 그것들은 유용할 것이다. 그러나 만약 그것들이 사람들을 상자에 갇혀 놓는 듯한 느낌을 들게 하여 그들의 사고를 방해한다면, 명명화와 채점 작업은 유용하지 않고 중요한 것으로 여겨져서도 안 될 것이다.

행동주의 철학

행동주의적 관점에서 보면, 교육의 주된 목적은 사회 리더나 전문가들에 의해 규정된 일정한 준거나 기대에 부응하도록 학생들을 가르치는 것이다. 교육에 있어 행동주의는 통제, 행동 교정, 강화를 통한 학습, 목표달성 관리를 강조한다(Anthony, 1993, p. 1). 교수행위의 초점은 틀린 것으로부터 옳은 것을 가르치고(예: 종교 교리서), 과정과 절차를 가르치고(예: 장치를 조작하는 올바른 방법), 심지어 사람들에게 권위에 반항하지 않고 복종하도록 가르치는 것이다(예: 군사훈련). 행동주의 교육철학은 생산성, 기술, 효율성 그리고 측정 등의 사회적 가치들은 지지하는 경향이 있는 반면, 진보, 변화, 개인주의, 자기신뢰 등과 같은 가치들은 특히 지지하지 않는 경향이 있다(Podeschi, 1986, p.5).

일반적으로 행동주의 교육은 다른 기능을 수행하기 위해서 그보다 앞선 기능이 숙달되어야 한다는 단계적 교수방법에 의존하며, 피드백과 (정적 또는 부적) 강화를 통한 연습을 중시한다. 행동주의 교육철학은 미국문학이나 음악감상 과목보다는 직업교육과 더 연관되어 있다. 그리고 이 교육철학은 고등학생들에게 예산추정을 위해 수학적 개념을 활용하도록 가르치는 것보다는 아이들에게 기초수학을 가르치는 것과 더 연관되어 있다.

본질주의 철학

본질주의 교육철학은 주로 교양교육에서 찾아볼 수 있는데, 주요 목적은 특화된 교육이나 직업교육보다는 광범위한 일반교육을 시키는 데 있다. 이 철학은 교양학습, 조직화된 지식, 지적 능력 계발을 강조한다(Anthony, 1993, p.1). 본질주의 교육의 초점은 공유된 역사, 정치·경제적 태도, 언어, 미래비전을 포함하는 "문화적 가치의 공유"에 있다(Howard, 1992, p.2). 본질주의 교육철학에서 진보, 변화, 새로운, 낙관주의, 활동, 실행, 효율성, 측정, 기술 등과 같은 사회적 가치들은 강조되지 않는다(Podeschi, 1986, p. 5).

최근, 이러한 교육적 접근은 상호작용이 없는 교수법 의존(예: 강의와 노트 필기)과 현재의 사회적 이슈보다는 역사적 내용을 강조한다는 이유로 시대에 뒤처지고 부적절한 것으로 흔히 무시되고 있다. 그러나 이 철학은 단지 문화내용을 기계적으로 전수한다는 것 이상의 의미를 갖고 있다. 본질주의 교육철학은 본질적으로 지적 능력(예: 비판적, 창의적 사고기술과 아이디어와 가치에 대한 개념적 이해(예: 역사, 문학, 심리학, 사회학, 정치와 책 검열 간의 연관성에 대한 이해)의 발달을 동반하는 학습을 중시한다.

최근 본질주의 교육철학의 재등장은 파이데이아(Paideia) 프로그램인데, 이 프로그램의 기본적인 믿음은 "진정한 학습은 학습자 본인의 사고활동에서 일어난다⋯. 교사주도로 이루어진 활동은 학생들을 수동적으로 만들어 단순한 암기자로 만들 것이며, 여기서 학생들은 진정한 학습자가 될 수 없다(Adler, 1984, p.47)"는 것이다. 오랜 역사를 지닌 많은 사립학교뿐만 아니라 최근 몇 몇 공립 대안학교들이 이 본질주의 교육철학에 기초를 두고 교육하고 있다.

진보주의 철학

진보주의 교육철학의 주요 관심은 민주주의 사회에서 책임감을 갖고 협력하여 문제를 해결하도록 사람들을 교육시키는 것이다. 진보주의라는 용어는 의미가 모호했는데, 20세기 초반에 이르러(Dewey, 1916/1966) 그 의미는 보수주의, 또는 전통주의(교양교육) 교육과 대립되는 개념으로 받아들여졌다. 진보주의 교육에서 중시하는 것은 책임 있는 시민 교육, 체험학습 강조, 학교와 교실의 학습공동체화, 학생 탐구 독려, 문화적 다양성을 포용하는 학교 등이다(Featherstone, 1991, p.x). 현재 진보주의 교육철학은 협동학습, 지역사회봉사 프로젝트, 다문화 교육, 참 평가 그리고 예전에 학교운영위원회와 관리자들에게 있었던 기획과 의사결정 책임의 일부를 떠맡은 교사와 학부모로 구성된 학교개선팀을 통해 나타나고 있다. 진보주의 교육에서 교사의 주요한 역할은 안내이다. 즉, "개인의 타고난 능력을 협력을 통해 지원하는 것"이다(Dewey, 1916/1966, p.23). 이러한 안내/협력의 개념이 발현된 것이 집단탐구이다.

협력학습은 교실에서의 학문적 탐구 과정에 상호작용과 의사소통을 장려하는 전략이다. 이 전략은 교실을 소집단 학생들 간 협력과 이들 집단 간 조정에 토대를 둔 사회적 시스템이 되게 한다(Sharan & Sharan, 1992, p.ix).

최근 민주주의를 위한 교육이라는 개념은 학생들이 학교 밖 삶을 준비할 수 있도록 설계된 협력학습과 실질적인 학습경험을 주로 강조한다. 약물중독에 대한 인식, 가정·사회 폭력, 성교육에 초점을 두고 있는 교육 프로그램들은 아이들을 민주주의 사회의 책임 있는 시민이 되도록 독려한다.

인본주의 철학

인본주의 철학은 자아실현 혹은 자기주도적 성장으로 인식되고 있는데, 이러한 측면은 사람들을 도전과 성장을 통한 충만한 인생으로 이끈다(Gross, 1991, p.33). 인본주의 철학은 아브라함 매슬로(Abraham Maslow)의 인간동기 심리학과 맥을 같이하며, 자아실현을 인간발달의 최종 목표로 삼는다. 이러한 인본주의는 자유, 자율, 신뢰, 협력, 참여, 자기주도학습을 강조한다(Anthony, 1993, p.1). 인본주의 교육철학은 개인주의 및 자기신뢰와 같은 사회적 가치를 지지하는 반면 특히, 생산성, 기술, 효율성, 측정 등의 가치는 지지하지 않는 경향이 있다(Podeschi, 1986, p.5). 인본주의 교육의 주요 목적은 학생 각 개인의 발달과 성장을 지원하고 촉진하는 것이다. 최근에 이러한 인본주의 교육의 경향을 살펴보면, 특별학급에 부진학생이나 발달장애학생을 별도로 배치하기보다는 모든 학생을 일반 학급에서 함께 가르치는 일 등이다.

최근 '교사의 신념'과 교사의 효과성 간 상관관계 연구에서 대다수의 교사는 자신의 교육적 신념을 인본주의적인 것으로 규정하고 있었다: "신뢰, 수용, 우정, 존경, 자기수양, 민주적 분위기, 융통성, 학생의 자립, 처벌 반대, 도덕과 무관한 태도 등"(Agne, Greenwood & Miller, 1994, p.149). 인본주의 교육철학의 기본 가정은 "인간의 본성은 본질적으로 선하다"는 것이다(Elias & Merriam, 1995, p.117). 인본주의 교육철학의 기본 개념은 돌봄인데, 나딩스(Noddings, 1992)는 그의 저서 『학교에서의 돌봄 기능The Challenges to care in Schools』에서 이를 강력하게 피력하고 있다. 나딩스(Noddings, 1992)는 학교 교육 과정은 "자기 자신, 가까운 사람, 외부인과 세계인, 자연세계와 동식물, 인공물, 아이디어 등에 대한 배려라는 주제로 완전히 재구조화되어야 한다."고 제안하고 있다(p.675).

사회변혁주의 철학

이 철학은 교육을 사회변혁을 위한 원동력으로 보고, 학습자의 자유와 자율성을 중시한다. 사회변혁주의 철학의 초점은 개인과 집단에 대한 문화적, 정치적, 경제적 영향의 요인을 파악하는 데 있다. 사회 변화를 위한 교육은 "일반적으로 미국사회의 가치에 저항하며… 정치적 자각과 사회적 행동을 독려하고, 지식의 힘과 교사와 학생 간 파트너십을 강조한다(Podesch, 1986, p.5)." 사회변혁주의 철학의 핵심은 다수의 사람들이 생각하고 있는 기회의 평등을 넘어 사회적 조건의 평등을 지지한다는 것이다. 이러한 교육철학의 예로는, 일리치(Illich)의 탈학교 운동, 프레이리(Freire)의 비평적 의식 교육, 쇼(Shor, 1992)의 힘을 주는 교육 개념 그리고 의무교육 반대와 같은 형태로 나타나고 있는 주나 연방정부의 학교 관리에 대한 저항 등이 있다.

다양한 철학적 성향

교육철학 설문결과를 살펴보면, 교사들은 하나의 주된 교육철학(점수가 75점 이상인 경우)을 갖거나 다른 것들보다 점수가 높은 2개의 교육철학을 갖는다. 가장 대표적인 조합은 행동주의-본질주의, 진보주의-인본주의이다. 양립 가능하나 조금 덜 전형적인 것으로는 행동주의-진보주의, 진보주의-사회변혁주의 조합이다. 가장 가능성이 낮은 조합은 내재된 근본적 가치가 양립할 수 없는 행동주의-인본주의와 행동주의-사회변혁주의이다.

일반적으로 경력 있는 교사들은 (다른 교육철학과 비교하여 적어도 한두 개의 교육철학에서 75점 이상의 점수를 얻음) 분명한 교육철학을 갖고 있다. 저경력교사들은 흔히 3개 내지 그 이상의 철학에서 비교적 동일한 점수를 보이는데 이는 자신의 교육에 대한 믿음과 가치가 여전히 형성되고 있는 중이거나 학부모, 동료교사, 또는 대학강사들의 것과 혼재되어 있기 때문이다.

교육경력과는 상관없이, 만약 1∼2개의 교육철학에 대해 명백한 선호가 없거나(예: 꽤 높은 점수가 없음), 최고의 점수를 받은 교육철학들이 근본적으로 양립할 수 없는 것들이라면, 자신의 교육철학에 대한 더 많은 탐색과 명확화 작업을 통해 많은 것들을 얻을 수 있을 것이다. 교육철학 설문지에서 최고의 배점을 얻은 진술들(예: 6 또는 7의 배점을 얻은 진술문) 간의 모순점을 찾아보는 것은 특히 도움이 될 것이다.

교수스타일과 교육철학의 관계

개인의 교육철학과 교수스타일은 동일한 것인가? 이 두 개념은 동일한 것은 아니지만 분명히 서로 관련되어 있다. 하임리히와 놀랜드(Heimlich&Norland, 1994)는 "교수스타일은 당신이 수업을 어떤 철학적 접근을 통해 실행하느냐에 관한 것이다(p. 43)", "교수스타일은 표현하는 양식이고…, 내용보다는 형태, 결과물보다는 과정에 더 관련되어 있다(p. 40)"고 했다. 교수스타일은 자신의 교육철학과 선호하는 교수 방법, 기술 그리고 전략들이 조합을 이루면서 발전해나간다. 교육철학이 주로 교사들이 왜 그러한 행동을 할까에 관련된 것이라면, 교수 방법, 기술 그리고 전략들은 교사들의 행위 방식이다. 교육철학은 사람들의 인생관에 꽤 깊이 뿌리를 내리고 있어서 쉽게 변할 것 같지는 않다. 반면, 교수 방법, 기술 그리고 전략들은 특정상황에 맞는 최적의 방식을 찾아 변한다.

어떤 방법과 기술들은 특정 철학을 강하게 지지한다(예: 협력학습은 진보주의 교육철학의 구현이며, 그룹토의는 인본주의 철학의 구현임). 그러나 노련한 교사는 자신의 교육철학과 불일치하지 않는 한 상황에 따라 다양한 방법과 기술 그리고 전략들을 선택해 활용한다. 불일치의 예로는, 진보주의 또는 인본주의 교육철학에서 강의와 암기의 폭넓은 활용, 또는 행동주의에서 그룹토의를 주요한 수업기술로 활용하는 것을 들 수 있다.

다음 단계 및 실제 적용

교육철학에 대한 진술문 개발

교사들은 때때로 자신의 교육철학을 이야기 형식으로 진술해보라는 요청을 받는다(예를 들면, 구직 또는 인터뷰). 교육철학 설문지는 이러한 진술문을 개발하는 출발점으로 활용될 수 있다. 그러한 과제에 접근하는 한 방법을 설명하면 다음과 같다.

1. 다음과 같이 이야기하기 위해 먼저 자신이 가장 동일시하는 교육철학이 5개의 철학 중 무엇인지 결정하라. "나의 교육철학은 기본적으로 인본주의(진보주의, 행동주의 등등)입니다"라고 말한다. 아니면 자신에게 가장 큰 영향을 주고 있는, 밀접하게 연관된 2개의 관련된 철학을 이야기할 수도 있다. 예를 들면, 인본주의-진보주의 혹은 본질주의-행동주의이다.
2. 교육철학 설문지에서, 6 또는 7점을 부여한 모든 응답 문항을 뽑아 완전한 문장으로 재기술함으로써 자신의 이야기를 만들어라(예를 들면, 설문지 8번 항목의 경우. "나는 수업 설계 및 수업활동에서, 학생들의 자기발견과 상호작용을 지원하는 분위기를 만들려고 노력한다.").
3. 이렇게 만든 문장들을 일관성 있는 이야기로 구성하라. 이를 위한 좋은 방법 중의 하나는 앞에서 언급한 교육철학의 다섯 가지 요소에 따라 구성하는 것이다: 교육의 목적과 목표, 가르치거나 강조되어야 할 교육내용, 교수 및 평가 방법, 교사와 학습자의 역할과 특성, 그리고 당신이 원한다면 다른 항목들을 더 추가할 수도 있다.
4. 진술문 초안의 모순된 점들을 찾아 세밀히 검토하라. 예를 들면, 교사의 통제와 학생의 자율성 그리고 문제해결지향 교육 과정과 고정된 교육 과정을 똑같이 중시하는 것에는 모순이 있다. 글에서 모순들이 발견된다면, 당신의 교육철학 진술문이 내적 일관성을 갖도록 지속적으로 자신의 믿음을 성찰하고 문장들을 교정하라.
5. 마지막으로, 자신의 교육철학 진술문이 구성적, 또는 문법적인 측면에서 완결성을 갖도록 수정하라. 가능하면, 교사로서 행하는 당신의 의사결정과 교수행위를 기술하는 언어를 사용하라(당신의 의사결정과 교수행위는 당신의 믿음과 가치들을 반영하고 있다는 점을 기억하라).

유의사항: 많은 교사가 다양한 개념, 이론 그리고 기법들을 조합해 절충한 독특한 교육철학을 만들어내기를 원한다. 현행 미국 교육의 경향은 학교의 이러한 접근을 지지한다. 현재 미국 교육의 경향은 이러한 접근을 지지하고 있는데, 이는 학교가 "모든 것을 할 수 있고, 해야 한다"는

많은 사람들의 일반적인 인식에 바탕을 두고 있다. 이것은 매우 훌륭한 의도이지만, 실현가능성은 그리 높지 않다. 어떤 교육철학들은 서로 양립이 불가능한 경우도 있고, 심지어 어떤 것들은 주장이 정반대인 경우도 있다. 예를 들면, 행동주의 관점은 "교육활동이 연습과 반복 학습을 제공할 때 학생들은 가장 잘 배울 수 있다"이다. 이 관점은 "교육체제의 제한이나 규제 없이 학생들이 자유롭게 탐구할 수 있을 때 학생들은 가장 잘 배운다"라는 인본주의 관점과는 완전히 다르다. 따라서 절충주의 접근에서 가장 중요한 것은 자신의 '짜깁기한' 교육철학이 자신이 가져온 각 철학의 근본적 가정들을 해치지 않아야 한다는 것이다.

교수인력의 팀워크 강화

교육철학 설문지는 교수인력(교사, 교육 과정 개발자, 관리자 등) 개발에 매우 좋은 도구가 된다. 이 도구는 긴밀한 관계를 갖지 못한 사람들 간 긴장감을 완화시키고 오해를 불식시킬 수 있다. 설문지 완성 후 결과를 공유한 교수인력들은 "나는 옳고 당신은 틀렸다"는 느낌을 갖지 않게 되었고 사람들은 각자 다른 교육철학을 갖고 있다는 것을 받아들이게 되었다고 이야기한다. 구성원들 간의 공통점과 차이점에 대한 이해는 구성원 간 더 나은 의사소통과 이해, 원활한 업무처리 그리고 보다 효과적인 교육설계와 의사결정으로 이어진다. 이는 모두 궁극적으로 학생들에게 도움을 준다.

실행하기

비록 사람들이 좋은 의도를 갖고 있어도, 자신의 신념과 실제 행동 사이에는 흔히 불일치가 발생하기 마련이다. 아지리스(Argyris)와 슈헨(Schön, 1974)은 사람들이 분명히 변화를 원하는 데도 그들의 행동 변화가 왜 어려운 일인지를 밝히려고 하였다. 이러한 어려움은 자신이 실제 실행하고 있는 이론(오랫동안 자신의 행위를 강하게 통제해 온 믿음과 가치들)과 옹호하는 이론(가치가 있다고 지지하고 있는 믿음과 가치들) 간의 갈등에 있었다. 옹호하는 이론과 실제 행하는 이론은 흔히 불일치한데 사람들은 그것을 잘 인식하지 못하고 있다. 인간은 대체로 오랫동안 실행해온 이론들을 유지하고 싶어 한다.

교사로서 자신의 신념과 실제 교수행위 간 불일치를 인식하는 것은 교사들에게 통찰력을 제공한다. 교육철학 설문지는 자신의 이러한 면을 살펴보는 출발점이 될 수 있다. 설문을 완성한 후, 당신은 당신의 응답한 내용을 동료들과 검토하고, 당신의 수업을 관찰하게 한 후 피드백을 요청할 수 있다. 그들의 피드백을 통해 당신이 설문에 진술한 신념과 당신의 실제 행동의 일치 여부를 판단할 수 있을 것이다.

리더로서의 교사

교사리더들은 교육철학 설문지에서 얻은 정보와 통찰력을 교육 과정 개발, 교수법 선택 그리고 평가방법 수립 등을 위한 의사결정의 토대로 활용할 수 있다. 교육철학에 대한 탐색은 왜 그들이 그러한 선택을 했는지 그리고 학생들을 위한 최선의 교수법에 대한 의견이 왜 때론 다른지에 대한 학교구성원들의 이해도를 높인다. 개인의 교육철학을 명확하게 하는 것은 교사의 믿음과 가치 그리고 학교 비전 간의 불일치한 부분을 찾게 해준다. 교사리더는 동료교사들이 이러한 불일치한 부분을 인식하고 강한 공유 비전을 구축하도록 도움을 줄 수 있다.

교사들은 자신의 가치와 믿음을 명확히 하고 이를 실행에 옮기려 노력한다면 훨씬 더 강력한 리더가 될 수 있다. 결국, 앞에서 제시한 어려운 질문에 최선의 답을 줄 수 있는 사람은 바로 교사이다.

"우리는 어떻게 우리의 아이들을 가장 잘 교육시킬 것인가?"

자신의 교육철학에 대한 분명한 인식은 훨씬 더 나은 답들을 줄 수 있을 것이다.

교육철학 설문지

설문방법 안내

설문지에 있는 15개 문항 각각은 불완전한 문장으로 시작되며, 완전한 문장이 되도록 뒤에 5개의 다른 문구들이 뒤따라온다.

1부터 7까지의 배점이 각 문구들 밑에 적혀 있고, 이어서 괄호 안에 소문자가 적혀 있다. 일단, 소문자는 무시하고 각 문구 밑에 있는 숫자만을 사용하라.

설문을 완성하기 위하여 메인 문장과 그것을 완성하는 각 문구들을 읽어보라. 각 문구에 대하여 어떤 느낌이 드는지 1부터 7까지 배점 중 자신에게 가장 근접한 숫자에 ○표를 하라.

점수는 1(매우 그렇지 않다)부터 7(매우 그렇다)까지 있으며 해당 문구에 대해 확실치 않거나 의견이 없으면 보통인 4에 표시하라.

메인 문장을 읽고 자신의 의사를 표시하는 방법으로 모든 문항을 완성하라. 만약 당신이 문구에 대해 의견이 없다고 하더라도 각 문구들에 모두 답하라. 옳고 그른 답은 없다.

설문지를 보면서 자신이 자주 그리고 잘할 것 같은 것에 표시하라. 보다 쉽게 응답하려면, 당신이 가르쳤던 특정 교육 과정에 초점을 두면서 하는 것도 좋다. 당신의 교육적 성향을 가장 잘 반영함으로써 당신이 편안하게 지도했던 특정 교육 과정을 선택하라.

즐거운 시간 되시길!

매우 그렇지 않다			보통			매우 그렇다
1	2	3	4	5	6	7

1. 교육활동을 설계할 때, 나는 가장 _____ 할 것 같다.

내가 원하는 결과를 명확히 하고 그러한 결과를 가져올 수 있도록 학급과 프로그램을 개발

1	2	3	4	5	6	7	(c)

학생들의 동등한 참여를 이끌어내고, 중요한 사회적, 문화적, 정치적, 경제적 이슈를 확인하고, 학생들이 사회 변화에 기여할 수 있는 학습활동을 설계

1	2	3	4	5	6	7	(h)

학생들이 장차 삶을 살아가면서 도움이 될 것 같은 학습 내용이나 주제를 선정하는 것으로 시작

1	2	3	4	5	6	7	(a)

학생들의 학교 밖 삶에 관련되거나 실용적인 교육활동을 선정

1	2	3	4	5	6	7	(d)

학생들의 가장 큰 관심사가 무엇인지 알아보고 비록 그러한 관심사가 내 마음에 들지 않더라도 학생들의 관심사를 중심으로 교육활동을 계획

1	2	3	4	5	6	7	(f)

매우 그렇지 않다			보통			매우 그렇다
1	2	3	4	5	6	7

2. 학생들은 _____ 가장 잘 배운다.

문제를 해결하는 방식을 통해 지식을 배울 때

1	2	3	4	5	6	7	(x)

교육활동이 잘 구조화되어 있고 연습과 반복이 제공될 때

1	2	3	4	5	6	7	(w)

학교 안팎의 다른 사람들과 공개적으로 토론하고 비판적 성찰을 할 때

| 1 | 2 | 3 | 4 | 5 | 6 | 7 | (z) |

학습 방법이나 결과를 자기주도적으로 선택할 수 있을 때

| 1 | 2 | 3 | 4 | 5 | 6 | 7 | (y) |

학습주제에 대해 잘 알고 있는 '전문가'로부터 배울 때

| 1 | 2 | 3 | 4 | 5 | 6 | 7 | (v) |

| 매우 그렇지 않다 | | | 보통 | | | 매우 그렇다 |
| 1 | 2 | 3 | 4 | 5 | 6 | 7 |

3. 교육의 가장 중요한 목적은 _____ 이다.

학생들의 개인적 성장과 발달을 촉진하는 것

| 1 | 2 | 3 | 4 | 5 | 6 | 7 | (f) |

우리 사회와 문화의 변화 필요성을 제고하고, 그러한 변화에 기여하도록 하는 것

| 1 | 2 | 3 | 4 | 5 | 6 | 7 | (h) |

학생들의 평생학습을 위해 광범위한 내용, 개념, 원리를 가르치는 것

| 1 | 2 | 3 | 4 | 5 | 6 | 7 | (a) |

학생들의 문제해결력 및 사회참여능력을 신장시키는 것

| 1 | 2 | 3 | 4 | 5 | 6 | 7 | (d) |

학생들의 역량을 개발하고, 특별한 기술이나 지식을 습득하게 하여 특정 준거나 기대에 부합하도록 하는 것

| 1 | 2 | 3 | 4 | 5 | 6 | 7 | (c) |

매우 그렇지 않다			보통			매우 그렇다
1	2	3	4	5	6	7

4. 가장 가치 있는 것은 _____ 알게 된다.

다른 사람들과의 협력을 통한 학습과 작업수행 그리고 문제해결을 통해

1	2	3	4	5	6	7	(x)

과거, 현재, 미래의 문화와 사회적 중요 이슈 그리고 의문거리에 대한 성찰적 사고를 통해

1	2	3	4	5	6	7	(z)

정답을 찾도록 지속적으로 도와주는 구조화된 교육적 접근을 통해

1	2	3	4	5	6	7	(w)

가르침을 받기보다는 스스로 발견하는 학습을 통해

1	2	3	4	5	6	7	(y)

특화된 교육이나 직업중심 교육보다 광범위한 교육 과정을 통해

1	2	3	4	5	6	7	(v)

매우 그렇지 않다			보통			매우 그렇다
1	2	3	4	5	6	7

5. _____에 기초해서 학습내용을 선정한다.

학생들이 가장 중시하는 것 그리고 학생들이 흥미를 느끼는 것에 대한 상담

1	2	3	4	5	6	7	(f)

학생들이 학습한 것과 비교하여 다음에 학습할 필요가 있다고 생각하는 것

1	2	3	4	5	6	7	(c)

현재의 사회, 경제, 정치 또는 경제적 상황이나 이슈

1	2	3	4	5	6	7	(h)

학생들의 '실제적인 삶'의 필요와 교실 밖 문제들에 대한 고려

| 1 | 2 | 3 | 4 | 5 | 6 | 7 | (d) |

'전인' 교육을 위해 일반적으로 동의되고 있는 주제들

| 1 | 2 | 3 | 4 | 5 | 6 | 7 | (a) |

매우 그렇지 않다   보통   매우 그렇다

| 1 | 2 | 3 | 4 | 5 | 6 | 7 |

6. 최고의 교사는 _____ 수업 계획을 짠다.

교사가 기대하는 구체적 결과(지식, 기술, 태도)와 그러한 결과를 도출해내기 위한 가장 효과적인 방법을 고려하여

| 1 | 2 | 3 | 4 | 5 | 6 | 7 | (w) |

교육을 통해 해결할 수 있는 일상적인 문제들을 확인하여

| 1 | 2 | 3 | 4 | 5 | 6 | 7 | (x) |

가르쳐야 할 내용, 개념, 이론적 원리들을 명확히 하여

| 1 | 2 | 3 | 4 | 5 | 6 | 7 | (v) |

학생과 그들 가족의 삶에 가장 큰 영향을 주는 문화적, 사회적, 정치적, 경제적 이슈들을 분명히 하여

| 1 | 2 | 3 | 4 | 5 | 6 | 7 | (z) |

학생들이 학습하고자 하는 것과 어떻게 학습하기를 바라는지 분명하게 알아봄으로써

| 1 | 2 | 3 | 4 | 5 | 6 | 7 | (y) |

매우 그렇지 않다   보통   매우 그렇다

| 1 | 2 | 3 | 4 | 5 | 6 | 7 |

학생들의 요구에 응할 수 있는 유연하고 비구조화된

| 1 | 2 | 3 | 4 | 5 | 6 | 7 | (f) |

명확한 행동목표와 학생들을 위한 피드백 구조를 잘 갖춘

| 1 | 2 | 3 | 4 | 5 | 6 | 7 | (c) |

실생활에 활용 가능한 실용적인 기술과 지식에 초점을 두는

| 1 | 2 | 3 | 4 | 5 | 6 | 7 | (d) |

논리적으로 학습내용을 구성하고 학생들의 미래학습을 위한 단단한 토대를 구축하게 하는

| 1 | 2 | 3 | 4 | 5 | 6 | 7 | (a) |

학생들이 주변에서 일어나는 일들을 탐색하고 비판적 성찰을 할 수 있도록 하는

| 1 | 2 | 3 | 4 | 5 | 6 | 7 | (h) |

매우 그렇지 않다　　　　　　　　　　보통　　　　　　　　　　매우 그렇다

| 1 | 2 | 3 | 4 | 5 | 6 | 7 |

8. 교육활동을 계획할 때, 나는 _____ 노력한다.

학생들에게 새로운 지식이나 개념, 기술을 실생활에 적용해 볼 기회를 주려고

| 1 | 2 | 3 | 4 | 5 | 6 | 7 | (x) |

학생들이 자신의 신념이나 가치를 검토해보고 비판적인 질문을 제기할 수 있도록 하는 상황을 만들려고

| 1 | 2 | 3 | 4 | 5 | 6 | 7 | (z) |

의도된 학습결과를 얻을 수 있도록 학생들을 집중시키고 활동시키는 구조화된 환경을 만들어주고자

| 1 | 2 | 3 | 4 | 5 | 6 | 7 | (w) |

학생들이 학습한 것에 대해 폭넓고 심도 있게 개념적으로 이해를 할 수 있게 하고자

| 1 | 2 | 3 | 4 | 5 | 6 | 7 | (v) |

스스로 발견하고 상호작용을 촉진하는 지원적 분위기를 만들고자

| 1 | 2 | 3 | 4 | 5 | 6 | 7 | (y) |

매우 그렇지 않다			보통			매우 그렇다
1	2	3	4	5	6	7

9. 학습 과정에서 학생들의 느낌은 _____.

특정한 학습활동에 온전히 참여하기 위해서 중요하므로, 학습 과정에서 표출될 필요가 있다

| 1 | 2 | 3 | 4 | 5 | 6 | 7 | (h) |

문제나 의문거리에 집중할 수 있는 에너지를 제공한다고 본다

| 1 | 2 | 3 | 4 | 5 | 6 | 7 | (d) |

학생들의 특성을 반영하고 있으므로 학습 과정에 표출되고 존중받아야 한다

| 1 | 2 | 3 | 4 | 5 | 6 | 7 | (f) |

주의를 산만하게 해서 학습을 방해할 것 같다

| 1 | 2 | 3 | 4 | 5 | 6 | 7 | (c) |

학생들의 사고만큼 중요하지 않다

| 1 | 2 | 3 | 4 | 5 | 6 | 7 | (a) |

매우 그렇지 않다			보통			매우 그렇다
1	2	3	4	5	6	7

10. 내가 선호하는 교수법은 _____.

문제해결에 초점을 두고 있으며, 학생들을 실질적인 도전에 직면하게 한다

| 1 | 2 | 3 | 4 | 5 | 6 | 7 | (x) |

연습을 강조하고 구조화된 피드백을 제공해서 학생들이 정답을 찾고 중요한 기술을 배우게
한다

| 1 | 2 | 3 | 4 | 5 | 6 | 7 | (w) |

대체로 비지시적이며, 학생들이 자신의 학습에 책임감을 갖도록 독려한다

| 1 | 2 | 3 | 4 | 5 | 6 | 7 | (y) |

논쟁이 되고 있는 이슈들에 대해 토론하고 비판적으로 검토하게 한다

| 1 | 2 | 3 | 4 | 5 | 6 | 7 | (z) |

학생들이 사고를 효과적으로 하게 하고 논리적 능력을 갖추게 한다

| 1 | 2 | 3 | 4 | 5 | 6 | 7 | (v) |

| 매우 그렇지 않다 | | | 보통 | | | 매우 그렇다 |
| 1 | 2 | 3 | 4 | 5 | 6 | 7 |

11. 학생들이 학습에 흥미가 없을 때, 그것은 _____ 때문이다.

학습하고 있는 이슈들이 향후 그들의 삶과 미래에 얼마나 많은 영향을 줄지 모르기

| 1 | 2 | 3 | 4 | 5 | 6 | 7 | (h) |

학교 밖의 일상에 도움이 되는 측면을 찾지 못했기

| 1 | 2 | 3 | 4 | 5 | 6 | 7 | (d) |

단지 학생이 학습 '동기'가 없기

| 1 | 2 | 3 | 4 | 5 | 6 | 7 | (a) |

학습할 '준비'가 돼 있지 않거나, 충분한 연습이나 피드백을 받지 못하고 있기

| 1 | 2 | 3 | 4 | 5 | 6 | 7 | (c) |

학생에게 개인적으로 의미없는 주제이거나 다른 주제에 더 관심이 있기

| 1 | 2 | 3 | 4 | 5 | 6 | 7 | (f) |

매우 그렇지 않다			보통			매우 그렇다
1	2	3	4	5	6	7

12. 학생들 간의 차이는 _____.

학생들이 교육을 통해 현상을 이해하는 공통의 틀만 갖추면 되기 때문에 상대적으로 그리 중
요한 문제는 아니다

1	2	3	4	5	6	7	(v)

자신의 학습 속도와 방법을 따르게 하면 학생들은 가장 잘 학습할 수 있기 때문에 차이는 존
중받고 지지받아야 한다

1	2	3	4	5	6	7	(y)

주로 학생들 삶의 경험이 다르기 때문이며, 이로 인해 학생들은 새로운 지식이나 기술을 각자
의 처한 상황에 맞게 적용할 것이다

1	2	3	4	5	6	7	(x)

특정한 사회, 문화적 환경에 기인하며, 학습 과정과 매우 긴밀한 관련성을 갖는다

1	2	3	4	5	6	7	(z)

그들에게 연습과 강화를 위한 충분한 기회가 제공된다면, 학습을 방해하지는 않을 것이다

1	2	3	4	5	6	7	(w)

매우 그렇지 않다			보통			매우 그렇다
1	2	3	4	5	6	7

13. 학습결과에 대한 평가는 _____.

교육의 효과가 교실보다는 학교 밖에서 더 분명하게 나타나기 때문에, 크게 중요하지 않고 또
쉽게 이루어지지도 않는다

1	2	3	4	5	6	7	(h)

학생들이 지속적으로 피드백을 받고 그에 따라 자신의 학습을 조정해 나갈 수 있도록 교육 과

정에 내재되어야 한다

| 1 | 2 | 3 | 4 | 5 | 6 | 7 | (c) |

학생이 스스로 목표를 설정하고 그것에 얼마나 도달했는가를 평가할 때 가장 잘 이루어질 수 있다

| 1 | 2 | 3 | 4 | 5 | 6 | 7 | (f) |

교사로 하여금 다른 학생들과 비교해서 학생 개개인이 얼마나 많은 정보를 알고 개념적으로 이해하고 있는지를 알게 한다

| 1 | 2 | 3 | 4 | 5 | 6 | 7 | (a) |

학생들이 교실이나 실생활에서 직면한 문제를 성공적으로 해결했을 때 가장 잘 이루어질 수 있다

| 1 | 2 | 3 | 4 | 5 | 6 | 7 | (d) |

| 매우 그렇지 않다 | | | 보통 | | | 매우 그렇다 |
| 1 | 2 | 3 | 4 | 5 | 6 | 7 |

14. 교사로서 가장 중요한 역할은 _____.

목표를 분명히 설정하고 적절한 피드백을 활용한 교육활동을 통해 점진적으로 그 목표에 도달하게 하는 것이다

| 1 | 2 | 3 | 4 | 5 | 6 | 7 | (w) |

학생들에게 세계에 관한 광범위한 정보와 사고방식을 안내하는 것이다

| 1 | 2 | 3 | 4 | 5 | 6 | 7 | (v) |

학생들이 그들의 삶에 유용한 것을 얻을 수 있는 '학습하는 방법'을 알도록 도와주는 것이다

| 1 | 2 | 3 | 4 | 5 | 6 | 7 | (x) |

학생의 사회적, 문화적, 경제적, 정치적 이슈에 대한 의식을 고취시키고, 변화가 필요한 사회적 상황들에 대해 어떻게 영향을 줄 수 있는지를 학습하도록 하는 것이다

| 1 | 2 | 3 | 4 | 5 | 6 | 7 | (z) |

학생들에게 유용한 학습활동을 간접적으로 촉진시키는 데에 있다

| 1 | 2 | 3 | 4 | 5 | 6 | 7 | (y) |

매우 그렇지 않다			보통			매우 그렇다
1	2	3	4	5	6	7

15. 끝으로, 학생들이 학습목표에 도달하지 못하였다면 _____.

학생들이 학습내용을 중요하게 생각하지 않았거나 그들에게 너무 어려운 학습내용이었을 것이다

| 1 | 2 | 3 | 4 | 5 | 6 | 7 | (a) |

학생들이 학습내용을 습득할 때까지(적어도 최소기준에 도달할 때까지) 교육활동을 더 반복할 필요가 있다

| 1 | 2 | 3 | 4 | 5 | 6 | 7 | (c) |

괜찮다. 아마도 학생들은 자신이 흥미를 느끼거나 중요하다고 생각하는 다른 것을 학습했을 것이다

| 1 | 2 | 3 | 4 | 5 | 6 | 7 | (f) |

학생들은 자신이 새로 배운 지식을 통해 그들이 살고 있는 세계에 얼마만큼 큰 영향력을 행사할 수 있는지를 아직 못 깨닫고 있는 것이다

| 1 | 2 | 3 | 4 | 5 | 6 | 7 | (h) |

아마도 학생들이 자신들이 배운 내용을 일상문제에 실질적으로 적용할 수 없기 때문일 것이다

| 1 | 2 | 3 | 4 | 5 | 6 | 7 | (d) |

채점방법 안내

설문지를 완성한 후에 응답한 것을 다시 살펴보면 각 문구 배점의 오른쪽 끝 괄호 안에 든 소문자를 발견하게 될 것이다. 이것은 설문지 채점을 위한 코드 글자이다.

다음 페이지에 있는 채점표에 관련된 점수의 숫자를 옮겨 써라. 예를 들어, 1번 문항의 (h) 옵션에 대해 5번에 동그라미를 했다면 1(h) 칸에 5를 써라. 1번 문항은 c, h, a, d, f라는 5개의 옵션

을 갖고 있다. 1번 문항에 대해 응답한 다섯 가지 배점을 모두 쓰고, 그런 후 계속해서 채점표의 다른 문항들에 대해서도 모두 똑같이 채워라(체크보드처럼). 채점표 〈그림 A.1〉을 완성하라. 이제 10개로 나누어진 소계(sub-totals)를 낼 수 있도록, 맨 위에서부터 맨 아래까지 모두 더하라. 이러한 각각의 소계들은 어떤 것도 5~6을 넘으면 안 되고 7보다 낮아도 안 된다.

총계는 아래 제시한 것처럼 채점표의 소계들을 합한 값이다. 최종 점수는 105보다 높아도 안 되고 15보다 낮아도 안 된다.

B(c+w)=_____ C(a+v)=_____ P(d+x)=_____ H(f+y)=_____ S(h+z)=_____

점수 해석

B = 행동주의 교육(역량, 행동변화, 표준에 부응하는 교육)

C = 본질주의 교육(삶을 위한 교양교육)

P = 진보주의 교육(사회생활에서 문제해결력을 키워주는 교육)

H = 인본주의적 교육(자아실현을 위한 교육)

S = 사회변혁주의 교육(사회 변화를 위한 교육)

	c	w	a	v	d	x	f	y	h	z
1										
2										
3										
4										
5										
6										
7										
8										
9										
10										
11										
12										
13										
14										
15										
소계										
합계	c+w		a+v		d+x		f+y		h+z	
점수	B=		C=		P=		H=		S=	

교육철학이란 무엇인가?

교육철학은 광범위하면서도 밀접하게 연관되어 있는 교육 관련 믿음과 가치들의 체계이다. 여기에는 삶의 본질과 목적, 사회 속 개인의 역할, 교육 목표와 목적, 교사와 학생의 역할, 중요하게 가르칠 내용, 효과적인 교수법 등에 대한 믿음 등이 포함된다.

개인의 교육철학은 교육실행 시 선택의 일관성을 유지하게 하고, (a) 교사와 학습자, (b) 학습자와 학습내용 및 활동, (c) 학습내용 및 활동과 세계 간의 관계에 통찰력을 부여한다. 자신의 교육철학을 아는 것은 자신의 신념 및 가치와 실제 교육활동의 일치성을 높이고, 다양한 교수인력들(교사, 프로그램 설계자, 교육행정가) 간에 서로 잘 이해하고 받아들이도록 하는 토대를 마련해준다.

〈표 A.1〉은 다섯 개의 교육철학을 간단히 기술한 해석표이다.

〈표 A.1〉에 있는 다섯 개의 교육철학 해석표 제일 위에, 당신의 철학점수를 해당 철학명 위에 기록하라. 당신의 가장 높은 점수는 당신의 교육적 신념을 가장 잘 반영하는 철학이다. 가장 낮은 점수는 당신의 철학과 가장 부합하지 않는 것이다. 예를 들어, 95-105의 점수는 당신이 그러한 철학에 가장 동의함을 의미하고, 15-25점은 해당 철학에 거의 동의하지 않는다는 것을 의미한다.

대부분의 교육자들은 분명하고 주된 철학적 성향을 가지고 있거나, 다른 것들에 비해 더 강력한 2개의 철학적 성향을 가지고 있기도 하다. 전형적인 조합은 행동주의와 본질주의, 진보주의와 인본주의, 진보주의와 사회변혁주의 또는 인본주의와 사회변혁주의 철학이다. 본질주의와 사회변혁주의 그리고 행동주의와 인본주의 철학의 조합은 높은 점수를 얻기 어렵다. 이러한 철학들은 본질적으로 서로 모순되는 가정들을 바탕에 깔고 있기 때문이다. 예를 들어, 행동주의 교육의 주된 목적은 타인에 의해서 만들어진 기대나 표준을 확실하게 따르는 것이다. 반면에 인본주의 교육은 (다른 사람들의 기대와 표준에 부합될 수도 있고 아닐 수도 있지만) 개인의 자아실현을 독려하는 경향이 있다.

만약 당신의 점수가 모든 철학에 고르게 나왔거나 3개 혹은 그 이상에 퍼져 있다면, 당신은 자신의 신념이나 가치를 분명하게 하고 그 철학들 사이에 존재하는 모순들을 찾아내기 위해 시간을 할애하고자 할 수도 있다.

옳거나 잘못된 교육철학은 없다. 설문지는 당신의 신념을 판단하는 것이 아니라, 당신이 갖고 있는 신념의 일부를 성찰할 수 있도록 고안된 것이다. 당신의 신념이 교육적 결정이나 행동에 어떤 영향을 줄지 그리고 당신이 근무하는 곳의 교육이념이나 팀티칭 시 얼마나 잘 어울릴지는(완벽하게 들어맞지는 않겠지만) 전적으로 당신의 결정에 달려 있다.

총계	B = _____	C = _____	P = _____	H = _____	S = _____
	행동주의	본질주의	진보주의	인본주의	사회 변혁주의
목적 (들)	기술 습득과 행동 변화 촉진, 기준과 사회적 기대 부응	지적능력 개발, 학습능력 강화, 교양 및 전인 교육 제공	책임감 있는 사회인 양성, 학생들에게 실용적인 지식 및 문제 해결력 제공	개인적 성장과 발달 조장, 자아실현 촉진	교육을 통한 사회적, 문화적, 정치적, 경제적 변화
학생 (들)	목표설정에 미 참여, 단계적 습득, 완전히 익힐 때까지 행동/기술 반복 연습	'르네상스적 교양인', 문화인, 지식 탐구자, 개념적, 이론적 이해도가 높은 자	학생 요구와 경험 중시, 학생문화 존중, 학습 과정에서 학생의 주도적 역할 중시	자기동기화 된 자기 주도적 학생, 학습에 대한 책임감, 학습설계 과정에 적극 참여	학습 과정에서 교사와 동등한 위치, 자율성, 권한 위임, 자발적 참여
교사 역할	관리자, 통제자, 권위자, 기대 설정, 성과 예측 및 지도	'전문가', 지식 전달자, 유능한 학습 과정 안내자, 학생들의 사고 촉진자	조직자, 학습 과정 안내자, 실생활에 학습내용 적용, 협력학습 지원자	촉진자, 조력자, 교수학습 상호 참여, 학습 과정 지원	조정자, 주최자, 학습자와 동등한 파트너, 단지 제안만 하기
개념 / 키워드	기준 지향, 완전학습, 수행 지향, 능력별 그룹화, 행동 목표, 행동 수정, 책무성, 핵심 지식	교양과목, 순수학문, 교양교육, 비판적 사고, 전통적 지식, 학문적 우수성, 대학 입시 준비, 능력별 학습 편성	문제해결력, 실용적학습, 경험 지향, 요구사정, 학습전이, 적극적 질의, 협업, 책임감 있는 시민, 민주적 사고, 공동체에 대한 봉사	자유, 자율, 개성, 교수학습 상호작용, 자기주도성, 소통, 개방성, 권한 위임, 진정성, 감성지능	의식화 교육, 실행하기, 자율성, 비강제적 학습, 사회 참여 행동, 사회정의, 권한 위임, 사회 변혁
방법	컴퓨터 활용 강사, 획일화된 교육 과정, 기술 훈련, 시범과 연습, 준거지향평가	강의, 비판적 독서와 분석, 질의와 응답, 교사주도 토론, 개별화 학습, 표준화 검사	프로젝트 학습, 현장 학습, 시뮬레이션, 그룹 조사, 협력 학습, 주제중심 교육 과정, 포트폴리오 평가	경험 학습, 발견 학습, 공개 토론, 개별적 프로젝트, 협력 학습, 독립연구, 자기평가	비판적 논의, 문제 제기, 상호작용 극대화, 미디어 분석, 감수성 훈련
이론가 / 실행	왓슨(Watson), 스키너(Skinner), 손다이크(Thorndike), 스테인버그(Steinberg), 테일러(Tyler), 메이져(Mager), 직업 훈련, 특수교육, 인증시험, 종교교육, 군대훈련, 목표달성 관리, 기본중시 (back-to-basics) 프로그램	아리스토텔레스, 소크라테스, 플라톤, 아들러(Adler), 루소(Rousseau), 피어(Pier), 허친즈(Hutchins), 그레이트 북스 소사이어티, 본질주의자 학교, 파이데이아 프로그램, 효능감 연구소, 예비 학교, 중학교, 영재교육 프로그램	스펜서(Spencer), 화이트헤드(Whitehead), 듀이(Dewey), 사이저(Sizer), 스파디(Spady) 중학교, 통합교육, 다문화교육, 사회적 책임을 위한 성교육, 약물남용 반대 프로그램, 공동체 인턴십, 참 평가	로저스(Rogers), 매슬로우(Maslow), 패터슨(Patterson), 심슨(Simpson), 놀스(Knowles), 썸머 힐 학교, 서드베리 밸리(Sudbury Valley) 학교, 몬테소리 학교, 발도르프 학교, 열린 교육, 통합 교육 과정, 선행학습에 학점 부여	라이히(Reich), 카운츠(Counts), 니일(Neill), 홀트(Holt), 프레이리(Freire), 일리치(Illich), 코졸(Kozol), 쇼(Shor), 사이먼(Simon), 자유학교운동, 탈학교화, 사회개혁극단, 다양성교육, 유권자교육, 사회정의교육

참고자료 B 교사리더십을 위한 학교문화 진단도구

〈그림 B.1〉 교사리더십을 위한 학교문화 진단도구(TLSS)

교사리더십을 위한 학교문화 진단도구 Marilyn and Bill Katzenmeyer					
다음의 내용들이 자신의 학교에서 어느 정도 이루어지고 있는지 답하시오.	매우 그렇지 않다	그렇지 않다	보통 이다	그렇다	매우 그렇다
1 우리 학교의 관리자들과 교사들은 신규교사가 성공적으로 업무 수행을 할 수 있도록 적극적으로 돕는다.	①	②	③	④	⑤
2 우리 학교 교사들은 필요할 때 지원과 안내 그리고 코칭을 제공받는다.	①	②	③	④	⑤
3 관리자들은 적극적으로 교직원의 전문성 발달을 지원한다.	①	②	③	④	⑤
4 우리는 연수와 전문서적 탐독을 통해 새로운 지식과 기술을 습득한다.	①	②	③	④	⑤
5 우리는 새로 획득한 아이디어와 전략들을 서로 공유한다.	①	②	③	④	⑤
6 우리 학교 교사들은 개인적, 전문적 영역에서 서로 돕는다.	①	②	③	④	⑤
7 우리 학교 교사들은 새로운 지식과 기술을 얻기 위해 노력한다.	①	②	③	④	⑤
오른쪽 공간에 1~7번 점수의 총합을 쓰시오.	점수 총계 1~7 : _____				

8	우리 학교 관리자들은 나를 신뢰한다.	①	②	③	④	⑤
9	우리 학교 관리자들은 나의 전문적 기술과 역량을 인정한다.	①	②	③	④	⑤
10	동료교사들은 나의 전문적 기술과 역량을 인정한다.	①	②	③	④	⑤
11	우리 학교의 많은 교사들은 리더십 역할을 수행할 수 있다.	①	②	③	④	⑤
12	우리 학교 교사들의 아이디어와 의견들은 존중받는다.	①	②	③	④	⑤
13	우리 학교에서는 동료교사들의 성공을 축하해준다.	①	②	③	④	⑤
14	우리 학교 대부분의 교직원들은 자신이 하는 일을 인정받고 있다.	①	②	③	④	⑤
	오른쪽 공간에 8~14번 점수의 총합을 쓰시오.		점수 총계 8~14 : _____			
15	나는 교사로서 자유롭게 학생들을 위한 최선의 선택을 할 수 있다.	①	②	③	④	⑤
16	나는 학교에서 시간을 포함한 자원을 자유롭게 선택해 활용할 수 있다.	①	②	③	④	⑤
17	우리는 학생들의 학습을 위하는 일이라면 학칙도 변경할 수 있다.	①	②	③	④	⑤
18	교사들은 학생들을 위하는 일에 적극적으로 나서도록 권유받는다.	①	②	③	④	⑤
19	나는 학교의 미래 비전을 개발하는 일에 참여한다.	①	②	③	④	⑤
20	우리 학교 교사들은 본인이 원한다면 혁신적인 활동을 할 수 있다.	①	②	③	④	⑤
21	관리자들과 동료교사들은 나의 교수법 개선 노력을 지지한다.	①	②	③	④	⑤
	오른쪽 공간에 15~21번 점수의 총합을 쓰시오.		점수 총계 15~21 : _____			
22	우리 학교 교사들은 수업 전략을 협의하고 학습자료를 공유한다.	①	②	③	④	⑤
23	우리 학교 교사들은 서로의 수업에 영향을 준다.	①	②	③	④	⑤
24	우리 학교의 교사들은 동료교사의 수업을 참관한다.	①	②	③	④	⑤
25	나는 나의 교수법과 교육 과정에 대해 동료교사들과 이야기한다.	①	②	③	④	⑤
26	교사와 관리자들은 학생들의 교과 및 생활지도 문제를 함께 해결한다.	①	②	③	④	⑤
27	우리 학교 동료교사들은 내가 학급에서 직면하는 문제들을 창의적으로 해결하도록 도움을 준다.	①	②	③	④	⑤
28	우리 학교 전문가들 사이의 대화 초점은 학생에 있다.	①	②	③	④	⑤
	오른쪽 공간에 22~28번 점수의 총합을 쓰시오.		점수 총계 22~28 : _____			

29	교사들은 학교 변화에 관한 결정에 참여한다.	①	②	③	④	⑤
30	교사들은 학교 변화에 대해 말할 발언권을 가지고 있다.	①	②	③	④	⑤
31	교사들은 관리자들과 시간 활용 및 조직 구성에 대해 의사결정을 함께하고 있다.	①	②	③	④	⑤
32	교사들과 관리자들은 합의에 의한 의사결정을 이해하고 활용하고 있다.	①	②	③	④	⑤
33	교사들은 새로운 교직원을 선발하는 심사 과정에 참여한다.	①	②	③	④	⑤
34	학교 관리자들은 나에게 의견이나 아이디어를 요청한다.	①	②	③	④	⑤
35	우리 학교에서는 중요한 의사결정을 하기 전에 먼저 합의에 도달하려고 노력한다.	①	②	③	④	⑤

오른쪽 공간에 29~35번 점수의 총합을 쓰시오   점수 총계 29~35 : _____

36	교사들과 관리자들은 학교활동에 대한 아이디어를 공유하기에, 나는 무슨 일이 일어나고 있는지를 항상 알고 있다.	①	②	③	④	⑤
37	학교 구성원들은 자신의 느낌과 생각을 자유롭게 그리고 공개적으로 이야기한다.	①	②	③	④	⑤
38	학교 구성원들은 생산적인 방식으로 자신의 느낌과 근심을 공유한다.	①	②	③	④	⑤
39	우리 학교 교사들은 문제해결을 위해 서로 의논하고 돕는다.	①	②	③	④	⑤
40	교직원들은 학생과 그 가족들을 더 잘 지원하기 위한 방법들에 대해 이야기한다.	①	②	③	④	⑤
41	학교에서 일이 잘못되었을 때, 우리는 서로 비난하기 보다는 다음에 더 잘하기 위한 방법들을 논의한다.	①	②	③	④	⑤
42	교직원회의는 토론과 문제해결을 위한 시간으로 활용된다.	①	②	③	④	⑤

오른쪽 공간에 36~42번 점수의 총합을 쓰시오   점수 총계 36~42 : _____

43	우리 학교 교사들은 전문가로 대접받는다.	①	②	③	④	⑤
44	우리 학교 교사들은 기대감에 부풀어 즐거운 마음으로 출근한다.	①	②	③	④	⑤
45	우리 학교 교사들은 대체적으로 학교의 업무 환경에 만족한다.	①	②	③	④	⑤
46	우리 학교 교사와 관리자들은 좋은 파트너십을 갖고 있다.	①	②	③	④	⑤
47	우리 학교 교사들은 학부모, 학생 그리고 관리자들로부터 존경받는다.	①	②	③	④	⑤
48	우리 학교 모든 구성원들은 한 팀이 되어 일한다.	①	②	③	④	⑤
49	학생들의 요구를 충족시켜주는 우리의 교육방식에 만족한다.	①	②	③	④	⑤

오른쪽 공간에 43~49번 점수의 총합을 쓰시오   점수 총계 43~49 : _____

교사리더십을 위한 학교문화 진단도구 척도

전문성 개발 : 교사들은 새로운 지식과 기술 습득에 지원을 받고, 동료들의 학습을 돕도록 권유받는다. 교사들은 필요한 지원, 안내, 그리고 코칭을 제공받는다.

인정 : 교사들은 자신이 맡은 일과 공헌에 대해 인정받는다. 교사들은 상호존중과 배려의 마음을 갖고 있다. 일 처리를 효과적으로 잘했을 경우, 축하받는 의식이 있다.

자율성 : 교사들이 변화와 혁신에 적극적으로 나서도록 권유받는다. 그러한 노력들을 방해하는 장애물은 제거되고, 필요한 자원들이 제공된다.

협력 : 교사들은 수업과 학생에 관련된 일들에 관해 서로 협력한다. 협력활동의 예로는, 교수법에 관한 논의, 학습자료의 공유, 그리고 동료교사들 간 수업 참관 등이 있다.

참여 : 중요한 문제에 대한 의사결정 과정에 교사들이 적극적으로 참여하고 의견을 낸다. 부서의 장, 팀 리더, 그리고 다른 주요한 리더들의 선정에 교사들이 참여한다.

개방된 의사소통 : 교사들은 효과적인 학교 운영을 위한 정보를 개방적이고 투명한 방식으로 주고받는다. 교사들은 학교에서 무슨 일이 일어나고 있는지 늘 알고 있다. 교사들은 편하게 자신의 의견과 느낌을 서로 나눈다. 일이 잘못되었을 때 교사들은 비난받지 않는다.

우호적인 학교 환경 : 학교의 업무 환경에 대체적으로 만족한다. 교사들은 동료교사, 학생, 학부모, 그리고 관리자들로부터 존경받는 느낌을 갖고 있다. 교사들은 학교가 효과적인 행정리더십을 갖추고 있다고 생각한다. 학교의 공식적, 비공식적 팀 모두 학생들을 위해 함께 효과적으로 일한다.

스스로 채점하기

▶ **전문성 개발**
1–7번 점수 총합

▶ **인정**
8–14번 점수 총합

▶ **자율성**
15–21번 점수 총합

▶ **협력**
22–28번 점수 총합

▶ **참여**
29–35번 점수 총합

▶ **개방된 의사소통**
36–42번 점수 총합

▶ **우호적인 학교환경**
43–49번 점수 총합

교사리더십을 위한 학교문화 진단도구			10			20			30			40
척도명												
전문성 개발												
인정												
자율성												
협력												
참여												
개방된 의사소통												
우호적인 학교 환경												

자신의 점수에 해당되는 칸을 색칠하고 척도명까지 선을 그으시오.

참고자료 C

....

교사리더십을 위한 시간 확보

우리가 교육자들과 함께 학교개혁을 위한 작업을 하면서 그들이 직면하고 있는 장애물에 대해 물었을 때 항상 첫 번째로 언급된 것이 시간이었다. 다른 교육연구들도 교사들이 시간을 확보하는데 어려움을 겪고 있다고 이야기하고 있다.

전문성 개발에는 후속지원, 코칭과 함께 시간 확보가 요구된다. 확보된 시간은 교사리더들을 협력 작업에 열중하게 하고, 모든 학생의 학업성취를 위한 맞춤형 교육을 계획하는데 그리고 리더십 책임을 수행하는데 활용될 것이다.

우리가 학교개혁에서 교사리더십의 중요성을 인정한다면, 교사리더가 활동하는 데는 시간이 필요하다는 점을 인식해야 한다. 교사리더들은 동료교사를 멘토링하고, 문서 작업을 하고, 학교의 자원 확보를 위한 기금 지원 서류를 작성하고, 다른 리더교사들과 협력할 시간을 필요로 한다.

시간 활용 진단

우리는 학교 지도자들이 다음의 〈시간 활용 진단지〉를 완성해보길 바란다(그림 C.1). 이 진단도구는 교사리더나 학교관리자들이 시간 확보를 위해 그들의 학교가 무엇을 하고 있는지 알 수 있게 할 것이다. 진단점수가 높을수록, 교직원들이 학교 일과시간 조정을 위한 전략을 활용할 준비가 더 잘 되어 있다는 것을 의미한다.

교수·학습활동 시 변화를 저해하는 주요 장애물 중 하나는 시간 제약입니다. 다음의 문항들을 읽고, 당신의 학교가 변화를 시도하면서 시간 부분을 어떻게 다루고 있는지 진단하십시오.

점수표 : 4=매우 그렇다 3=그렇다 2=그렇지 않다 1=전혀 그렇지 않다

_____ 1.	우리 학교는 현재 진행되고 있는 업무 중에 교수학습 개선에 도움이 되지 않는 프로그램이나 업무는 없앤다.
_____ 2.	우리 학교는 교수·학습 개선을 위한 활동에 더 많은 시간과 자원들을 우선적으로 배분한다.
_____ 3.	우리 학교의 발전계획서(학교 교육 과정)에는 현실적인 추진 계획들이 포함되어 있다.
_____ 4.	우리 학교는 학교 변화에 대한 이해를 돕기 위해 교직원회의, 팀 또는 부서회의 그리고 교직원 연수 시간의 일부를 할애하고 있다.
_____ 5.	우리 학교는 교수·학습 개선을 위한 동료들과의 협업 시간을 확보하려 노력한다.
_____ 6.	우리 학교는 교수·학습을 같이 연구하는 선생님들이 함께 수업 준비할 시간을 갖고 있다.
_____ 7.	우리 학교는 대체교사, 자원봉사자, 다른 교직원 등을 활용하여, 교사들이 교수 활동에서 벗어나 교육 과정, 교수법, 평가 등의 개선활동을 할 시간을 준다.
_____ 8.	우리 학교는 교직원회의, 교직원 연수일 그리고 학년별 또는 부서별 회의를 새로운 방식으로 운영함으로써 시간을 확보한다.
_____ 9.	우리 학교는 컴퓨터 또는 다른 정보화기기를 이용하여 시간을 더 잘 활용할 수 있는 방법을 알아낸다.
_____ 10.	우리 학교는 회의를 더 잘 계획하고 진행의 효율성을 높임으로써 시간 낭비를 줄인다.
_____ 점수 합계	

시간 확보 전략

전국의 혁신학교들은 전통적인 방법을 뛰어넘는 새로운 일과시간 구축 방법을 알아냈다. 관심 있는 학교들이 참고할 만한 전략들을 제시하면 다음과 같다.

1. 효과적인 시간 활용으로 시간 확보

우리는 종종 주어진 시간을 효과적으로 사용하지 않는다. 다음은 이러한 문제해결에 도움을 주는 전략들이다.

· 교직원회의를 행정적 절차에 대한 논의보다는 전문적 학습을 위해 활용하라.

· 불필요한 대단위의 전체회의를 없애고, 웹사이트, 이메일, 메신저를 통해 정보를 전달하라.
· 학교 차원의 사안을 심도 있게 다루기 위해 먼저 그 사안에 대해 간부회의를 갖게 하라.
· 교사들 간 원활한 의사소통과 용이한 정보 제공을 위해 정보공유 사이트(wiki)를 만들어라.
· 매년 모든 교사들을 평가하기보다는, 교사들의 역량 강화를 위한 전문성 성장 플랜을 활용하고 평가는 3년마다 하라.
· 매년 현재 이루어지고 있는 모든 회의가 정말로 필요한 것인지 재검토하라. 회의에 소요되는 시간만큼 성과가 이루어졌는지 확인하고 불필요한 회의를 없애라.
· 좀 더 효과적이고 효율적인 회의를 갖기 위해 모든 교직원들이 회의진행기술을 학습하도록 하라.
· 학부모와의 효율적 접촉을 위해 모든 교사에게 휴대폰을 제공하라.
· 교사들로 하여금 지역교육청 의무연수일과 연수시간을 자신들의 상황에 따라 선택할 권한을 부여하라. 예를 들면, 새로운 프로그램 실행을 위한 연수를 2시간 단위의 블록타임으로 자주 운영하는 것도 좋은 방법이다.
· 교사들이 지역단위 회의에 참석하는데 드는 시간을 절약하기 위해 화상회의를 활용하라.
· 한 학교나 교사가 감당하기에는 비용이 너무 많이 드는 자원을 전문성 개발에 활용하도록 하기 위해 학교나 교육청들이 함께 협력하게 하라.
· 일처리 과정, 프로그램 그리고 문서 작업에서 버려야 할 불필요한 부분을 적극적으로 찾아라. 그리고 이러한 부분을 찾고 폐지를 권고할 자원자들을 찾아 팀을 구성해 운영하라.
· 교사들이 통근시간에 들을 수 있도록 중요한 정보(예를 들면, 교육감 메시지, 최근 법률 개정, 새로운 자료 등)를 오디오 자료로 만들어라.

2. 자유시간 부여를 통한 시간 확보

이 범주의 전략들은 교사들이 학생들과 함께하는 시간을 경감시키기 위해 현존 자원 및 무료 자원들을 활용하는 것이다.

· 자격을 갖춘 교직원(관리자, 보조인력, 교육청 인사)이 교사들의 수업을 대신할 수 있는 방법을 찾아라.
· 교사들에게 협업할 시간을 부여하기 위해, 잠시나마 학부모나 자원봉사자에게 소규모 학생들의 책읽기 활동을 맡겨라.
· 특정 팀의 교사들에게 학생들을 맡게 해서 일부 교사들은 협력적 작업, 기획, 또는 전문성 개발활동을 할 수 있게 하라.
· 교사들에게 자유시간을 줄 수 있는 특별한 이벤트 진행을 위해 수업을 묶어라. 지역 극장과 연계해 학생들에게 공연을 보여줄 수도 있고, 중고등학생의 경우 지역봉사활동 등의 이벤트에 참여시킬 수도 있다.
· 교사들이 함께 학습하는 동안, 지역사업가들과의 제휴를 통해 그들로 하여금 학생들에게 자

신의 경험담을 들려주게 할 수 있다.

· 교사들이 함께 학습하는 동안, 학교의 전문성 개발을 위해 제휴하고 있는 지역대학의 학생 인턴이나 교수들로 하여금 수업을 담당하게 할 수 있다.

· 3개 학년이 함께 활동하는 특별한 날을 설계하고, 2개 학년 선생님들은 특정 오후시간에 수업활동 대신 협력 작업을 하게 하라.

· 고차원적 사고력을 요구해서 교실 밖 자원을 활용해야만 하는 과제를 학생에게 부여해 학생이 독자적으로 해결하게 하라. 예를 들면, 학생이 센터 직원의 지도를 받을 수 있는 미디어센터를 활용할 수 있을 것이다.

3. 함께 하는 수업준비를 통한 시간 확보

같은 학생들에게 같은 과목을 지도하는 교사들이 함께 수업을 준비하는 공유시간을 갖는다면 차후 협력할 시간을 더 확보할 수 있을 것이다.

새로운 교육정책(예를 들면, 수학과 새 교육 과정 시행, 새 교과목 도입)을 수행해야 하는 교사들에게 서로의 경험을 공유할 수 있는 시간을 부여하라. 교사들이 이러한 공유시간을 갖는 동안의 수업은 대체교사나 관리자들이 담당할 수 있을 것이다. 이러한 교사들이 면대면 회의를 자주 가질 수 있도록 일정조정 시스템을 구축하라.

· 연구하는 여러 교사팀을 꾸리고 팀마다 정보를 공유하고, 프로젝트를 논의하고 그리고 현장연구를 하는, 함께 준비할 기간을 부여하라.

· 각 교과 선생님들에게 매일 함께 준비할 시간을 부여하라.

· 학년담당 선생님들이 적어도 일주일에 2회 정도 함께 준비할 시간을 갖도록 학교일정을 조정하라

· 교사들이 교수학습에 관한 나눔의 시간을 가질 수 있도록 선택과목이나 특별과목은 점심시간 전후나 근무시간 끝에 배치하라.

· 학교 내에 동일과목 교사가 없는 교사에게는 타 학교 교사와 실시간 채팅을 할 수 있는 협력 소프트웨어를 제공하라.

· 동학년이나 같은 교과목의 신규교사와 경력교사가 짝을 이루어 멘토링, 나눔 그리고 조언의 시간을 종종 갖게 하라. 교육청 장학요원으로 하여금 그들의 수업을 지도하게 하거나 수업시범을 보이게 하고 함께 논의의 시간을 가져라.

4. 시간 재구조화를 통한 시간 확보

이 전략은 교직원들이 현재 할당된 시간들을 재구조화하는 것이다.

· 중등학교에서 흔히 볼 수 있는 블록타임제를 활용하되, 학생들의 요구에 따라 더 다양화하라.

· 교사들의 학습시간 확보를 위해 지속적으로 학교일정을 검토하라. 필요하다면 차기년도까지 기다리지 말고 바로 학교일정을 변경하라.

·교사들, 특히 중등학교 교사들이 매일 학생들을 지도하지 않아도 되도록 학교일정을 조정하라. 이것은 특별한 주제 및 프로젝트 학습, 영화 관람을 위한 합반을 구성함으로써 가능할 것이다.

·교사들이 함께 학습할 시간을 고려하여 연간 일정표를 작성하라. 이렇게 함으로써 교사들은 분기가 끝날 때마다 집중적으로 전문성을 신장할 시간을 확보할 수 있을 것이다.

·연장근무를 통해 함께 활동할 시간을 확보하기 위해 언제 단축근무를 할지 교사들에게 물어라.

·학생들의 등교시간을 늦추고, 교사들의 에너지가 충만한 첫 시간을 함께 일할 시간으로 확보하라.

·학교일정의 유연성을 확보하기 위해 학교나 학습공동체 내에 더 작은 소규모 학교를 구축하라.

·학생들에게 주중 4일 동안 더 많은 수업을 이수하게 함으로써, 교사들은 5일째 되는 금요일에 학습할 시간을 확보할 수 있다.

·학생들의 학교일과가 빨리 끝날 경우, 교회, 유대교 회당, 스카우트 등과 같은 지역사회 조직과 협력해 교육활동을 제공하라.

·교사와 거래하라. 만약 교사들이 토요일이나 일과시간 이후에 함께 학습하는 시간을 가졌다면, 예정된 정규 연수일에는 그들에게 자유시간을 주어라.

·전 교직원 또는 특정 교사들이 의무적으로 전문성 개발 연수를 받아야 한다면, 그들이 연수에 참여할 때 다양한 선택권을 부여하라(예를 들면 일과 전, 일과 후, 계획된 일정시간, 또는 집에서도 받을 수 있는 원격 연수).

5. 자원(예산) 투입을 통한 시간 확보

리더십 역할을 떠맡은 교사들에게 별도의 시간을 확보해주기 위해서는 자원(예산) 투입이 요청된다. 예산지원이 요구되는 일반적 전략들에는 다음과 같은 것들이 있다.

·시간이 필요한 교사를 대신할 대체교사로 활용될 수 있는 별도의 교수진 확보에 예산을 투입하라.

·교사들에게 학생 및 학부모 연락처 저장, 동료들과 이메일 교환, 웹 검색, 대학 온라인 강좌 수강 등을 위한 개인용 휴대 단말기(PDA)를 제공하라.

·교사들의 계약기간을 새 교수법 익히기, 새로운 프로그램 설계 등 다음 학기 준비를 위해 방학 중까지 연장하라. 공동학습과 집중작업에는 최소 2주 정도가 요구된다.

·학교개혁활동에 열중인 2명의 교사리더가 있다면, 수업시간을 공유해서 서로 번갈아 들어가게 함으로써 수업에 들어가지 않는 교사리더가 리더십 역할을 수행하게 하라.

·교사리더십을 위한 시간 확보를 위해 기금지원계획서를 써서 지원하라. 대부분의 기금지원기관은 기본적으로 프로젝트 성공을 위해 전문성 개발을 위한 시간이 포함될 것을 요구하

고 있기 때문이다.

· 학생들의 요구를 고려하면서, 학급당 인원 수를 조정할 방법을 찾아봐라. 학급당 한두 명의 학생을 추가 편성함으로써 학급 수를 줄이는 것은 대체강사들을 채용할 자금을 확보하게 해 줄 것이다. 이것은 교사의 교실 비움에 대한 학부모들의 불안감과 교사의 죄책감을 완화시켜 교사들의 지속적 학습을 도울 수 있다.

· 교직원들이 하루 종일 기획활동에 집중할 수 있도록 관리자와 대체강사들이 하루 일정을 떠 맡을 수 있게 구성하라.

· 학급 차원에 더 많은 지원(사무 보조원, 자원 봉사자, 보조원, 조교)을 늘려 교사들의 교수학습을 지 원함으로써 교사들이 더 많은 시간을 갖게 하라.

· 여름방학 동안 전문성 개발 관련 연수를 받는 교사들의 연수비를 확보하라.

· 교사리더십 자격증 재인증 시 요구되는 사항, 즉 새로운 표준에 부합하는 교육 과정 재편성 참여 경험에 학점을 부여하라.

· 교사들이 온라인 상에서 만나 협력할 수 있는 기술 부분에 투자하라.

교사리더십 관련 서적, 진단도구, 단체

만약 당신이 교사리더십에 관심이 많다면, 다음 안내되는 자료들에 흥미가 있을 것이다. 당신이 교사리더십을 지속적으로 탐구할 때, 이 자료들은 당신을 새로운 정보로 안내할 것이다.

서적

리더십 관련 서적

Barth, R. S. (2001). *Learning by heart*. San Francisco: Jossey-Bass.

Byrk, A. S., & Schneider, B (2002). *Trust in Schools: A core resource for improvement*. New York: Russell Sage Foundation.

Chrispeels, J. H. (Ed.). (2004). *Learning to lead together: The promise and challenge of sharing leadership*. Thousand Oaks, CA: Sage Publications.

Donaldson, G. A. (2006). *Cultivating leadership in schools: Connecting people, purpose, and practice* (2nd ed.). New York: Teachers Collage Press.

Heifetz, R. A., & Linsky, M. (2002). *Leadership on the line: Staying alive through the dangers of leading*. Boston: Harvard Business School Press.

Jennings, M. (2007). *Leading effective meetings, teams, and work groups in districts and schools*. Alexandria, VA: Association for Supervision and Curriculum Development.

Whitaker, T. (2002). *Dealing with difficult teachers* (2nd ed.). Larchmont, NY: Eye on Education.

전문적 학습 관련 서적

Drago-Severson, E. (2004). *Helping teachers learn: Principal leadership for adult growth and development*. Thousan Oaks, CA: Corwin.

Easton, L. B. (2008). *Powerful designs for professional learning* (2nd ed.). Oxford, OH: National Staff Development Council.

Guskey, T. (1999). *Evaluating professional development*. Thousand Oaks, CA: Corwin.

Loucks-Horsley, S., Love, N., Stiles, K. E., Mundry, S. E., & Hewson, P. W. (2003). *Designing professional development for teachers of science and mathematics* (2nd ed.). Thousand Oaks, CA: Corwin.

Jolly, A. (2008). *Team to teach: A facilitator's guide to professional learning teams*. National Staff Development Council.

Zepeda, S. J. (2008). *professional development: What works*. Larchmont, NY: Eye on Education.

교사리더십 관련 서적

Ackerman, R. H., & Mackenzie, S. V. (Eds.). (2007). *Uncovering teacher leadership: Essays and voices from the field*. Thousand Oaks, CA: Corwin.

Crowther, F., with Ferguson, M., & Hann, L. (2008). *Developing teacher leaders: How teacher leadership enhances school success* (2nd ed.). Thousand Oaks, CA: Corwin.

Gabriel, J. G. (2005). *How to thrive as a teacher leader*. Alexandria, VA: Association for Supervision and Curriculum Development.

Harris, A., & Muijs, D. (2004). *Improving schools through teacher leadership*. Maidenhead, Berkshire, UK: Open University Press.

Killion, J., & Harrison, C. (2006), *Taking the lead: How oes for teachers and school-based coaches*. Oxford, OH. National Staff Development Council.

Lieberman, A., & Miller, L. (2004). *Teacher leadership*. San Francisco, CA: Jossey-Bass.

Mangin, M. M., & Stoelinga, S. R. (2008). *Effective teacher leadership: Using research to inform and reform*. New York: Teachers Collage Press.

Moller, G., & Pankake, A. (2006). *Lead with me: A principal's guide to teacher leadership*. Larchmont, NY: Eye on Education.

Reeves, D. B. (2008). *Reframing teacher leadership to improve your school.* Alexandria, VA: Association for Supervision and Curriculum Development.

Troen, V., & Boles, K. (2003). *Who's teaching your children? Why the teacher crisis is worse than you think and what can be done about it.* New Haven, CT: Yale University Press.

진단 도구

교사리더십 준비도 진단Assessing Your Readiness for Teacher Ledership®
교사리더십을 위한 학교문화 진단Teacher Leadership School Survey®
교사리더십 자가 진단Teacher Leadership Self Assessment®

Professional Development Center, Inc.

P.O. Box 46609

Tampa, FL 33647

Telephone: (813) 991-5101

E-mail: mkatzen383@aol.com

교육철학 설문지Philosophy of Education Inventory®

Lifelong Learning Options

420 South 12th Street, Suite 107

Quincy, IL 62301-4304 USA

Telephone: (217) 221-5466

Fax: (217) 228-5504

E-mail: lifelong.order@ecentral.com

단체

장학과 교육과정 개발협회Association for Supervision and Curriculum Development

1703 North Beauregard Street

Alexandria, VA 22311-1714

Telephone: (703) 578-9600

Fax: (703) 575-5400

Internet: http://www.ascd.org

교사의 질 향상 센터Center for Teaching Quality

교사리더 네트워크Teacher Leader Network(http://www.teacherleaders.org)

500 Millstone Drive, Suite 102

Hillsborough, NC 27278

Telephone: (919) 241-1575

Fax: (919) 241-1576

Internet: http://www.teachingquality.org

전미 교직 기준 위원회National Board for Professional Teaching Standards

1525 Wilson Boulevard, Suite 500

Arlington, VA 22209

Telephone: (800) 22-TEACH ((800) 228-3224)

Internet: http://www.nbpts.org

전미 학교개혁 위원회National School Reform Faculty

Harmony Education Center

P.O. Box 1787

Bloomington, IN 47402

Telephone: (812) 330-2702

Fax: (812) 333-3435

Internet: http://nsrfharmonyschool.org

전미 교원 전문성 개발 위원회National Staff Development Council

P.O. Box 240

Oxford, OH 45056

Telephone: (800) 727-7288

Internet: http://www.nsdc.org

참고문헌
....

Ackerman, R. H., & Mackenzie, S. V. (Eds.). (2007). *Uncovering teacher leadership: Essays and voices from the field.* Thousand Oaks, CA: Corwin.

Anderson, C. S. (1992). The search for school climate: A review of the research. *Review of Educational Research, 52*(3), 368-420.

Badaracco, J. L., Jr. (2002). *Leading quietly.* Cambridge, MA: Harvard Business School Press.

Baratz-Snowden, J. (2007). *The future of teacher compensation: Deja vu or something new?* Washington, DC: Center for American Progress. Retrieved November 8, 2008, from http://www.americanprogress.org/issues/2007/11/pdf/snowden_report.pdf

Barth, R. S. (1998). School: A community of leaders. In A. Lieberman (Ed.), *Building a professional culture in schools* (pp. 129-147). New York: Teachers Colledge Press

Barth, R. S. (2001). Teacher Leader, *Phi Delta Kappan, 82*(6), 443-449.

Barth, R. S. (2006). Improving relationships within the schoolhouse. *Educational Leadership, 63*(6), 9-13

Barth, R. S. (2007). The teacher leader. In R. H. Ackerman & S. V. Mackenzie (Eds.), *Uncovering teacher leadership: Essays and voices from the field* (pp. 9-36). Thousand Oaks, CA: Corwin.

Beachum, F., & Dentith, A. (2004). Teacher leaders creating cultures of school renewal and transformation. *The Educational Forum, 68*(3), 276-286

Berg, J. H. (2007). *Resources for reform: The role of board-certified teachers in improving the quality of teaching.* Unpublished doctoral dissertation, Harvard University, Cambridge, MA.

Berry, B., Norton, J., & Byrd, A. (2007). Lessons from networking. *Educational Leadership 65*(1), 48-52.

Blasé, J., Blasé, J. (1997). The micropolitical orientation of facilitative school principals and its effects on teachers' sense of empowerment. *Journal of Educatronal Administration, 35*(2), 138-164.

Boyer, E. L. (1983). *High School.* New York: Harper & Row.

Calhoun. E. (2002). Action research for school improvement. *Educational Leadership 59*(6), 18-24.

Carlson, H. C. (2004). Changing of the guard: A new generation of teacher leaders will raise quality-of-life priorities. *The School Administrator, 61*(7), 36-39.

Caro-Bruce, C., Flessner, R., Klehr, M., & Zeichner, K. (2007). *Creating equitable calssrooms through action research.* Thousand Oaks, CA: Corwin.

Carnegie Forum on Education and the Economy. (1986). *A nation prepared: Teachers for the 21st century. The report of the task force on the teaching profession.* New York: Author.

Center for Teaching Quality. (2007). *Performance-pay for teachers: Designing a system that students deserve.* Hillsborough, NC: Author.

Center for Teaching Quality. (2008). *Data and recommendations matrix.* Hillsborough, NC: Author. Retrieved November 13, 2008, from http://www.teacherworkingconditions.org/dataanalysis/matrix/html

Chait, R. (2007). *Current State policies that reform teacher pay: An examination of pay-for-performance programs in eight states.* Washington, DC: Center for American Progress.

Cochran-Smith, M. (2006). *Stayers, leavers, lovers, and dreamers: Why people teach and why they stay* (2004 Barbara Biber Lecture. Occasional Paper Series 16). New York: Bank Street College of Education.

Cochran-Smith, M. & Lytle, S. L. (2006). Troubling images of teaching in No Child Left Behind. *Harvard Educational Review, 76*(4), 668-697.

Cotton, K. (2003). *Principals and student achievement: What the research says.*

Alexandria, VA: Association for Supervision and Curriculum Development.

Coyle, M. (1997). Teacher leadership vs. school management: Flatten the hierarchies. *Clearing House,* 70, 236-239.

Crouther, F., with Ferguson, M. & Hann, L. (2008). *Developing teacher leaders: How teacher leadership enhances school success* (2nd ed.). Thousand Oaks, CA: Corwin.

Danielson, C. (2007). The many faces of leadership. *Educational Leadership,* *65*(1), 14-19.

Darling-Hammond, L. (1997). *Right to learn.* San Francisco: Jossey-Bass.

Darling-Hammond, L., & Prince, C.D. (2007). *Strengthening teacher quality in high-need-schools policy and practice.* Washington, DC: Council of Chief State School Officers.

Dittman, M. (2005). Generational difference at work. *Monitor on Psychology,* *36*(6), 54. Retrieved March 3, 2008, from http://www.apa.org/monitor/ jun05/generational.html

Donaldson, G. A. (2006). *Cultivating leadership in schools: Connecting people, purpose, and practice* (2nd ed.). New York: Teachers College Press.

Donaldson, M. L., Johnson, S. M., Kirkpatrick, C. L., Marinell, W. H., Steele, J, L., & Szczesiul, S. A. (2008). Angling for access, bartering for change: How second-stage teachers experience differentiated roles in schools. *Teachers College Record, 110*(5), 1088-1114.

Drago-Serverson, E. (2004). *Helping teachers learn: Principal leadership for adult growth and development.* Thousand Oaks, CA: Corwin.

Du, F. (2007). A case study of teacher leadership as group leaders: Implications for research and teacher education. *The Teacher Educator, 42*(3), 185-208.

DuFour, R. (2004). What is a professional learning community? *Educational Leadership, 61*(8), 6-11.

Education Commission of the States. (2000). *In pursuit of quality teaching: Five key strategies for policy makers.* Denver, CO: Author.

Education Week. (2008). *Quality counts 2008: Tapping into teaching: Unlocking the key to student success.* Bethesda, MD: Author.

Farkas, S., Foley P., & Duffett, A, with Foleno, T, & Johnson, J. (2001). *Just waiting to be asked: A fresh look at attitudes on public engagement.* New York: Public Agenda. Retrieved April 17, 2008, from http://www.publicagenda.org/specials/pubengage/

pubengage.htm

Ferren, C. (2000). Become a leader by taking responsibility every day. *The Journal for Quality and Participation, 23*(1). Retrieved December 6, 2007, from http://0-web.ebscohost.com.wncln.wncln.org/ehost/pdf?vid=3&hid=115&sid= 8dda2d0d-4a71-48db-ba1d-79cb40978d4e%40sessionmgr106

Fullan, M. G. (2005). *Leadership and sustainability: System thinkers in action.* Thousand Oaks, CA: Corwin.

Gabriel, J. G. (2005). *How to thrive as a teacher leader.* Alexandria, VA: Association for Supervision and Curriculum Development.

Goldring, E. B., & Rallis, S. F. (1993). *Principals of dynamic schools: Taking charge of change.* Newbury Park, CA: Corwin.

Goodlad, J. (1990). The occupation of teaching in schools. In J. Goodlad & R. Soder (Eds.)., *The moral dimensions of teaching.* (pp.33-34). San Francisco: Jossey-Bass.

Hall, G. E., & Hord, S. M. (1987). *Change in schools: Facilitating the process.* Albany: State University of New York Press.

Hargreaves, A., & Fink, D. (2004). The seven principles of sustainable leadership. *Educational Leadership, 61*(7). 8-15.

Hargreaves, A., & Fullan, M. G. (1996). *What's worth fighting for in your school?* New York : Teachers College Press.

Hargreaves, A., & Fullan, M. G. (1998). *What's worth fighting for out there?* New York: Teachers College Press.

Harris, A., & Spillane, J. (2008). Distributed leadership through the looking glass. *Management in Education, 22*(1), 31-34.

Harris, B. (2003). *Noel Tichy: Leadership beyond vision.* Missoula: Montana Associated Technologies Roundtables. Retrieved December 6, 2007, form http://www.matr.net/article-9269.html

Hart, A. W. (1990). Impacts of the school social unit on teacher authority during work redesign. *American Educational Research Journal, 27*, 503-532.

Hart, P., & Segesta, J. (1994). *Leadership development for teachers: 1994 evaluation.* Tampa, FL: West Cental Educational Leadership Network.

Hawley, W. D., & Valli, L, (1999). The essentionals of effective professional development: A new consensus. In L. Darling-Hammond & G. Sykes (Eds.), *Teaching as the learning profession: Handbook of policy and practice* (pp. 127-150). San Francisco: Jossey-Bass.

Heller, M. F., & Firestone, W. A. (1994). *Heroes, teams, and teachers: A study of leadership for change.* (ERIC Document Reproduction Service, No. ED).

Heneman, H. G. III, & Milanowsky, A. T. (2004). Alignment of human resource practices and teacher performance competency. *Peabody Journal of Education, 79*(4), 108-125.

Heneman, H. G. III, & Milanowsky, A. T., Kimball, S. M., & Odden, A. (2006). *Standard-based teacher evaluation as a foundation for knowledge- and skill-based pay* (CPRE Policy Brief RB-45). Philadelphia, PA: Consortium for Policy Research in Education.

Hersey, P., & Natemeyer, W.E. (1979). *Power perception profile.* Escondido, CA: Center for Leadership Studies.

Hewitt-Gervais, C. M. (1996). *Summary of evaluation: Leadership development for teachers.* Tampa, FL: West Centeal Educational Leadership Network.

Hirsch, E., & Emerick S., with Church, K., & Fullen, E. (2006a). *Arizona teacher working conditions: Designing schools for educator and student success.* Hillsborough, NC: Center for Teaching Quality. Retrieved December 8, 2007, from http://www.teachingquality.org/pdfs/twcaz2006.pdf

Hirsch, E., & Emerick S., with Church, K., & Fullen, E. (2006b). *Teacher working conditions are student learning conditions: A report on the 2006 North Carolina Teacher Working Conditions Survey.* Hillsborough, NC: Center for Teaching Quality.

Hord. S. (2003). Introduction. In S. Hord (Ed.), *Learning together, leading together: changing schools through professional learning communities* (pp. 1-14). New York: Teachers College Press.

Ingersoll, R. M. (2007). Short on Power, long on responsibility. *Educational Leadership, 65*(1), 20-25.

Ingersoll, R. M., Smith, T. M. (2003). The wrong solution to the teacher shortage. *Educational Leadership, 60*(8), 30-33.

Institute for Educational Leadership. (2001). *Leadership for student learning: Redefining the teacher as leader.* Washington, DC, Author. Retrieved July 31, 2005, from http://www.iel.org/pubs/sl21ci.html

Johnson, S. M., & Donaldson, M. L. (2007). Overcoming obstacles to leadership.

Educational Leadership, 65(1), 8-13.

Katzenmeyer, W., & Katzenmeyer, M. (2004). *Teacher leader self assessment.* Tampa, FL: Professional Development Center.

Katzenmeyer, W., & Katzenmeyer, M. (2005). *Teacher leader school survey.* Tampa, FL: Professional Development Center.

King, B., Louis, K. S., Marks, H. M., & Peterson, K. D. (1996). Participatory descision making. In F. Newmann (Ed.), *Authentic assessment: Restructuring schools for intellectual quality* (pp. 245-263). San Francisco: Jossey-Bass.

Lambert, L. (1998). *Building leadership capacity in schools.* Alexandria, VA: Association for Supervision and Curriculum Development.

Lambert, L. (2002). A framework for shared leadership. *Educational Leadership, 59*(8), 37-40.

Lambert, L. (2003). *Leadership capacity for lasting school improvement.* Alexandria, VA: Association for Supervision and Curriculum Development.

Lancaster, L., & Stillman, D. (2002). *When generations collide who they are. Why they clash. How to solve the generational puzzle at work.* New York: HarperCollins.

Lanier, J., & Darling-Hammond, L. (2005). *Professional development schools: Schools for developing a profession.* New York: Teachers College Press.

Leithwood, K. A. (1992). The principal's role in teacher development. In M. Fullan & A. Hargreaves (Eds.), *Teacher development and educational change* (PP. 56-85). Bristol, PA: Falmer.

Lezotte, L. E., & Jacoby, B. C. (1990). *A guide to the school improvement process based on effectiove schools research.* Okemos, MI: Effective Schools Products.

Lieberman, A., & Millr, L. (1999). *Teachers: Transforming their world and their work.* New York: Teachers College Press.

Lieberman, A., & Millr, L. (2004). *Teacher leadership.* San Francisco: Jossey-Bass.

Lieberman, A., & Wood, D. (2003). *Inside the National Writing Project: Connecting network and classroom teaching.* New York: Teachers College Press.

Little, J. W. (1993). Teachers' professional development in a climate of educational reform. *Educational Evaluation and Policy Analysis, 15,* 129-151.

Little, J. W. (1995). Contested ground: The basis of teacher leadership in two restructuring high schools. *Elementary School Journal, 96*(1), 47-73.

Little, J. W. (1996). The emotional contours and career trajectories of (disappointed) reform enthusiasts. *Cambridge Journal of Education, 26*, 345-359.

Lortie, D. C. (1975). *Schoolteacher: A sociological study of teaching.* Chicago: University of Chicago Press.

Louis, K. S., & Marks, H. (1996). *Does professional community affect the classroom? Teachers' work and student experiences in restructuring schools.* Paper presented at the annual meeting of the American Educational Research Association, New York.

Mackenzie, S. V. (2007). (How) can a new vision of teacher leadership be fulfilled? In R. H. Ackerman & S. V. Mackenzie (Eds.), *Uncovering teacher leadership: Essays and voices from the field* (pp. 373-382). Thousand Oaks, CA: Corwin.

Maeroff, G. I. (1988). Teacher empowerment: A step toward professionalization. *NASSP Bulletin, 72*(511), 52-60.

Mangin, M. M. (2005). *Distributed leadership and the teacher leader: Teachers' perspectives.* Paper presented at the annual meeting of the American Educational Research Association, Montreal, Canada.

Mangin, M. M., & Stoelinga S. R. (2008). Teacher leadership: What it is and why it matters. In M. M. Mangin & S. R. Stoelinga (Eds.), *Effective teacher leadership: Using research to inform and reform* (pp. 1-9). New York: Teachers College Press.

McLaughlin, M., Talber, J. (2001). *Professional communities and the work of high school teaching.* Chicago: University of Chicago Press.

Moller, G., & Pankake, A. (2006). *Lead with me: A principal's guide to teacher leadership.* Larchmont, NY: Eye on Education.

Moller, G., & Pankake, A., Huffman, J. B., Hipp, K. A., Cowan, D., & Oliver, D. (2000). *Teacher leadership: A product of supportive & shared leadership within professional learning communities.* Paper presented at annual meeting of the American Educational Research Association, New Orleans, LA.

Mooney, T. (1994). *Teachers as leaders: Hope for the futures.* Washington, DC: National Commission on Excellence in Education. (ERIC Document Reproduction Service, No. ED 380407).

National Board for Professional Teaching Standards. (2008a). *Better teaching, better learning, better schools.* Retrieved January 27, 2009, from http://www.nbpts.org/

National Board for Professional Teaching Standards. (2008b). *The five propositions.* Retrieved August 5, 2008, from http://www.nbpts.org/the_standards/the_five_ core_proposition

National Commission for Teaching and America's Future. (2007). *Policy brief: The high cost of teacher turnover.* Washington, DC: Author.

National Institute for Excellence in Teaching. (2007). *Creating a successful performance compensation system for educators.* Santa Monica, CA: Author. Retrieved November 8, 2008, from http://www.talentedteachers.org/ pubs/successful_performance_pay_july_2007.pdf

Newmann, F. M., & Wehlage, G. G. (1995). *Successful school restructuring: A report to the public and educators.* Mandison: Center on Organization and Restructuring of Schools, Wisconsin Center for Education Research, University of Wisconsin.

North Carolina State Board of Education. (2005). *North Carolina State Board of Education policy manual* (Policy ID Number: QP-A-005). Raleigh, NC: Author. Retrieved Aprill 8, 2008, from http://www.ncpublicschools.org/ sbe_meetings/0505/0505_QP.pdf

O'Connor, K., & Boles, K. (1992). *Assessing the needs of teacher leaders in Massachusetts.* Paper presented at the annual meeting of the American Educational Research Association, San Francisco, CA.

Ovando, M. N. (1994). *Effects of teachers' leadership on their teaching practices.* Paper presented at the annual conference of the University Council of Educational Administration, Philadelphia, PA.

Patterson, J. L. (1993). *Leadership for tomorrow's schools.* Alexandria, VA: Association for Supervision and Curriculum Development.

Peterson, K. D., Deal, T. E.. (1998). How leaders influence the culture of schools. *Educational Leadership, 56*(1), 28-30.

Resnick, L. B., & Hall, M. W. (1998). Learning organization for sustainable education reform. *Daedalus, 127*(4), 89-117.

Rosenholtz, S. J. (1989). *Teachers' workplace: The social organization of schools.* New York: Longman.

Sagor, R. (2004). *The action research guidebook: A four-step process for educators and school teams.* Thousands Oaks, CA: Corwin.

Schaubroeck, J., Ganster, D. C., & Kemmerer, B. (1996). Does trait promote stability? *Journal of Organizational Behavior, 19*(2), 191-196.

Schön, D. A. (1995). *The reflective practitioner: How professionals think in action* (new ed.). Burlington, VT: Ashgate.

Sergiovanni, T. J. (2000). *Leadership for the schoolhouse: How is it different? Why is it important?* San Francisco: Jossey-Bass.

Shen, J. (1998). Do teachers feel empowered? *Educational Leadership, 55*(7), 35-36.

Sherrill, J. A. (1999). Preparing teachers for leadership roles in the 21st century. *Theory Into Practice, 38*, 56-61.

Silva. D. Y., Gimbert, B., & Nolan, J. (2000). Sliding the doors: Locking and unlocking possibilities for teacher leadership. *Teacher College Record, 102*(4), 779-803.

Slotnik, W. J. (2005). Mission Possible: Trying earning to learning. *Education Week, 32*-33, 40.

Smylie, M. A., Denny, J. W. (1990). Teacher leadership: Tensions and ambiguities in organizational perspectives. *Educational Administration Quarterly, 26*, 235-259.

Snell, J., & Swanson, J. (2000). *The essential knowledge and skills of teacher leaders: A search for a conceptual framework.* Paper presented at the annual meeting of the American Educational Research Association, New Orleans, LA.

Southeast Center for Teaching Quality. (2002). *Teacher leadership for teaching quality: The teachers network policy institute model.* Chapel Hill, NC: Author.

Staw, B. M. (1986). Organizational psychology and the pursuit of the happy / productive worker. *California Management Review, 20*(3), 63-74.

Steffy, B. E., Wolfe, M. P., Pasch, S. H., & Enz, B. J. (Eds.). (1999). *Life cycle of the career teacher.* Thousand Oaks, CA: Corwin.

Stein, M. K. (1998). *High performance learning communities. District 2: Report on year one implementation of school learning communities.* Pittsburgh, PA: Pittsburgh University Learning and Research Center. (ERIC Document Reproduction Service, No. ED 429263).

Stein, M. K., Smith, M. S., & Silver, E. A. (1999). The development of professional developers: Learning to assist teachers in new settings in new ways. *Harvard Educational Reviews, 69*, 237-270.

Stone, M., Horejs J., & Lomas, A. (1997). Commonalities and differences in teacher leadership at the elementary, middle, and high school levels. *Action in Teacher Education, 19*(3), 49-64.

Sykes, G. (1999). Teacher and student learning: Strengthening their connection. In L. Darling-Hammond & G Sykes (Eds.), *Teaching as the learning profession: Handbook of policy and practice* (pp. 151-180). San Francisco: Jassey-Bass.

Taylor, P. G., Russ-Eft, D. F., & Chan, D. W. L. (2005). A meta-analytic review of behavior modeling training. *Journal of Applied Psychology, 90*(4), 692-709.

Teacher Advancement Program Foundation. (2005). *Understanding the Teacher Advancement Program.* Santa Monica, CA: Author.

Teacher Leader Network. (2009). *Who we are.* Retrieved January 27, 2009, from http://www.teacherleaders.org/about/who

Tichenor, M. S., & Tichenor J. M. (Fall 2004 & Winter 2005). Understanding teachers' perspectives on professionalism. *The Professional Educator, 27*(1 & 2), 89-95.

Troen, V., & Boles, K. (1994). Two teachers examine the power of teacher leadership. In D. R. Walling (Eds.), *Teachers as leaders: Perspectives on the professional development of teachers.* (pp. 275-286). Bloomington, IN: Phi Delta Kappa.

Troen, V., & Boles, K. (2003). *Who's teaching your children? Why teacher crisis is worse than you think and what can be done about it.* New Haven, CT: Yale University Press.

Viadero, D. (2008). Working conditions trump pay. *Educational Week, 27*(18), pp.32-35.

von Frank, V. (Ed.). (2008). *Finding time for professional learning.* Oxford, OH: National Staff Development Council.

Wechsler, M., Tiffany-Morales, J., Campbell, A., Humphrey, D., Kim, D., Shields, P., et al. (2007). *The status of the teaching profession 2007.* Santa Cruz, CA: The Center for the Future of Teaching and Learning.

Wehling, B. (Ed.). (2007). Foreward. In *Building a 21st century U.S. education system* (pp.13-21). Washington, DC: National Comission on Teaching and America's Future. Retrieved February 11, 2008, from http://www.ecs.org/html/offsite.asp?document=http%3A%2F%2Fwww%2Enctaf%2Eorg%2F

Weiss, C. H., Cambone, J., Wyeth, A. (1992). Trouble in paradise: Teacher

conflicts in shared decision making. *Educational Administration Quarterly,*
28, 350-367.

Wong, H. K., & Wong, R. T. (2007). Teachers: The next generation. *ASCD*
Express. Retrieved Aprill 7, 2008, from http://www.newteacher.com/pdf/
ascd_express_wong_teachers.pdf

York-Barr, J., & Duke, K. (2004). What do we know about teacher leadership?
Findings from two decades of scholarchip. *Review of Educational Research,*
74(3), 255-316.

Zinn, L. F. (1997). *Support and barriers to teacher leadership: Reports of teacher*
leaders. Paper presented at the annual meeting of the American
Educational Research Association, Chicago, IL.

Zinn, L. M. (1996). *Philosophy of education inventory.* Boulder, CO: Lifelong
Learning Options.

각 장 도입부 인용문 출처

Chapter 1: Sacks, A. (2008). *Teacher leadership at the Ford Foundation.* Retrieved
November 8, 2008, from http://teacherleaders.typepad.com/shoulders_
of_giants/2008/10/teacher-leaders.html.

Chapter 2: Reber, K. (2003). *Teacher leadership: Answers by Besty Rogers.*
Retrieved November 12, 2008, from http://www.teacherscount.org/
teacher/topic/topic-rogers.shtml

Chapter 3: Flanagan, N. (2008). *For and by teachers.* Retrieved November 8, 2008,
from http://teacherleaders.typepad.com/teacher_in_a_strange_land/
teachers_as_leaders/

Chapter 4: Ferriter, B. (2008). *Tapping into your superhero...* Retrieved November,
12, 2008, from http://teacherleaders.typepad.com/the_tempered_radical/
teaching_quality

Chapter 5: Moore, R. (2008). *Teachers and administrators: Getting in step.*
Retrieve November 8, 2008, from http://teacherleaders.typepad.com/
teachmoore/2008/10/although-you-mi.html

Chapter 6: Teacher Leaders Network. (2005). *Teacher leaders network conversations:*
We need a mew mental model of the successful school. Retrieved November 12,

2008, from http://www.teacherleaders.org/node/791

Chapter 7: Graham, S. (2008). *You may say that I'm a dreamer...* Retrieved November 12, 2008, from http://blogs.edweek.org/teachers/place_at_ the_table/2008/07/you_may_say_that_im_a_dreamer.html

Chapter 8: Center for Teaching Quality. (2008). *Improving student learning through strategic compensation: A Teacher Solutions report from the Teacher Leaders of TLN-Kanas.* Hillsborough, NC: Author. Retrieved November 10, 2008, from http://catalog.proemags.com/showmag.php?mid=ggfgt#/page17/

찾아보기

잠자는 거인을 깨워라

초판 1쇄 발행   2019년 7월 25일
초판 2쇄 발행   2019년 12월 30일

지은이   메릴린 캐천마이어, 게일 몰러
옮긴이   양성관, 이경호, 정바울

발행인   김병주
출판부문대표   임종훈
주간   이하영
편집   맹한승
디자인   박대성, 이인선
마케팅   박란희
펴낸곳   ㈜에듀니티(www.eduniety.net)
도서문의   070-4342-6122
일원화 구입처   031-407-6368
등록   2009년 1월 6일 제300-2011-51호
주소   서울특별시 종로구 인사동5길 29, 태화빌딩 9층
ISBN   979-11-6425-031-8 (13370)

값은 뒤표지에 있습니다.